- 教育部高校思想政治理论课教师研究专项"红色影像叙事融入高校思想政治理论课研究"（项目编号：23JDSZK172）成果
- 华东师范大学马克思主义学院资助出版

思想政治教育叙事研究

蒋雪莲 著

中国社会科学出版社

图书在版编目（CIP）数据

思想政治教育叙事研究 / 蒋雪莲著. -- 北京：中国社会科学出版社，2024.12. -- ISBN 978-7-5227-4509-1

Ⅰ．D64

中国国家版本馆 CIP 数据核字第 2024W6S698 号

出 版 人	赵剑英
责任编辑	田　文
特约编辑	周晓慧
责任校对	王文华
责任印制	张雪娇

出　　版	中国社会科学出版社
社　　址	北京鼓楼西大街甲 158 号
邮　　编	100720
网　　址	http://www.csspw.cn
发 行 部	010-84083685
门 市 部	010-84029450
经　　销	新华书店及其他书店
印　　刷	北京君升印刷有限公司
装　　订	廊坊市广阳区广增装订厂
版　　次	2024 年 12 月第 1 版
印　　次	2024 年 12 月第 1 次印刷
开　　本	710×1000　1/16
印　　张	15.75
插　　页	2
字　　数	225 千字
定　　价	98.00 元

凡购买中国社会科学出版社图书，如有质量问题请与本社营销中心联系调换

电话：010-84083683

版权所有　侵权必究

前　言

叙事作为古老的人类文化现象，是人类发展历史的"储存器"。它广泛存在于人类社会之中，借助喜闻乐见的形式和具有价值意象的故事，发挥价值观教化作用，通过对社会构成所依赖的社会文化的传承和延续来凝聚人心，施展教育功能，是古今中外政治社会传播政治思想的方式方法。在中国共产党日益重视运用叙事方式开展思想政治教育的现实背景下，加强叙事教育研究具有重要的理论与实践意义。

叙事本质上是一种人们普遍接受的文化现象，它具有真实性和形象性的特征。思想政治教育叙事主要是从功能上对部分叙事的概括，它在属性、本质上与一般叙事并无二异。从叙事作为一种呈现方式的角度出发，并根据思想政治教育的特点，可对思想政治教育叙事内涵作出如下界定：叙事者运用叙事媒介向受叙者讲述关涉人自身的故事，并通过其所展现的精神、态度、事迹等引导受叙者形成一定情感、价值观念和行为模式的交往活动。根据思想政治教育叙事内涵的界定，可以把握思想政治教育叙事的四个关键点，即它是一种交往活动、借助相关媒介而展开、蕴含一定的教育意义、具有鲜明的人本意蕴。叙事所具有的沟通、引导和教育功能，决定了其在思想政治教育过程中的重要作用，前者构成了后者的重要方式，以更鲜活的形式和内容实现后者的目的。思想政治教育叙事不是凭空产生的，而是以多重理论为基础来建构的，除了先入主场的叙事理论外，马克思主义人的本质理论、历史唯物主义理论、交往理论，以及文化符号学、现象学、交往行为理论这些相关学科理论也为思想政治教育叙事提供了坚实的理论奠基和有益的理论借鉴。

从思想政治教育叙事的总体过程来看，它包含四个基本要素，即叙事者、受叙者、叙事内容以及叙事媒介。叙事者是思想政治教育叙事活动的实施者，其施教对象是受叙者，也就是叙事内容的接受者，叙事内容具有情节、思想和概括的鲜明品格，它通过语言文字、影视艺术、仪式活动媒介得以传递。上述四个基本要素贯穿思想政治教育叙事过程的始终。

思想政治教育叙事可以分为三个相辅相成的过程，即叙事者明确叙事教育目的、受叙者形成叙事教育需求的思想政治教育叙事动机生成过程，叙事者打造叙事教育方式方法并与受叙者沟通交往的思想政治教育叙事实践展开过程，以及受叙者思想政治素质养成的思想政治教育叙事观念内化过程。

叙事作为一种人类社会的文化现象，在政治社会中的现实实践是十分广泛的。根据内容可将思想政治教育叙事分为国家叙事、社会叙事和个体叙事。国家叙事是书写国家发展之道的叙事，从国家、人民、历史的必然需求出发，建构话语体系、勾勒历史脉络、宣扬意识形态，形成宏大的叙事建制。社会叙事是刻画社会生活样貌的叙事，注重宣传典型事迹、运用形象符号、传承民俗习惯，建构起公共生活的基本方式。个体叙事是描绘个体内在自我的叙事，在阐释经典文献、叙述革命传统、内化共同体意识上下功夫，是个体根据其自身生活经验有意识的书写和审美观照。这三类叙事基本勾勒出政治社会中思想政治教育叙事实践的全貌。这些思想政治教育叙事的实践在现实中产生了显著效用。它将个体经验、意义赋予和现实建构交汇于其中，建构了价值体系、塑造了社会和政治秩序。但与此同时，思想政治教育叙事在现实实践中还面临着叙事者能力不足、叙事环境多元化、叙事媒介网络化等亟待解决的问题。

思想政治教育叙事凝聚了古代中华儿女的智慧和当今时代的活力，至今仍然焕发着鲜活的生命力。在今天，提高思想政治教育叙事实效性，主要是要认清"谁来叙""叙什么""怎么叙"的关键点，针对思想政治教育叙事存在的现实问题，聚焦思想政治教育叙事理论、叙事体系、叙事艺术的建构和优化，推动新时代思想政治教育叙事创新发展。其中，理论建构是思想政治教育叙事发展路径的起点，要在确立科学的指导思想、坚持正确的方针原则、明确合理的目标任务、奠定良好的学理基础这四个方面下功夫。在思想政治教育叙事理论建构基础之上，还应积极回应现实的新问题、新需要和新挑战，进一步从叙事者队伍建设、叙事内容生成、传播方式健全、反馈评估系统构建四个维度搭建思想政治教育叙事体系。立足于理性逻辑的思想政治教育叙事需要按照美的规律来展开，通过叙事内容编排、叙事话语表达以及叙事交往互动的艺术提升，全方位地增进思想政治教育叙事的美感。

目 录

绪 论 …………………………………………………………… (1)

第一章 思想政治教育叙事的理论渊源 ………………………… (22)
  第一节 思想政治教育叙事的概念及内在逻辑 ……………… (22)
    一 叙事 ……………………………………………………… (22)
    二 思想政治教育叙事 ……………………………………… (32)
    三 叙事与思想政治教育的内在逻辑 ……………………… (39)
  第二节 奠定思想政治教育叙事理论基础的马克思主义
        理论 …………………………………………………… (48)
    一 历史唯物主义理论 ……………………………………… (48)
    二 人的本质理论 …………………………………………… (52)
    三 交往理论 ………………………………………………… (56)
  第三节 影响思想政治教育叙事理论的相关学科理论 ……… (59)
    一 文化符号学理论 ………………………………………… (59)
    二 交往行为理论 …………………………………………… (63)
    三 现象学理论 ……………………………………………… (68)

第二章 思想政治教育叙事的构成要素 ………………………… (73)
  第一节 思想政治教育叙事者 ………………………………… (73)
    一 叙事者的基本类型 ……………………………………… (74)

二　叙事者的主要特性 ………………………………… (76)
　　三　叙事者的必备素质 ………………………………… (78)
　第二节　思想政治教育受叙者 ………………………………… (81)
　　一　受叙者的受教心理 ………………………………… (81)
　　二　受叙者的受教状态 ………………………………… (84)
　　三　受叙者的受教效用 ………………………………… (86)
　第三节　思想政治教育叙事内容 ……………………………… (87)
　　一　叙事内容的情节 …………………………………… (88)
　　二　叙事内容的思想 …………………………………… (90)
　　三　叙事内容的概括 …………………………………… (92)
　第四节　思想政治教育叙事媒介 ……………………………… (93)
　　一　语言文字媒介 ……………………………………… (94)
　　二　影视艺术媒介 ……………………………………… (96)
　　三　仪式活动媒介 ……………………………………… (98)

第三章　思想政治教育叙事的基本过程 …………………………（101）
　第一节　思想政治教育叙事的动机生成过程 …………………（101）
　　一　政治实践的缘起过程 ………………………………（101）
　　二　认识活动的推动过程 ………………………………（104）
　　三　价值需求的满足过程 ………………………………（107）
　第二节　思想政治教育叙事的实践展开过程 …………………（110）
　　一　要素认识过程 ………………………………………（110）
　　二　双向互动过程 ………………………………………（113）
　　三　反馈调适过程 ………………………………………（115）
　第三节　思想政治教育叙事的观念建构过程 …………………（116）
　　一　思想认知过程 ………………………………………（117）
　　二　情感体认过程 ………………………………………（119）
　　三　行为外化过程 ………………………………………（121）

第四章　思想政治教育叙事的现实实践 (124)

第一节　国家叙事 (124)
一　构建话语体系，塑造良好的国家形象 (124)
二　勾勒历史脉络，形塑民族集体记忆 (128)
三　铺陈宏大主题，书写主导意识形态 (131)

第二节　社会叙事 (133)
一　宣传典型事迹，弘扬社会公共道德 (133)
二　运用形象符号，培育社会价值观念 (137)
三　演绎民间文化，传承民族风俗习惯 (139)

第三节　个体叙事 (143)
一　阐释经典文献，构造自我世界图式 (144)
二　叙述革命传统，形构自我生命意义 (148)
三　内化共同体意识，形成自我身份认同 (154)

第五章　思想政治教育叙事的成效与问题 (159)

第一节　思想政治教育叙事的显著成效 (159)
一　生成价值秩序 (159)
二　形塑社会秩序 (167)
三　塑造政治秩序 (176)

第二节　思想政治教育叙事的主要问题 (184)
一　叙事者能力不足的风险 (185)
二　叙事环境多元化的影响 (188)
三　叙事媒介网络化的挑战 (191)

第六章　思想政治教育叙事的发展路径 (196)

第一节　建构思想政治教育叙事理论 (196)
一　确立科学的指导思想 (196)
二　坚持正确的方针原则 (198)

  三　明确合理的目标任务 …………………………………（201）
  四　奠定良好的学理基础 …………………………………（203）
 第二节　完善思想政治教育叙事体系 …………………………（205）
  一　培育优秀的叙事者队伍 ………………………………（206）
  二　完善叙事内容生成机制 ………………………………（207）
  三　健全叙事内容传播方式 ………………………………（210）
  四　构建叙事评估反馈系统 ………………………………（212）
 第三节　提升思想政治教育叙事艺术 …………………………（215）
  一　精炼叙事内容编排艺术 ………………………………（215）
  二　优化叙事话语表达艺术 ………………………………（218）
  三　创新叙事交往互动艺术 ………………………………（221）

参考文献 ……………………………………………………………（225）

后　记 ………………………………………………………………（239）

绪　　论

一　研究缘起及研究意义

（一）研究缘起

叙事镶嵌在人类生存和发展历史的活动之中，贯穿于社会互动和自我表达之间，关乎人类社会经验的整合，也关乎人与人之间经验的交流，是建构日常生活秩序，形成自我意识以及认知世界的重要途径。个体通过对其自身经验的叙事，而后书写人生经历，探寻人生的意义与价值，群体通过对集体经验的叙事，而后书写历史，并一代代相传下去，获得人类文化的延续与发展。无论是个体还是集体，都是通过叙事，把过去、现在和未来的经验与设想统一到"永恒的当下"，将其自身体验为一个不断延续的生命历程。叙事对于人类存在和发展的意义不容小觑，是思想政治教育重要的方式方法。深入研究思想政治教育叙事不仅源于叙事自身的理论魅力和人们从结绳而治、口耳相传到媒体叙事的历史追思，也是为了探寻新时代思想政治教育叙事发展的路向，面向世界讲好中国故事、传递中国声音。

1. 理论魅力

叙事是当代文学、教育学、语言学等领域广泛运用的术语和范畴。从叙事与人类存在发展的理论逻辑来看，"叙事不仅是人类文化的基本特征，还是人类存在的基本方式"[①]。在这个意义上可以把人理解为"叙事

---

① 陈兴然：《叙事与意识形态》，人民出版社2013年版，第2页。

的动物",人的生命本质和人类社会的文化意义通过叙事得以体现。叙事在通过对社会经验的反思、整合与再赋形来建构人类生存方式的同时,也为个体获得对世界和其自我的认知提供了可能。面对现象世界的大量事实材料,个体要想获得更科学、准确的理解和认知,就需要从具体的细节中寻找出一根主线,也就是事实之间彼此相互联系的前因后果,这样才能获得对经验事实的贯通性理解,否则,经验事实就会成为散落的碎片,无法被储存记忆,也不能传递给他人。在叙事形成的逻辑整体中,"事件就有一个时间序列,人就能在经验的时间存在中理解自我与世界的关系"[①]。人们通过叙事"理解"世界,也通过叙事"讲述"世界。用哲学家顿奈特的话来说:"人脑不是按计算机的方式构成的,而是按讲故事人的方式构成的。"[②] 如此一来,当叙事走出文学领域,成为人类文明交流和人的自我意识组成的基本方式时,已经获得了意识形态的理论意蕴,从单纯的环境形态进入思想政治教育系统当中,成为思想政治教育的重要方式。叙事是思想政治教育的方式,它连接起叙事者与受叙者沟通交往的桥梁,用喜闻乐见的形式传递思想意义,在思想政治教育中起着重要作用。叙事本身的重要价值使得对思想政治教育叙事的研究也散发着无穷的理论魅力。

2. 历史探寻

在人类社会的不同历史时期,在不同文化、社会和国家中,叙事实践都以不同形态存在着。在文字出现以前,原始先民用"结绳而治""刻木为契"的图绘方式进行叙事,以此来保存共同记忆、形塑共同情感。在文字形成以后,人类文明获得迅速发展,在中国古代社会出现了诗、词、歌、赋等叙事表达样式,以诗明志、以歌咏怀成为当时主要的叙事教育方法。例如,中国古代诗歌总集《诗经》,将国家政治思想与

[①] 赵毅衡:《"叙述转向"之后:广义叙述学的可能性与必要性》,《江西社会科学》2008年第9期。

[②] Daniel C. Dennett, *Kinds of Minds: Toward an Understanding of Consciousness*, New York: Basic Books, 1996, p. 23.

民间风俗文化融入朗朗上口、优美婉转、短小精悍的诗歌中，民众通过口口相传、声声传唱得到教化。中国古代教育家孔子，常常使用遇事而教、以事说理的叙事教育方法，引导学生向上向善，培养出七十二贤人。在现代社会，党和国家也十分注重对叙事的运用，宏大政治叙事、微观日常生活叙事、历史叙事的开展形构了国家形象、传播了社会价值观，强化了集体历史记忆。沿着人类文明发展的足迹，探寻古今中外政治社会的叙事实践，串联起社会文明发展的脉络，对于当今社会的政治文化建设有着重要意义。

3. 现实追问

学术研究起源于问题的提出和发现，一个合格的研究者必须具备强烈的问题意识。思想政治教育叙事进入研究的视野中，并不是无病呻吟或者无的放矢，而是源于当前叙事教育实践存在的现实问题。中华民族拥有五千年的文明史，创造出无数震撼人心的奇迹，书写了数不尽的荡气回肠的故事。中国并不缺乏培育精彩故事的沃土，但它们并没有被很好地组织加工和讲述倾听。在中国形象的对外传播上，"有理说不出""说了传不开""传开叫不响"的问题仍然存在。当前，我们正处于媒介技术飞速发展的时代环境下，只做不说，或者多做少说式的"韬光养晦"，不仅不利于弘扬中国精神、让世界了解中国，甚至可能会招致某些误解。这就需要我们借助一定的方式方法弘扬中华历史文化，讲述新时代伟大实践，讲好属于我们中国的故事。叙事运用"暖而新""细且微"的媒介方式，通过"小见大""真又切"的故事内容，能够把中国的生动实践和综合优势转化为话语优势，解决不被理解的"挨骂"问题，增强中华文化自信。本书致力于思想政治教育叙事研究，正是基于现实的迫切需要。

（二）研究意义

针对叙事的理论魅力、历史探寻和现实追问，以及叙事对于思想政治教育的重要性。从叙事的视角切入对思想政治教育研究，具有重要的理论意义和现实意义。

1. 理论意义

第一，扩展思想政治教育叙事研究的新思路。叙事一直以来都在人类各个政治社会中承担着思想政治教育方式方法的职能，也一直活跃于中国古代的教化实践活动和中国共产党的政治工作实践中。但目前学者对思想政治教育叙事的研究主要集中在教学方法，比如思想政治理论课叙事教学法研究、德育叙事方法研究，这些研究并没给予思想政治教育叙事一个正确恰当的身份。本书希望从理论和实践的角度探索出一套科学的研究思路和研究方式，以此打开思想政治教育叙事研究的新思路和新局面。

第二，丰富思想政治教育方法的研究。目前学界对思想政治教育方法的研究主要是理性教育方法，如理论灌输法、实践锻炼法、自我教育法等，而对感性教育方法则有所轻视。叙事是兼具理性与感性的教育方法，它既借助具有价值意象的故事，发挥价值观的教化作用，又通过喜闻乐见的形式来吸引人们，施展教育功能，形象性、真实性是叙事的重要特征。研究思想政治教育叙事，能极大地丰富情感教育法、隐性教育法等方面的研究。

第三，深化思想政治教育基础理论的研究。科学理论是推动实践进步的有力抓手。思想政治教育专业建立三十余年来，其基础理论研究获得了丰富的成果，在学科属性、基本范畴、方法论等方面取得了长足的发展。但是面对客观环境的变化以及思想政治教育实践的深入发展，思想政治教育基础理论还需要进一步丰富和创新。叙事是思想政治教育的重要方式方法，兼顾思想政治教育的政治性和人文性，具有重要的研究意义。本书致力于研究"谁来叙""叙什么""如何叙"等一系列关涉思想政治教育方法、内容、载体等的重要理论问题，对于深入理解和丰富完善思想政治教育基础理论具有重要意义。

2. 现实意义

第一，提升思想政治教育实效性。叙事是润物无声、渗透式的说理，通过叙事，意识形态观点被自然化为不言自明的"常识"以及英雄人物的事迹，从而被人接受和理解，具有潜移默化、沁人心脾的功效。因其独特的教育特点和优势，契合人的认知规律和接受方式，叙事成为思想政治教育重要的方式方法。借助形象符号、情感表达和文化传承，思想政治教育叙事呈现出价值引导、情感调节和社会凝聚的教育功能，能够促使个体融入教育过程中，获得情感的熏陶和价值的认同，对思想政治教育实效性的提升有一定的帮助。

第二，增强中华文化自信，解决不被理解的"挨骂"问题。中华民族拥有辉煌灿烂的历史文化和丰富的治国理政经验，这些都是我们宝贵的文化资源，也是文化自信的根基。但是如果这些资源没有得到很好的、广泛的传播，就无法被人们所认知，也无法被利用和实现增值。这就需要我们借助一定的方式方法来传播和利用中华民族历史上遗留的和不断积累的宝贵文化资源，以正确的方式揭开它们的面纱，让国人和世界能够了解和认识。叙事以说事的方式说理，借助喜闻乐见的形式来呈现事实，能够有效地传播价值观念、塑造国家形象，解决不被理解的"挨骂"问题，实现"思政会讲话"。在国际传播上，叙事也有利于面向世界讲好中国故事，传递中国声音，提升中华文化软实力，增强文化自信。

二 国内外研究综述

叙事是人类传递经验和实现自我认识的一种基本方式。不同的时代和地域，虽然社会形态不同，文化各异，但是叙事却是共同存在的。对叙事的研究由来已久，并在20世纪末取得了突破性的进展，其研究不仅跨越了国度，还逐渐跨越了学科和领域，从文学、叙事学的范畴中走向教育学、历史学、心理学、社会学等多个学科，成为多门学科共享的重要术语。

（一）国内研究综述

叙事是根植于中国传统教育理念之中的独特教化方式，在中国，叙事有着悠久的历史，从上古传说到文史典籍，借由口耳相传或文字记录，人们以叙事的方式传承民族精神和民族文化。目前，国内关于叙事的研究主要集中于以下几个方面。

1. 叙事基本问题研究

叙事这一研究主题始终位居人类文化研究的前沿阵地，新颖且富有价值的研究层出不穷，已积累的研究成果可谓汗牛充栋。总体来看，研究者主要讨论和研究的基本问题包括叙事的内涵、功能等方面。

第一，叙事的内涵。有学者从"叙"和"事"的内涵出发，将"叙事"理解为讲述、叙述事件，并认为事件可以是虚构的，也可以是历史的，还可以是幻想的。① 有学者把叙事看作一种话语模式，"它通过对某件事情或某些事情依时间顺序的描述构造一个可以理解的场景即有意义的语言结构。在最通俗的意义上，叙述就是讲故事，一个关于所发生事情或某一过程'来龙去脉'的'有头有尾'的述说"②。有学者从叙事主体与客体的角度分析，把叙事理解为"在一段时间内发生的故事，由主体和客体构成。主体是故事主人公做出动作并对他人讲述；客体则由讲述者来描述。故事讲述人不仅是描述，而且还经常参与故事活动之中"③。有学者把叙事界定为一种行文方法，强调叙事之文遵循"省字约文，事溢于句外"④的行文方式。有学者从方式方法的角度，把叙事理解为人们将生活中的各种经验组织成有现实意义的事件的基本方式。

第二，叙事的功能。叙事的功能就是叙事所发挥的有利作用及其功效。有学者指出，叙事具有表意、媒介、逻辑、转换以及聚合功能。有学者对叙事的认知功能做了深刻分析，认为叙事本身也是一个认知过程，是一种人们经由话语实践认知自我存在、社会关系和世界状态的方式。有学者指出，叙事具有审美功能、政治功能、文体功能，这些功能使得叙事对于提升文学审美，增强文学服务社会的作用和考察文学文本结构具有不可忽视的重要作用。有学者从总体上指出："叙事的功能，就在于

---

① 王亚青、孙峰：《德育叙事在少年儿童思想意识教育中的价值及其实现》，《现代中小学教育》2019年第1期。
② 周建漳：《历史及其理解和解释》，社会科学文献出版社2005年版，第208页。
③ 林继富：《民间叙事传统与村落文化共同体建构》，中国社会出版社2012年版，第19页。
④ （唐）刘知几撰：《史通》，黄寿成校点，辽宁教育出版社1997年版，第52页。

通过'叙',使得语言的指谓意识中的事为所叙之'事'的意义,亦即意识本身在'叙'中对意义的体验(时间性经历)。"①

2. 相关学科视域下的叙事研究

叙事是人类认识世界与认识自我的重要途径。随着叙事理论的不断发展成熟,叙事不再局限于文学领域的研究,在教育学、心理学、伦理学等研究领域掀起了一股叙事研究热潮。

第一,叙事心理学研究。叙事心理学将叙事思维引入心理学,用生活故事架起了一座连接特质与自我的桥梁,让个体通过故事探索并感知世界的意义。叙事疗法是受到广泛关注的后现代心理治疗方式。目前对叙事疗法的研究,主要有以下几类:一是从理论探究上对叙事疗法的评述。一些学者站在后现代主义的视角,于传统心理治疗法的比较中分析叙事疗法。二是阐述了叙事疗法的产生与所运用的技术和方法。学者分析了叙事疗法的发展历程、技术方法、理论基础等。三是对叙事疗法的多视角解读。如从叙事疗法与中国文化相契合,以及叙事疗法对社会建构的作用等视角对叙事疗法的解读。

第二,德育叙事研究。德育叙事的内涵。关于德育叙事的内涵,众多学者从不同角度进行了阐述。有学者从德育叙事形式上的特色出发,认为它是教育者通过直接的口头话语和间接的书面话语,对包括童话、神话、寓言、传说等蕴含道德思想故事的叙事,进而促进受教育者健康成长的活动。② 有学者从德育叙事的过程出发,把德育叙事理解为叙事主体、叙事话语、道德事件、叙述行为等要素在叙事过程中运行,实现事件本身德育意义的揭示和受教育者思想品德素质提升的活动。③ 有学者把德育叙事定位为从静态德育方法转移到动态系统化德育的实践,注重德育叙事理念在实践中的具体展开。④ 有学者从"讲述道德故事"角

---

① 尤娜、杨广学:《象征与叙事:现象学心理治疗》,山东人民出版社2006年版,第104页。
② 丁锦宏:《道德叙事:当代学校道德教育方式的一种走向》,《中国教育学刊》2003年第11期。
③ 方喻:《德育叙事探究》,《学习月刊》2006年第9期。
④ 王维审:《"叙事德育"的可行性实践及探索》,《教学与管理》2015年第9期。

度阐述德育叙事。有学者把德育叙事理解为一种师生共在式的深层道德意义建构活动。

德育叙事的特征、分类、要素。对德育叙事特征的研究，有学者基于德育叙事模式与说教和灌输模式的区别，提出德育叙事的情景性、主体性、生成性三个特征。① 还有学者认为，德育叙事作为一种关切自身教育体验的方式，有境遇性、超越性和反思性的特征。② 对道德叙事进行分类，根据不同标准可以划分为不同类型。从叙事的表现形式和媒介出发，可以将德育叙事分为有声与无声道德叙事；根据叙事内容涵盖范围的标准，可以将德育叙事分为宏大政治与微观日常生活叙事；按叙事对象以及对生命体验的关怀，可以将德育叙事分为集体与个体叙事。此外，还有学者将德育叙事从总体上划分为能指与所指叙事、外在与内在叙事、单薄与丰厚叙事、单向与互动叙事等类型。③ 对道德叙事构成要素的界定，有学者根据德育叙事概念的内涵，指出德育叙事具有以下几个特点：平凡且意义深刻的叙事内容、多样化的叙事主体、自然、逼真且互动的叙事过程。④ 目前主流的观点是三要素说，即叙事者、叙事内容和叙事方式⑤，以及四要素说，即把叙事者划分为叙事者和聆听者，或者叙事主体与叙事客体。

对德育叙事的批判和重构。目前，叙事运用于德育实践教学中存在着一些问题，一是叙事主体"单一化"问题，有学者把教师作为叙事主体，把学生看作叙事客体，主客体的对立，导致教师极易成为叙事活动的控制者，学生处于被控制、被劝导的地位。二是叙事内容的问题，包括出现得过于空泛抽象、远离人们的实际，以及不切合现实

---

① 岳慧芳：《道德叙事：学校德育的有效形式》，《中国电力教育》2008 年第 5 期。
② 宋寒：《道德叙事——基于境遇关怀的道德教育方式》，硕士学位论文，南京师范大学，2007 年，第 12 页。
③ 李西顺：《德育叙事之内涵实质及分类研究》，《教育研究》2017 年第 8 期。
④ 刘新玲、朴素艳：《道德叙事及其借鉴》，《思想理论教育导刊》2006 年第 3 期。
⑤ 赵伟、黄嘉婕：《构建一种基于境遇关怀的道德教育方式——道德叙事》，《现代教育管理》2010 年第 11 期。

的过度虚拟化的倾向。三是叙事方式上的单向式、控制式的弊端。四是道德叙事教育实践走向形式主义和庸俗主义错误道路。① 在反思德育叙事异化的状况之时，很多学者根据德育叙事理论与经验提出了德育叙事回归本真的对策，如坚持以人为本的叙事理念、塑造多元化的叙事主体、打造接地气有思想的叙事内容、探寻基于双方平等交往互动的叙事方式，等等。

第三，教育叙事研究。教育叙事研究是近年来我国教育研究领域兴起的一种研究方式，虽然这种研究方式兴起的时间不长，但已经引起越来越多学者的关注和探索，并随之形成了一系列研究成果。

教育叙事研究的概念与视域。关于教育叙事研究的概念大致有三种界定方式，主要是从研究主体的不同来划分的。一是把教育叙事的研究主体设定为研究者，认为教育叙事研究是研究者以其自身的经历和感受为核心，叙述其自身经历的教育生活故事，并解释其中的价值意义。二是把教育叙事的研究主体设定为教师，认为它是指教师总结和评估其自身与教育对象在交往互动中所经历的各种有意义、真实的实践案例，通过对这些实践案例的讲述和解释，揭示出案例背后所蕴含的丰富思想理念，形成教师通过总结其自身教育实践经验，积极主动参加教育研究的方式。三是将二者包含在内的教育叙事研究，它是指教师和研究者从理论和实践两个维度通过讲述和总结富含教育信息的事件案例，进而探索教育价值与意义的研究活动。从当前来看，运用叙事方法进行教育研究集中在以下视域：一是教育叙事与教师专业发展。这表现在教师更加关注他们自己的教育实践、探索其自身经历的教育故事，不断总结教育经验，提高教师专业水平。二是教育叙事在各学科中的应用。教育叙事研究被广泛地运用到各学科的教学与课程研究开发中。目前，有较多学者运用叙事方法来优化小、中、大学的基础课程建设。

教育叙事研究的理论基础。学者对教育叙事研究理论基础的划定主

---

① 秦天堂：《浅谈高校德育领域中道德叙事的缺失、回归与误区》，《中国林业教育》2008年第5期。

要包括文学叙事学、解释学、现象学等。毋庸置疑，文学叙事学是最先进入教育叙事研究范畴之中的，教育叙事研究本身就是教育学与文学叙事学的跨学科研究。文学叙事学认为，叙事是人类自身以及社会文化的存在方式，其价值在于透过序列事件的情节结构，探索其背后的本质内涵和逻辑关系。现象学指的是现象和体验的研究，它指引我们从违反直觉的方法中抽身而出，回归到常识、生活世界的普遍意义上来。从现象学的视角可以把叙事理解为参与到其中的人与人之间的生活方式，要求叙事教育的探究不能从抽象的理论文本或分析系统中寻找，而应该在叙事教育所存在的生活世界中探寻。解释学的核心是"理解"，对于叙事而言，解释学要求事件参与者在"理解"中实现互动交往。

教育叙事研究的特点。学界将教育叙事研究视为一种质性的研究方法。针对教育叙事研究的特征，有学者从存在主义与解释学的视角出发，认为教育叙事研究具有四个特点，即对个体存在的关切、对自我意识的建构、对经验的总结和提升以及对研究者的真切关怀。[1] 还有的学者从教育研究过程的角度，把教育叙事研究的特点概括为以已发生的教育事件为研究内容、探究包含人物要素的叙事内容、所呈现的研究报告具有情节性和用归纳而不是演绎的研究方式获取教育理论。[2] 还有学者认为，教育叙事的特点在于：取材于日常生活，即以教师的日常生活为研究对象；"深描"归纳，即对故事情节的深刻描述；主观性，即"叙"和"事"都带有研究者的倾向性。[3]

3. 思想政治教育叙事研究

随着教育叙事研究的兴起，叙事引起了思想政治教育学界的关注，一些关于思想政治教育叙事研究的著作和论文相继出版发表。目前关于思想政治教育叙事的研究主要集中于以下几个方面。

---

[1] 刘阳科：《从存在主义与解释学的视角理解教育叙事研究》，《首都师范大学学报》（社会科学版）2007 年第 1 期。
[2] 邱瑜：《教育科研方法的新取向——教育叙事研究》，《中小学管理》2003 年第 9 期。
[3] 李新叶：《教育叙事研究综述》，《中国电力教育》2008 年第 4 期。

从思想政治理论课的角度进行研究。将叙事教学法应用于思想政治理论课教学方面，学者们具体探讨了如何将叙事教学法运用于"思想道德与法治""中国近现代史纲要""马克思主义基本原理"等课程教学过程之中。有学者探讨了"思想道德与法治"课程的图像叙事，认为本课程的图像叙事具有思想性与趣味性、具象性与抽象性、典型性与暗喻性、价值性与引导性相结合的功能，为发挥好这些功能，教育者要结合教材主导图像叙事的赋意空间、精神实质和创造方向。① 有学者阐述了"中国近现代史纲要"课程运用叙事教学的重要意义，提出解释性叙事、移情式叙事、事迹——符号互动式叙事三种叙事教学法，认为在实践教学中，要注意在中国近现代历史的宏大体系下进行，防止碎片化，做到史论结合，论从史出。② 有学者认为"马克思主义基本原理"课程的叙事教学法要朝向马克思主义事实本身，发挥教师与学生两个主体的作用，运用多种叙事方法进行叙事。③ 有的学者认为在"毛泽东思想和中国特色社会主义理论体系概论"课中开展叙事教学时要以优秀传统文化故事、革命历史故事和社会主义建设、改革故事作为叙事素材。在方法上，以矛盾冲突——解决的情节展开方式开启学生的代入感，以设问——解答的悬疑引导方式提升学生兴奋感，以叙事——启发的叙事总结方式强化学生满足感，提升大学生对思想政治理论课的获得感。④

从思想政治教育史的角度进行研究。从思想政治教育史的角度切入叙事理论，学界的研究包括两个方面。一是中国古代思想政治教育叙事。有的学者从儒家德育入手，指出现代思想政治教育可以借鉴儒家德育的隐喻式、符号互动式叙事的方法，增强教育的解释性和感染性。有的学

---

① 聂广壮、王立仁：《〈思想道德与法治（2021年版）〉教材图像叙事变化的意蕴》，《长春师范大学学报》2023年第1期。
② 张立芹：《"叙事"在"中国近现代史纲要"教学中的运用》，《淮北师范大学学报》（哲学社会科学版）2018年第5期。
③ 王强：《"马克思主义基本原理概论"课叙事式教学方法探索》，《思想理论教育》2015年第7期。
④ 余保刚：《运用叙事教学提升大学生对思想政治理论课获得感——以"毛泽东思想和中国特色社会主义理论体系概论"课为例》，《思想教育研究》2018年第11期。

者探究庄子道德叙事的当代价值，指出庄子的道德叙事具有注重主体内在感受性，强调精神自由以及对道德客观规律的不懈追求等特性。有的学者研究了中国思想史中的儒、释、道三教的道德叙事方式，并将之分别总结为主导启式、直启式、喻启式。二是中国共产党思想政治教育叙事。有的学者研究具体人物的思想政治教育叙事，如张丽静在其硕士学位论文《毛泽东思想政治教育叙事研究》中重点研究了毛泽东在对人们做思想政治工作的时候借用叙事的技巧和方法。有的学者研究具体时期的思想政治教育叙事，如唐锦琳的硕士学位论文《延安时期思想政治教育叙事模式研究》分析了延安时期思想政治教育叙事的群体、内容、方式，总结了延安时期叙事教育的经验和启示。

从网络思想政治教育的角度进行研究。互联网的兴起为思想政治教育叙事提供了便利有效的传播媒介，关于网络思想政治教育叙事的研究也随之兴起。有的学者从微信公众号、多媒体、博客、微课、自媒体等具体的网络传播方式探讨思想政治教育叙事。也有学者把思想政治教育叙事放置于大的网络背景下进行研究，对网络思想政治教育叙事方式的类型、特征、功能、价值定位做了深刻总结，探讨了网络思想政治教育叙事方式的理论基础和思想资源，并针对当下网络思想政治教育叙事发展出现的一些问题和现象进行分析总结，提出相应的解决办法和应对措施。[1]

从思想政治教育元理论的角度进行研究。针对思想政治教育叙事基础理论的研究，学者从不同角度进行探讨，形成了一系列研究成果。首先，思想政治教育叙事内涵。关于思想政治教育叙事的内涵，学者从不同视角进行了研究，目前尚未达成统一认识。有的学者从表现形式的角度，把思想政治教育叙事理解为一种交互式的对话活动，旨在双方共识的达成。有学者从叙事——"讲故事"的内涵理解思想政治教育叙事，认为它是思想政治教育主体对有关思想政治教育故事的叙述。有学者从

---

[1] 刘宏宇：《网络思想政治教育叙事方式问题研究》，硕士学位论文，电子科技大学，2015年。

思想政治教育过程的角度,认为思想政治教育叙事是教育者选择具有特定价值取向的故事,帮助受教育者提高思想认知和道德水平的过程。有学者从叙事是一种教育方式的角度,认为思想政治教育叙事是教育者通过口头、书面、表演等方式叙述具有遮蔽性、意义性的内容,将受教育者引入一定的情境中,使他们的道德修养和政治素质得到提高的活动。其次,思想政治教育叙事要素。有的学者认为,思想政治教育叙事包含叙事主体、叙事文本、叙事语言三个要素。有的学者认为,事、境、情、理是思想政治教育叙事的四大要素。有的学者指出,故事、叙述话语、叙述行为是思想政治教育叙事的三个基本要素,叙述话语和行为是首要的,叙述行为离不开叙述话语,叙述话语也依赖叙述行为。还有学者认为,主体、客体、环境是思想政治教育叙事的三个要素,它们之间相互作用,使思想政治教育叙事成为有血有肉的整体。

从社会思潮角度进行研究。近年来,多元文化思潮渗透、扩张至国内多个领域,给意识形态工作带来严峻挑战,在一定程度上影响了一直以来人们习以为常的叙事方式。现实生活出现的新情况,引起了研究者的注意和重视,一些研究者开始关注叙事与社会思潮这一新的研究议题。目前,学界关于叙事与社会思潮的研究主要集中在历史虚无主义叙事上。有学者将研究重点放在历史虚无主义最基本的叙事方式,即解构主义叙事上,并进一步探究其解构逻辑、方法论等问题。[①] 有学者探究了历史虚无主义的叙事逻辑,包括犬儒文化、消费文化、视觉文化的三重叙事逻辑。[②] 有学者聚焦于近年来历史虚无主义叙事从灌输向引导方式的转变,阐释了这一方式转变的表现形式、主要原因、危害,以及对当前意识形态工作的现实启示。[③] 有学者以思政课程为例,深入分析"中国近现代史纲要"课堂叙事的历史叙事与政治诠释的统一性,阐释其对当代

[①] 闫方洁、宋德孝:《历史虚无主义的解构主义叙事及其方法论悖论》,《思想教育研究》2017年第4期。
[②] 林峰:《历史虚无主义的叙事逻辑及克服路径》,《思想教育研究》2017年第9期。
[③] 王哲:《近年来历史虚无主义叙事方式转变及其现实启示》,《当代世界与社会主义》2019年第3期。

大学生正确历史认知的培育和历史观教育的重要作用。①

(二) 国外研究综述

叙事从字面上来理解就是对故事的描述，它是文学、符号学等领域的重要概念，有其特定的含义，并发展出专门探讨叙事相关问题的叙事学学科。国外对此研究较早，形成了系统的叙事学理论。

1. 叙事的内涵

叙事（narrative）源自拉丁文，意为"知识、专家或熟练实务"。2500多年前，柏拉图在《理想国》中给"纯叙事"和"模仿"下了定义："如果诗人处处出现，从不隐藏自己，那么模仿便被抛弃，他的诗篇就成为纯粹的叙述。"② 他将叙事二分为模仿和叙述，开启了西方关于叙事的讨论。传统意义上的叙事多在文艺学、修辞学、论辩术等范畴中出现，是一个用语言的方式记述事件发生的词汇学概念。现代意义上的叙事，是1969年法国国立科学研究中心研究员托多罗夫首次正式提出的。③ 对于叙事的内涵，不同学者基于其自身的学科视域和研究立场，形成了不同的理解。伯格将叙事理解为名词，认为"叙事即故事"④，所谓叙事就是以人类的实践和经验为基础，由叙述者讲的故事。保罗从叙事的构词方式，即"叙" + "事"的角度把叙事作动词来理解，"'故事'包含所有要描述的事件。'情节'是因果链，它决定了这些事件如何相互连接，因此是按这些事件之间的关联性来描述的。'叙述'是对这些事件的展示或讲述，以及展示或讲述所采用的模式"⑤。加拿大学者康纳利和克莱丁宁则是从教育学的角度，侧重于从叙事目的来界定叙事的概念，认为叙事是人类基于反思并通过个人经验来制造意义。洛朗·理查森从

---

① 范映渊：《直面历史虚无主义的"中国近现代史纲要"课课堂叙事》，《思想教育叙事》2016年第7期。

② [古希腊] 柏拉图：《理想国》，张竹明译，译林出版社2015年版，第73页。

③ 托多罗夫在《从〈十日谈〉看叙事作品语法》一文中写道："这部著作属于一门尚未存在的科学，我们暂且将这门科学取名为叙述学，即关于叙事作品的科学。"

④ [美] 伯格：《通俗文化、媒介和日常生活中的叙事》，姚媛译，南京大学出版社2000年版，第5页。

⑤ [英] 保罗·科布利：《叙述》，方小莉译，四川大学出版社2017年版，第4页。

叙事的"表述"功能角度出发，认为经验组织成为有现实意义的事件的载体是叙事。由于解释性研究的主题是人生经历，注重从普通男女的生活中概括出人生经历，从解释性的角度来理解，"叙事是一种讲述性的、表演性的行为事件，是编故事、讲故事的过程。故事是一种描述，是叙述不同情境中发生的一系列事件（这里，故事与叙事几乎是一对同义词）"①。从修辞学的角度来看，叙事则"是一个修辞的叙事，即是说，这个叙事的主要事件是讲一个故事"②。

2. 叙事的模式与种类

叙事在人类社会中广泛存在，根据地域风情、民族文化、政治基础的不同呈现出形色各异的形态。巴尔特把神话传奇、传说、史诗、历史、悲剧、戏剧、喜剧、彩色玻璃窗、电影、漫画、新闻条目等众多形式都纳入叙事范围内。"里斯曼的研究对象也包括回忆录、传记、自传、日记、档案文献、社会服务和健康报告、其他组织文化、科学理论、民间歌谣、照片和其他艺术作品中含有的叙述。"③ 根据叙事内容、媒介、形式等不同的依据，叙事可以分为不同的类型。有学者根据叙事的特性，将叙事分为"矛盾叙事、碎片叙事、宏大叙事、地方叙事和常规叙事"④。有学者根据叙事的媒介，将叙事分为"报刊中的叙事、虚构的短篇故事与小说、人们相互讲述的有关自身日常生活的故事、人们讲述别人的故事"⑤。有学者根据故事的主体，将叙事分为个人经历叙事和自我叙事。有学者根据叙事的丰富形式，将叙事分为自发民族志、虚构故事、分层叙事、书面叙事、表演文本、复调文本、读者剧、反应性读物、格言、戏剧与讽刺诗、影像再

---

① [美] 诺曼·K. 邓金：《解释性交往行动主义：个人经历的叙事、倾听与理解》，周勇译，重庆大学出版社2004年版，第64页。
② [美] 詹姆斯·费伦：《作为修辞的叙事：技巧、读者、伦理、意识形态》，陈永国译，北京大学出版社2002年版，前言第8页。
③ 参见 [英] 保罗·科布利《叙述》，方小莉译，四川大学出版社2017年版，第149页。
④ [美] 诺曼·K. 邓金：《解释性交往行动主义：个人经历的叙事、倾听与理解》，周勇译，重庆大学出版社2004年版，第65页。
⑤ [美] 诺曼·K. 邓金：《解释性交往行动主义：个人经历的叙事、倾听与理解》，周勇译，重庆大学出版社2004年版，第66页。

现作品、寓言、对话和混合的叙事类型等等。①

3. 叙事研究的发展历程

总体来看,叙事研究的发展可以分为三个阶段。第一阶段是20世纪60—70年代的经典叙事学研究,其特点是以文本为中心,将叙事作品视为一种封闭的体系,导致作品与其所处社会、历史、文化环境相隔离。在这期间结构主义语言学应运而生,为结构主义"经典叙事学"奠定了基石。第二阶段是20世纪80年代产生的后经典叙事学,其特点是关注叙事作品所产生的时代背景和创作语境。第三阶段20世纪90年代发生的叙事转向,众多人文社会学科纷纷把叙事纳入其自身研究的视域之下,取得了丰富的跨学科研究成果。如加拿大教育家康纳利和克兰迪宁最先将叙事引入课程教学领域,提出建立在教育经验研究基础之上的一种质性研究法,即教育叙事研究法。在教育叙事之外,西方心理学中还贡献了"叙事治疗"法。"叙事治疗"是一种后现代的心理治疗方法,其要义是通过"故事叙说""问题外化""由薄到厚"等方法,激活人的自主性和内在活力,治疗的目的在于实现咨询者和提供咨询的人的心灵共同成长。"叙事治疗"法作为在经历了第一波弗洛伊德的心理动力分析治疗和第二波曼纽秦等人的系统结构派家庭治疗后的第三波治疗方法,是心理治疗方法在原有基础上的继承和发展。

综上所述,从目前学界对于思想政治教育叙事的研究情况来看,还存在着以下几个方面的不足。首先,思想政治教育学科研究视角的缺位。关于叙事方面的研究,学者探讨了叙事话语、叙事教学法、叙事文学批评等内容,但他们主要是从他们自己所在的文学、教育学、社会学等学科出发进行研究的。其研究结果为思想政治教育研究提供了宝贵的理论借鉴,但尚未形成体系化的思想政治教育叙事理论。其次,思想政治教育叙事研究的理论深度有待深化。思想政治教育叙事的基础理论研究刚刚起步,在众多具体问题上需要进一步完善,如思想政治教育与叙事的

---

① [美]诺曼·K. 邓金:《解释性交往行动主义:个人经历的叙事、倾听与理解》,周勇译,重庆大学出版社2004年版,第67页。

究竟是一种什么关系？思想政治教育叙事的内涵和外延是什么？叙事实践在现实中起到了重要的思想政治教育作用，它的教育机制究竟是什么？这些问题还有待进一步挖掘和分析。

三 研究定位与内容

（一）研究定位

目前关于思想政治教育叙事的研究更多的是将其定位为方法论或者资源论，这样的定位有一定的合理性，但也存在一定的局限性。方法论的研究视角把叙事视为教育者对受教育者施加教育影响的工具，本质上是把叙事看作一种具体的方法进行研究。事实上，叙事教育法是思想政治教育诸多方法之一，等同于灌输、激励、说服等具体方法。由于叙事教育法的运用，还涉及思想政治教育机制、规律、结构等方面。方法论的定位会将研究的焦点集中于叙事教育法本身，主要研究这一方法的基本理论和实践问题，这显然是不够的。资源论的研究视角把叙事视为可以为思想政治教育所利用的有效资源。叙事作为思想政治教育资源意味着叙事原先属于其他领域，因为某些有用性而被人们认识到，从而为思想政治教育所用。事实上，思想政治教育叙事由来已久，中国历史上不同阶级均有运用叙事开展价值观教化的现象，只是名称有所变化而已。把叙事视为思想政治教育的资源虽然可以为研究思想政治教育积累素材、提供借鉴，但是这样的研究视域只是对叙事资源研究的深化，会在一定程度上割裂叙事与思想政治教育的关系。

本书不是从方法论、资源论的角度考察思想政治教育叙事，而是把思想政治教育叙事定位于存在形态层面，即它是作为一种客观的文化样态、实践活动而存在的，是思想政治教育实践活动的一种具体类型。这也符合下文对叙事的本质以及思想政治教育叙事内涵的界定。从存在形态的层面开展思想政治教育叙事研究有助于打破局限，深化对思想政治教育叙事的认识，是较为科学合理的研究定位。一方面，作为实践形态存在的思想政治教育叙事包含方法、资源等与其相关的内容，打破了单一角度研究的局限，使研究视角更为全面、客观。另一方面，作为实践形态存在的思想政治教育叙事是一个整体，只有从整体上进行研究，才能够系统、准确、完整地把握思想政治教育叙事的理论和实践。

（二）研究内容

本书试图围绕思想政治教育叙事这个核心概念建构研究体系，第一章思想政治教育叙事的理论渊源，在阐明叙事与思想政治教育叙事的内涵与外延，以及叙事与思想政治教育内在关系的基础上，进一步深入探究为思想政治教育叙事奠定理论基础和提供理论借鉴的相关理论。第二章从思想政治教育叙事过程入手，把思想政治教育叙事分为四要素，即叙事者、受叙者、叙事内容、叙事媒介，分析它们的内涵、分类及特性。第三章根据上述四个基本要素在思想政治教育叙事过程中相互作用和联系，把思想政治教育叙事过程分为叙事者明确叙事教育目的、受叙者形成叙事教育需求的思想政治教育叙事动机生成，叙事者运用叙事教育方式方法并与受叙者沟通交往的思想政治教育叙事实践展开，以及受叙者思想品德形成的思想政治叙事观念内化这三个相辅相成的过程。第四章基于上述对思想政治教育叙事要素和过程的理论探讨，分析思想政治教育叙事在现实实践中的具体展开。根据其内容，思想政治教育叙事可以分为国家叙事、社会叙事和个体叙事三方面，即叙述国家形象、民族历史和意识形态，增进国家认同的国家叙事；叙述社会公德、价值体系、风俗习惯，建构社会秩序的社会叙事；叙述个体认知图式、生命意义和自我身份，增强个体认知的个体叙事。这三类叙事基本上勾勒出政治社会中思想政治教育叙事实践的全貌。第五章分析思想政治教育叙事现实实践的影响，包括其产生的显著效用和存在的问题两个方面。最后，在第六章中结合思想政治教育叙事实践存在的问题，以及第一至三章的理论分析，探讨思想政治教育叙事的发展路径，从理论建构、体系完善、艺术提升三个方面打造思想政治教育叙事创新发展的方案。从篇章布局来说，本书主要分为四大部分，第一部分是研究前提：思想政治教育叙事的理论渊源；第二部分是理论建构：思想政治教育叙事的构成要素和基本过程；第三部分是实践运用：思想政治教育叙事的现实实践及其产生的效用和存在的问题；最后是对策建议：思想政治教育叙事创新发展的路径。本书遵照前提—理论—实践—结论的基本线索，建构起思想政治教育叙事理论与实践的研究脉络。

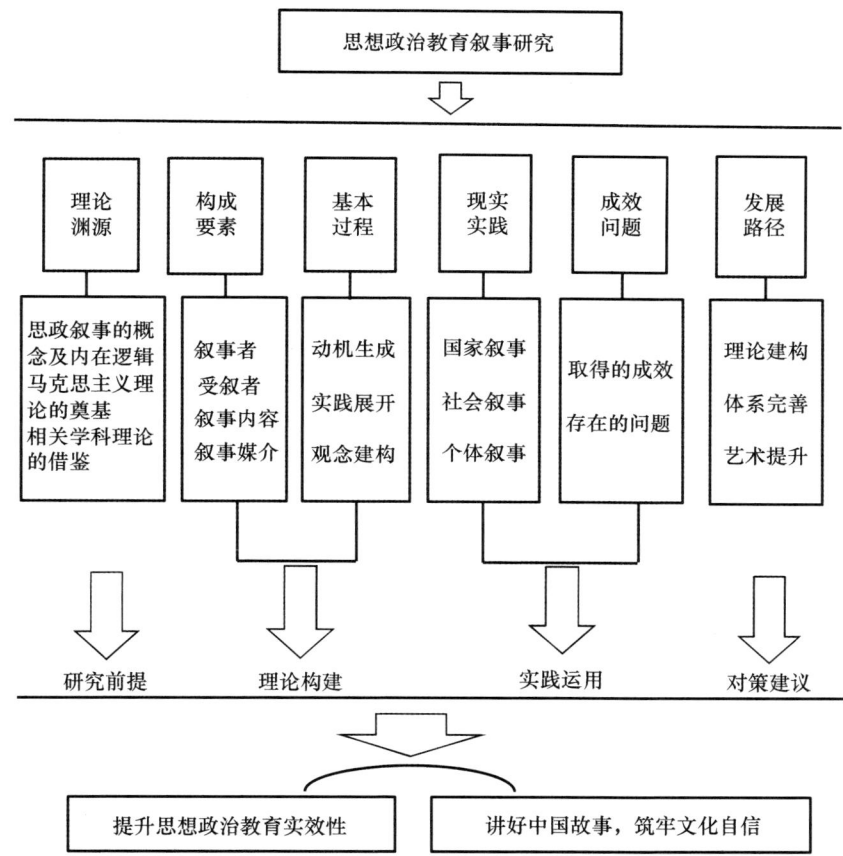

四 研究方法与创新点

（一）研究方法

是否具备科学的研究方法是开展研究的前提条件，为了科学地探究思想政治教育叙事，本书主要采取以下研究方法。

1. 文献研究法

文献研究法是学界开展理论研究经常使用的方法之一。它主要指通过搜集文献、鉴别资料、归纳整理等过程，对占有的资料和文献进行深入的阅读与研究，以形成理性认知的一种方法。思想政治教育叙事研究需要查阅的资料有：第一类是有关叙事、教育叙事、德育叙事、思想政治教育叙事的中外已有研究文献，对这类文献的梳理和分析是研究的基础和前提；第二类是现象学、符号学、政治传播学等相关文献，对这类文献的分析可为研究提供有益借鉴。希望尽可能详细地查阅相关文献，把握思想政治教育叙事研究的进展，进一步分析现有研究的不足之处，为本书做好前期基础工作。

2. 跨学科研究方法

叙事本身是一个综合性的文化现象，对其解读需要运用文学、社会学、符号学、传播学、心理学等学科的基本理论和研究方法。本书将积极借鉴其他有益于叙事分析的社会科学研究方法，从叙事学、传播学、语言学嫁接的视角切入，对思想政治教育叙事进行深入研究。

3. 归纳分类法

思想政治教育叙事实践丰富多彩，叙事名称五花八门。要把握好思想政治教育叙事的现实实践，必须根据一定的标准对这些纷繁复杂的叙事现象进行整理、分类，将在某方面具有相同属性的叙事归为一类，在此基础上归纳研究同一类叙事教育的意义以及存在的不足之处，如此才能够更清晰、深入地把握现实社会的叙事教育实践及叙事教育的规律。

4. 宏观与微观研究相结合的方法

思想政治教育叙事既是一个宏观的理论问题，也是一个微观的具体实践方式。本书在宏观勾勒思想政治教育叙事理论的基础上，也对具体的叙事实践进行微观的把握，再现叙事教育中叙事者的媒介使用、故事组织，以及受叙者思想观念建构的过程。力图在宏观与微观的结合中，全方位、系统化地研究思想政治教育叙事。

（二）研究创新点

本书力求在广泛吸纳国内外学者关于思想政治教育叙事研究成果的基础上，达到以下创新。

1. 选题与视角的创新

就目前学界的研究来看，关于文学叙事、教育叙事、德育叙事的研究较多，可以说，叙事不是一个什么新的问题。但是关于思想政治教育叙事的研究却相对较少，至今没有形成完善的理论体系。因此，本书以思想政治教育叙事为题，具有选题的创新。进一步而言，在目前关于思想政治教育叙事研究的少数成果中，鲜有学者从存在形态的角度探讨思想政治教育叙事，大多数学者主要是从方法论，抑或是从课程论的角度来考察这一问题，得出的是措施类的结论，而真正扎根思想政治教育叙事基础理论，从学理上探讨思想政治教育叙事的作品数量非常有限，质量高且具有系统性的研究更是少之又少。本书从存在形态的视域出发，结合相关学科特别是叙事学的研究成果，借助相关研究方法，从理论和实践上建构起思想政治教育叙事的分析框架。

2. 观点与内容的创新

提及叙事，大多数人首先想到的是讲故事。事实上，叙事绝非等同于单纯地讲故事。在思想政治教育视域中，叙事是思想政治教育不可或缺的重要方式方法，思想政治教育叙事本身是一种叙事者运用叙事媒介向受叙者讲述关涉人自身的故事，并通过其所展现的精神、态度、事迹等引导受叙者形成一定情感、价值观念和行为模式的交往活动。其"讲故事"的方式是多样的，语言文字、影视艺术、仪式活动是它的媒介，与人自身相关的道德故事、历史故事等等都是叙述的内容。基于此，本书试图从内涵和外延上明确思想政治教育叙事的范围，扭转人们对其单一片面的理解，展现叙事的多样面。同时本书力图围绕思想政治教育叙事这个核心概念建构理论体系，依次探索思想政治教育叙事内涵、本质、特征、要素、过程，建构思想政治教育叙事的基础理论，并在此基础上分析不同叙事形态在思想政治教育叙事实践中所发挥的作用以及存在的问题，深化和创新思想政治教育叙事的理论与实践研究。

第一章

思想政治教育叙事的理论渊源

对思想政治教育叙事的研究首先要厘清它的一些基础理论问题，才能为后续的研究做好铺垫。这些基础理论问题主要包括叙事的引入、叙事和思想政治教育叙事的内涵、叙事与思想政治教育的内在逻辑，以及奠定并影响思想政治教育叙事理论的相关马克思主义理论和非马克思主义理论这些方面。

第一节 思想政治教育叙事的概念及内在逻辑

叙事是借助一定媒介叙述故事，通过故事所蕴含的价值观念，引导人们形成一定的情感、态度和价值观的交往活动。它广泛存在于人类社会之中，借助喜闻乐见的形式和具有价值意象的故事，发挥价值观的教化作用，通过对社会构成所依赖的社会文化的传承和延续来凝聚人心，施展教育功能，是政治社会传播政治思想的方式方法。叙事因其具有明确的教育目的和功能而被纳入思想政治教育过程中，成为思想政治教育的重要方式。思想政治教育叙事是指具有明显思想政治教育目的和功能的叙事。它关乎国家治理理念的传播和国家形象的建构，关乎社会价值观念的宣传和弘扬，关乎个体的成长和发展，一直以来受到党和国家的广泛重视。

一 叙事

(一) 叙事问题的兴起

简单而言，叙事就是叙述事情（叙+事）。"叙"在古文字中意为述说，"纪言以叙之"（《国语·晋语》），同时它又有"序"的含义，许慎在《说文解字》中指出："叙，次第也。"而"序"字从"广"，"广，因厂（山石之崖岩）为屋也"（《说文解字》），意指空间和次序。"序"又可以与"绪"同音假借①。所谓"绪"可引申为借助一定的方式理出头绪，从事物的开端继续延伸发展下去。"叙"与"序"和"绪"相通，这就从语义学上赋予"叙"丰富的内涵。"叙"既有表面上叙述、讲述、解释的意思，也暗含着语言、肢体等一系列表达方式与时间空间安排的秩序。广义上的"事"是指一个事件序列或某些情感经验、思想观念可被讲述成多个文本。不同文本可以拥有相同的创作背景和故事素材。这些相互联系的素材和背景被经典叙事学研究者称为"本事"，指代"实际发生过的事情"②。就狭义的"事"来看，是一个有开头、中间和结尾，情节化过程的事情，它牵涉到人类社会存在的实践经验，目的在于表达人类自身的意义。狭义的"事"称为"故事相关体"，简称为故事（狭义的故事）。从"叙"＋"事"的构词方式来理解，叙事包含了借助语言或其他媒介的叙述行为和再现发生于特定时间和空间里的故事这一具体内容。

叙事是人类与生俱来的一种基本的人性冲动，它的历史几乎与人类的历史一样古老。叙事的范围并不囿于狭隘的小说文学领域，它的根茎伸向了人类文化、生活的各个方面。"在所有文化、所有社会、所有国家和人类历史的所有时期，都存在着不同形态的叙事作品。叙事在时间上具有久远性，在空间上具有广延性，它与抒情、说理一样，是推动人类进行文化创造的基本动力，并与抒情、说理一起，成为人之所以为人的根本性标志。"③ 自人类文明出现之后，对叙事现象的思考由来已久，在中国先秦时代对历史"纪事"之"实录"原则的讨论中，在古希腊的亚里士多德对悲剧的论述中，在马克思历史叙事的宏伟著作中都包含对叙

---

① 段玉裁在《说文解字注》中指出："《周颂》：继序思不忘。传曰：序，绪也。此谓序为绪之假借字。"

② [法] 茨维坦·托多罗夫编选：《俄苏形式主义文论选》，蔡鸿滨译，中国社会科学出版社1989年版，第239页。

③ 傅修延主编：《叙事丛刊》第一辑，中国社会科学出版社2008年版，发刊词。

事的思考。但是，对叙事活动独立而系统的研究则开始于20世纪60年代，受结构主义思潮的影响，叙事学作为一门学科在法国诞生。结构主义叙事学的研究领域主要局限于文学，主张对叙事虚构作品进行内在性和抽象性的研究。到20世纪90年代，人文科学各领域先后把叙事的文体纳入其自身的问题框架之中，形成了"叙事学转向"的壮观景象。

2021年6月1日，习近平总书记在主持中共中央政治局第三十次集体学习时强调："要加快构建中国话语和中国叙事体系，用中国理论阐释中国实践，用中国实践升华中国理论，打造融通中外的新概念、新范畴、新表述，更加充分、更加鲜明地展现中国故事及其背后的思想力量和精神力量。"[1] 明确提出建构中国叙事体系，向世界讲好中国实践的故事，阐释中国的理论，塑造良好的中国形象。这为新时代叙事理论与实践研究提供了方向指南。在新时代，要深入研究叙事的本质、结构、特点，以及叙事在实践中的具体运用，特别是在思想政治教育领域的叙事理论研究和叙事工作探究。以此提高宣传水平，向世界展示中国丰富多彩、生动立体的形象。

（二）叙事的基本内涵

叙事是一个在理解和研究上具有广阔空间和范围的概念。至今为止，学者给叙事下的定义可谓不可胜数，但是还没有一个得到大家公认的、准确的界定。就目前的研究来看，总体上对叙事的理解可以分为三类："我们研究的对象（人们的叙事，一种质性的资料）；一种质性研究的方法（叙事分析）；或者阐述我们研究结果的一种方式（用叙事来呈现、解释研究发现）。"[2] 具体而言，第一类：把叙事作为研究对象，强调对叙事文本的分析。基于这一视角，叙事概念"暗含判断、阐释、复杂的时间性和重复等因素。叙述就是回顾已经发生的一串真实事件或者虚构

---

[1]《习近平在中共中央政治局第三十次集体学习时强调：加强和改进国际传播工作 展示真实立体全面的中国》，《人民日报》2021年6月2日第1版。

[2] 瞿海源等：《社会及行为科学研究法质性研究法》，台北：东华书局2012年版，第136页。

出来的事件"①。解读叙事就是从文本的角度对叙事作品的行文过程进行分析。目前从文本角度进行叙事研究主要集中在三个方面:一是叙事内部的结构研究,其焦点是叙事内容的组织方式,即故事中情节的构成方式。二是对叙事再现技巧的描述研究,其研究对象是被叙述的世界与事件本身之间的关系,譬如叙述者讲述故事时的顺序安排。三是叙事的修辞性分析,探究故事的语言媒介选择对叙事效果产生的影响,核心在于分析叙事的话语表达。② 叙事学、文学、语言学领域对叙事的理解多从这一角度出发,虽然这一立场对研究叙事作品的建构规律、形式技巧有值得借鉴之处,但是它以一种相对狭隘的批评立场,仅仅把"叙事作品看作一个独立自足的封闭体系"③,极易在某种程度上导致叙事作品与其所处的历史文化、现实社会之间的关系被阻隔。

第二类:把叙事作为研究方法,主张将叙事用于调查各种研究问题。研究者把叙事作为一种研究方法,认为"叙事是呈现和理解经验最好的方法,经验就是我们所研究的东西。我们叙事地研究经验,因为叙事的思考是经验的一个关键形式,也是撰写和思考经验的关键方法。"④ 叙事研究方法主要用于一些特定的研究领域,如在认知科学领域,叙事作为研究记忆、语言发展和信息处理过程的方法;在社会学和人类学的许多研究中,通常运用叙事方法来挖掘并呈现社会中一些特定群体的性格或生活方式;在教育学领域,叙事多用于描绘教育行为,使教育过程更易获得理解;在心理学和医学领域,叙事常常被用于心理疗或者学习障碍的诊断性分析。从总体上看,把叙事作为一种研究方法,在研究中

---

① 叙述在引文中意为叙事。[美] J. 希利斯·米勒:《解读叙事》,申丹译,北京大学出版社 2002 年版,第 44 页。
② [美] 戴卫·赫尔曼主编:《新叙事学》,马海良译,北京大学出版社 2002 年版,第 7 页。
③ [荷] 米克·巴尔:《叙述学:叙事理论导论》,谭君强译,北京师范大学出版社 2015 年版,译者前言第 2—3 页。
④ [加] D. 简·克兰迪宁、F. 迈克尔·康纳利:《叙事探究:质的研究中的经验和故事》,张园译,北京大学出版社 2008 年版,第 20 页。

"运用叙事方法得出的结果是丰富而且独一无二的资料"①，如口述史、现场文本、传记等等，"这些资料是通过单纯的实验、调查问卷或观察无法获取的"②。但是，单纯将叙事作为一种研究方法，就容易忽视对叙事现象的思考。事实上，现实社会中存在很多叙事现象，思想政治教育叙事就是其中的一种。因此，对叙事现象的分析和研究是十分有必要的。

第三类：把叙事作为呈现方式，反映人类存在和社会生活的现实。出于生存和交往的需要，个人总是以叙事的行为方式理解自我和世界。叙事"被理解为一种特定的看待世界的方式，它使世界变得有序和可以理解：具有当下性。叙事是人们进行表述的形式，关系到表述在时间上的连贯性；它给人们的生活带来了经历并跨越时间的秩序和意义。通过描述事件有序的进展过程，当下的开阔性被赋予了意义"③。从这一角度而言，叙事有广义和狭义之分。广义的理解，如麦金泰尔从哲学的基本原则出发，认为社会生活就是叙事。"人类能够描述解释自身的行动；其他生物则不能。"④ 通过叙事可以理解和把握人的行为举止。"人们为了理解他们自己的生活把自己的生活转化成叙事形式——当他们试图理解他人生活的时候，同样如此。"⑤ 费希尔指出："所有形式的人类交往基本上都需要被看做是叙事的。"⑥ 从广义上把叙事看作人类社会生活和交往活动的呈现方式，仿佛所有的文化行为都可以被称为叙事，在一定程度上有扩大叙事范围之嫌。从狭义的角度而言，作为呈现方式的叙事有

---

① ［以］艾米娅·利布里奇等：《叙事研究：阅读、分析和诠释》，王红艳译，重庆大学出版社2019年版，第10页。
② ［以］艾米娅·利布里奇等：《叙事研究：阅读、分析和诠释》，王红艳译，重庆大学出版社2019年版，第10页。
③ ［英］奈杰尔·拉波特、乔安娜·奥弗林：《社会文化人类学的关键概念》，鲍雯妍、张亚辉译，华夏出版社2005年版，第245页。
④ 参见［瑞典］芭芭拉·查尔尼娅维斯卡《社会科学研究中的叙事》，鞠玉翠译，北京师范大学出版社2010年版，第5页。
⑤ ［瑞典］芭芭拉·查尔尼娅维斯卡：《社会科学研究中的叙事》，鞠玉翠译，北京师范大学出版社2010年版，第7页。
⑥ 参见［瑞典］芭芭拉·查尔尼娅维斯卡《社会科学研究中的叙事》，鞠玉翠译，北京师范大学出版社2010年版，第14页。

三种视角来理解:一是叙事作为话语模式。历史哲学从狭义的角度认为,"叙事指的是这样一种话语模式,它将特定的事件序列依时间顺序纳入一个能为人理解和把握的语言结构,从而赋予其意义。"① 叙事一直以来都是历史学话语的主要形态,甚至被认为是史学话语的根本属性。海登·怀特在《元史学:十九世纪欧洲的历史想像》中指出,这样的叙事回归"意味着回归到隐喻、修辞和情节化,以之取代字面上的、概念化的和论证的规则,而充当一种恰当的史学话语的成分"②。作为话语模式的叙事虽然关注对已有文本的语言结构分析,但是更强调语言的使用方式。"鉴于语言提供了多种多样建构对象并将对象定型成某种想象或概念的方式,史学家便可以在诸种比喻形态中进行选择,用它们将一系列事件情节化以显示其不同的意义。"③ 二是叙事作为认知方式。基于这一视角的研究者认为,叙事因其有一个内在的情节结构,将对象内容以经验的形式按照一定秩序排列开来,相较于推理论证,更符合人的认知逻辑。"当人们说一个人类事件没有意义时,通常不是因为一个人无法把该事件放在适当的分类系统中。相反,主要的困难在于人们无法把事件整合到情节结构中,这样就无法在它所发生的情境中得到理解……因此,叙事是为了展示解释而不是论证解释。"④ 三是叙事作为交往方式。查尔尼娅维斯卡指出:"叙事是一种普遍的交往方式。人们通过讲故事来娱乐、教学、要求解释并给予解释。"⑤ 作为社会交往方式的叙事,成为人们实施交往行动,获取认知的主要途径。

诚然,从狭义角度把叙事作为一种呈现方式的理解角度较为可取。因

---

① 彭刚:《叙事的转向:当代西方史学理论的考察》,北京大学出版社2009年版,第2页。
② [美]海登·怀特:《元史学:十九世纪欧洲的历史想像》,陈新译,译林出版社2004年版,中译本前言第5页。
③ [美]海登·怀特:《元史学:十九世纪欧洲的历史想像》,陈新译,译林出版社2004年版,中译本前言第4页。
④ [瑞典]芭芭拉·查尔尼娅维斯卡:《社会科学研究中的叙事》,鞠玉翠译,北京师范大学出版社2010年版,第10页。
⑤ [瑞典]芭芭拉·查尔尼娅维斯卡:《社会科学研究中的叙事》,鞠玉翠译,北京师范大学出版社2010年版,第13页。

为它相较于把叙事作为研究对象和研究方法的单一性，其所涉及的内容更为广泛，既可从内部分析叙事结构的基本组成也可从外部探究叙事现象对自我以及人类社会的重要意义。并且与话语方式、认知方式相比，作为交往方式的叙事与思想政治教育的联系更为紧密，符合本书研究视角。

本书无意为叙事提供一个全面的、为各学科所承认的定义，而是主要基于研究的需要对叙事加以重新界定。不置可否，对叙事的重新界定也是有必要的，"许多研究者事实上已将叙事重新概念化，（亦即赋予概念新的内容，重新定义概念而赋予不同的内涵），使叙事概念在研究人类生命存在、自我与认同建构、社会生活经验等的基本性质上，成为相当有效的分析工具，而不只是一种再现过去、铺陈资料的方式"[①]。本书从"阐述我们研究结果的一种方式（用叙事来呈现，解释研究发现）"这一角度，基于交往理性的价值选择，试图重新界定叙事的概念。将叙事定义为叙事者通过多种媒介，向受叙者叙述关涉人自身的故事序列，从而实现价值传递的交往活动。

（三）叙事的本质

从浅显的层面来理解，叙事首先表现为一种话语方式，意为序列事件基于话语艺术的编排而得以言说，强调的是"如何叙"，与纯粹说理、灌输相区别。这样从语言交流的角度把叙事理解为一种话语方式，在某种程度上会把叙事研究的视域局限在话语艺术的分析上，而忽视了叙事与更为广阔的社会历史生活之间的关系，对叙事的文化性存在、叙事形式的历史性及其意识形态性缺乏研究。而就其作为一种思维认知方式来说，叙事内含着情节化逻辑关系。情节化的叙事与时间空间相联系。自古以来，个体和群体都把自身经验和群体经验情节化，而后书写自身命运和社会历史。可以说，人们正是通过叙事建构起理解、讲述自我和世界的桥梁。从叙事产生和存在意义上建立起叙事与人的深层联系是十分必要的，但是叙事不仅存在于与人的单向联系中，而且更多地存在于人

[①] 瞿海源等：《社会及行为科学研究法质性研究法》，台北：东华书局2012年版，第142页。

与人之间的双向互动中,单纯把叙事理解为个人或群体内部的思维认知方式也是片面的。

揭示叙事的本质不仅要考虑到叙事作为话语方式和思维方式的存在,而且要从叙事在人与人之间文化交往的存在方式中来把握。文化学家认为,文化是"一个有序的意义与象征体系,社会的互动依据它而发生。"① 也就是说,以各种各样的形式与人类生活联系在一起的文化是一种意义结构,依据文化的意义结构,人类传递自身的经验并指导他人的行为。《社会及行为科学研究法质性研究法》指出:

> "时间"对于人们的社会生活与文化建构等有许多重要的影响,其中之一就展现在与叙事有关的现象上。叙事值得我们重视与探讨,基本理由在于,研究叙事就等于研究时间对社会文化功能的某种重要作用。借着叙事研究,我们也就将时间因素带入社会科学的经验研究。我们可以说,叙事的基本性质在于传达人们生活在社会中的时间经验,以及在这种经验过程中的认同建构。②

叙事普遍存在于人类生活中,它是人类特有的一种文化现象。从本体论上讲,叙事具有文化属性,是一种文化模式。从社会规则和人类精神文化上说,叙事不仅整理人们的生活经验,形成有思想内涵的序列事件系统,把价值、意义赋予我们的生活,指导并塑造社会公共的行为,而且探求人类的终极意义和价值。从认识论上讲,叙事受政治、经济因素的影响,是关注人的情感需求、遵循人的认识规律而进行的精神文化生产和传播过程。从方法论上讲,叙事注重以文化的形式实施教育活动,强调人与人之间的交流对话,注重交流对话的话语技巧。质言之,叙事作为一种文化现象而存在,其本质是一种文化交往方式。

---

① [美]克利福德·格尔兹:《文化的解释》,韩莉译,译林出版社1999年版,第176页。
② 瞿海源等:《社会及行为科学研究法质性研究法》,台北:东华书局2012年版,第141页。

(四) 叙事的基本特征

叙事根植于现实生活，具有现实生活的全部真实性。内含真实性的叙事建构起生动、具体的形象，不仅能获得人们的信任，更能打动人，满足人们获取经验知识和情感的需要。

1. 形象性

叙事是通过建构形象来反映现实的，具有一定的形象性。形象的本来意义是指人或事物的形体外貌。生活中所使用的形象一词多是和具体的事物联系在一起的，凡是具体的事物所产生的映象，都可称之为形象。形象与概念不同，概念是抽象的，我们只能从理性上来理解，而形象是具体的，我们可以从情感上来把握。在现实生活中，任何人物和事物，都是既包含概念，又表现为具体的形象。这样，我们认识现实事物就可以通过两种不同的形式，即概念的形式，或者形象的形式。概念是从个别上升到一般，然后以一般的形式存在着，并通过一般的形式来认识和反映一般的规律。形象则是通过个别来反映一般，一般就包括在个别之中，思维始终沿着个别的形式来认识和反映一般的规律。相较于概念的形式，形象的形式更切合人们的思维特点和情感需要。不仅如此，形象也是抽象的思想、理论的具象性体现。"我们说形象是按照生活本身的形式来反映现实，主要的意思就是说，形象是个性化的、具体的，象生活本身一样，我们完全可以从感觉上来把握它。它所呈现给我们的，不是什么抽象的理论、一般的法则，而是具体、生动而又富有美学意义的生活画面。"[1]

叙事不是直接解释概念，而是通过建构形象来阐释思想，抽象的思想和真挚的感情融入具体的形象中，为人们掌握和感受。这一过程以呈现的方式代替描述或阐释的方式，向人们展现出事物原本的面貌，具有鲜明的直观性。事实上，叙事所建构的形象与生活的形象有所不同。生活中的形象是生活中所实有的，没有减少，也没有增加。而叙事所呈现的形象是叙事者根据现实材料加工和概括而形成的，这是一个加入主观

---

[1] 蒋孔阳：《形象与典型》，百花文艺出版社1980年版，第6页。

意识的重塑过程。重塑的形象虽然仍具有个性化的形式，保留着生活原本的样貌，但是它所表现的不是偶然、特殊或者个别的东西，而是那些符合既定规则、合乎规律并且是一般的东西。从这个意义上讲，形象不再是单纯的表象，而是经过复杂思维过程生成的，包含着丰富的思想认识内容。总而言之，叙事表现人们的思想和情感，但是它并非用抽象的概念来表现，而是用生动的形象来呈现。

2. 真实性

真实性是叙事的基本特征，叙事所叙之事不是"独立自足的意象"，而是建立在客观、真实的基础上，反映社会生活的本质，展现生活中的矛盾和斗争，契合社会发展本质规律的故事。从根源来看，叙事是对经验的整合、加工和再赋形。"在空间上，叙事整合着遥远的、异国他乡的经验与本土的、切身的经验；在时间上，叙事把过去、未来和现在的经验统一到一种'永恒的当下'时间里，即统一到文本的封闭体中；在人自身方面，叙事将人的内部生存的经验与外部生存的经验整合在一起。"[1] 经验本身是对生活的情绪化的反思、逻辑认识的反思、理论认识的反思，具有真实性的特性。因此，对人的空间经验、时间经验、内部和外部经验的结构化整合的叙事也具有一定的真实性特征。浦安迪认为，中国叙事传统强调真实性，"或是实事意义上的真实或是人情意义上的真实"，即便是神怪妖魔等看起来存在种种不真实的故事，"但其所'传述'的却恰恰是生活真正的内在真实"[2]。

现实生活构成了叙事的基本内容，有什么样的现实生活，就有什么样的叙事。但是叙事不是现实生活的细大不捐和现象罗列，而是现实生活的高度凝练和整合集中。现实生活中的真人真事，都是比较零散、琐屑的，不经过集中整理和加工选择，是无法进入叙事范围之内的。这就需要借助想象和虚构，对生活中体验、观察到的一切人、一切生活形式和斗争形式，加以美学加工、思想评价和情感色彩的渲染，这样原本的

---

[1] 陈然兴：《叙事与意识形态》，人民出版社2013年版，第131—132页。
[2] ［美］浦安迪：《中国叙事学》，北京大学出版社1996年版，第32页。

人物事件素材才能在叙事的形象中再现出来。想象和虚构是人的思维能力之一，叙事是一种创造性的劳动，需要想象和虚构。"叙事可以讲述过去已发生过的事件，也可以讲述正在发生的事情，还可以对未来的事情做出预测和筹划。这些事件可以是实际发生的，也可以是在叙事者的想象中发生的，即可以是虚构的。"① 从一定程度上说，叙事也具有一定的虚构性。但是虚构不是虚无，叙事虚构的事件并不是凭空想象、子虚乌有的，而是从现实经验世界复制过来的，与人们的现实生活具有某种深层次的真实相关性，脱离了现实生活，叙事就不能称为叙事，而是"夸夸其谈"了。"相信故事的字面意义尽管是虚构的，但在字面意义的后面还埋藏着某种一般的、普遍的意义，这层意义就是讲述者想要告诉我们的故事主题。有了这层含义，故事的虚构便不再是纯粹的谎言，而具备了某种真实性和'哲学意味'。"② 无论故事的内容是真实发生过的事实，还是虚构的事实，这些经验最终源于社会生活，它是对社会生活有选择的、系统化了的"再现"。

二 思想政治教育叙事

认识和理解思想政治教育叙事最根本的是要对其内涵和外延作出回答。所谓概念的内涵，是指它所反映的事物的特有属性，属于事物的本质问题，而外延则是指其所反映的本质属性的一切对象，属于事物的边界问题。在此基础上，还应当关注和辨别那些与思想政治教育叙事密切相关，但又容易被人们曲解的概念。对以上三个方面的分析和阐释，可以厘清并加深对思想政治教育叙事的认识。

（一）思想政治教育叙事的内涵

从一定程度上说，所有具有真实性、形象性的叙事本身都包含一定的教育意义。这里的教育是从价值观的教化，而不是从技术传授的角度而言的。因此，广义上所有的叙事都可以被称为思想政治教育叙事。但

---

① 尤娜、杨广学：《象征与叙事：现象学心理治疗》，山东人民出版社2006年版，第104页。
② 高小康：《人与故事——文学文化批判》，东方出版社1993年版，第6页。

是这些叙事中，有的教育作用突出，有的不突出，有的被纳入了思想政治教育的过程，有的则未被纳入。因此，从狭义来看，只有那些具有明确教育目的和功能并被纳入思想政治教育过程的叙事才可被称为思想政治教育叙事。例如，叙事也可以用于治疗精神疾病，叙事疗法的意义在于"重新建构一个新的、摆脱了问题消极影响的人生故事"[①]。由于思想教育只是其治疗过程的中间环节，那么从狭义的角度来说这类叙事就不能被称为思想政治教育叙事。

思想政治教育叙事主要是从功能上对部分叙事的概括，它在属性、本质上与一般叙事无异，真实性、形象性依然是其重要特征。从叙事作为一种呈现方式的角度出发，并根据思想政治教育的特点，可对思想政治教育叙事的内涵作出如下界定：思想政治教育叙事是叙事者运用叙事媒介向受叙者讲述特定故事，并通过其所展现的精神、态度、事迹等引导受叙者形成一定情感、价值观念和行为模式的交往活动。具体来说，可从以下几个方面来把握。

首先，思想政治教育叙事是一种交往活动。它发生在人与人之间交往互动的公共领域中，不是一种工具行为，而是一种交往行为。交往行为是以交往理性为主导的价值合理性行为。哈贝马斯指出：

> 交往理性的范式不是单个主体与可以反映和掌握的客观世界中的事物的关系，而是主体间性关系，当具有言语和行为能力的主体相互进行沟通时，他们就具备了主体间性关系。交往行为者在主体间性关系中所使用的是一种自然语言媒介，运用的则是传统的文化解释，同时还和客观世界、共同的社会世界以及各自的主观世界建立起联系。[②]

---

① 马一波、钟华：《叙事心理学》，上海教育出版社2006年版，第152页。
② ［德］哈贝马斯：《交往行为理论》第一卷，曹卫东译，上海人民出版社2019年版，第485—486页。

叙事本身就是一种交往行为，体现在具有言语和行为能力的主体之间的沟通和交往上，它用话语代替金钱和权力等价值工具作为协调主体之间关系的机制，目的在于主体之间共识的达成。在叙事活动中，叙事者与受叙者的交流交往是以地位平等、人格尊重、相互理解的主体间关系为基础的，思想压迫、身份歧视、话语霸权等不平等行为都让位于投入情感的真诚沟通，因此叙事更能达到人与人之间心灵上的通达与投合，让人产生亲近感和悦纳感。

其次，思想政治教育叙事借助相关媒介而展开。"人因为有事情、有思想要表述，要传达给其他人，才寻找叙述的方法、表述的媒介体的。叙事的本质是信息的传递，是交流过程中一个单方面的发射过程，叙事文本是一个被发射的信息集。叙事可以通过各种方式、途径进行。"[①] 媒介是连接叙事者与受叙者的中介，叙事者借助一定的媒介向受叙者传递蕴含深刻意义的故事。纵观现实社会中的思想政治教育叙事媒介形态，大致可以将其分为三类：一是语言文字媒介，它是最常见、最基本的媒介，具有灵活性、丰富性的优势，便于叙事者直接向受叙者叙述故事内容，进而引导受叙者感悟故事背后的深层思想意蕴。二是影视艺术媒介，它通常表现为一种图像的形式，主要借助静态的和动态的图像媒介呈现故事内容，以强烈的感官刺激给受叙者带来审美体验。三是仪式活动媒介，仪式是由特定文化建构起来的，在时间节点上举行的沟通神圣世界与事物世界的象征性人类活动，在叙事过程中，仪式作为一种媒介而存在，它将叙事内容用象征符号和行为表演的方式展现出来，引导受叙者进入意义之网中，获得精神洗礼。

再次，思想政治教育叙事蕴含一定的教育意义。故事是思想政治教育叙事的内容，叙事者借助相关媒介把蕴含道德、政治思想的故事传递给受叙者，这一过程实质上是教育意义的传递过程。这是因为思想政治教育叙事所传递的故事具有双层表意性，即字面意义上的"所指"和深层价值上

---

① 董小英：《叙述学》，社会科学文献出版社2001年版，第23—24页。

的"能指"。高小康在《人与故事》一书中阐述了故事的两层意义：

> 通过故事的指称而使自己的世界获得可表达的意义。当人们认为某个故事"有意义"的时候，当然不是说这个故事的话语所显示的字面意义即"所指"，因为没有这种"意义"的故事是不存在的，人们所说的"意义"其实指的是故事对接受者而言的"意义"。也就是将故事的"剩余能指"同接受者自己的世界相联系而产生的"所指"。①

> 故事由于"剩余能指"的作用而产生了指称现实世界的意义。②

思想政治教育叙事在叙述故事的基础上，也借助故事本身所蕴含的深层道德观点和思想观念帮助受叙者理解自我、社会和世界。可以说，任何思想政治教育叙事中的故事都蕴含着明确的意义指向。例如，曾广泛报道的在中印加勒万河谷对峙事件中五名解放军战士卫国戍边的英雄故事，表面上对双方战斗过程的叙述，实质上所要宣扬的是五名解放军战士身先士卒、誓死不屈的英雄精神，以及我国捍卫世界和平的决心和担当。

最后，思想政治教育叙事具有人本意蕴。学者普遍认为，叙事是人对其自身命运的关怀。

> 一个人自身的、现实的状态是通过与他人、与过去的联系而呈现出来的。人就是通过这种联系而产生了"命运"的观念和对"命运"的关怀。如果没有过去和他人的参照，个人的一切都会变成无法评价、无法预测、无法应对的偶然。故事提供了这种参照，从而使人们藉此来领会自身的存在状态与可能，这就是故事中人本意蕴的真正涵义。③

---

① 高小康：《人与故事——文学文化批判》，东方出版社1993年版，第16页。
② 高小康：《人与故事——文学文化批判》，东方出版社1993年版，第23页。
③ 高小康：《人与故事——文学文化批判》，东方出版社1993年版，第9页。

作为以故事为内容的思想政治教育叙事自然也具有人本意义。思想政治教育叙事的任务在于培养人、塑造人，不仅表现为服务政治发展、经济建设的"外在性"，而且凸显为寻求主体人的自我发展的"内在性"，在引导受叙者养成思想政治素质的过程中探求人的本质力量的实现。也就是说，思想政治教育叙事凸显了思想政治教育目的的属人性，是立德树人的"暖心教育"。

（二）思想政治教育叙事的外延

目前，对思想政治教育叙事外延的界定主要有广义和狭义两种观点。广义上的叙事无所不包，社会生活中的一切文化现象都可被称为叙事。狭义上的叙事，则主要是指口头或者书写的故事。事实上，过于宽泛和狭窄的外延都不适用于思想政治教育叙事研究。过于宽泛的界定看似扩展了叙事的范围，把思想政治教育全部内容都视为叙事，即思想政治教育就是叙事，实则否定了思想政治教育叙事的独立存在，不利于开展深入研究。而过于狭窄的外延则容易导致研究者"闭目掩耳"，主动放弃本可以采用的叙事方式，同时也不能跟随时代变迁而积极吸纳新的叙事方式，影响思想政治教育叙事走向更宽阔的发展道路。因此，对思想政治教育叙事外延的重新界定是十分必要的。本书对其外延的界定如下：

第一，是否传递思想政治教育意义。判定一种叙事行为是否为思想政治教育叙事的首要标准就在于它有没有传递思想政治教育意义。例如，讲述奇闻轶事与讲述道德故事相比，虽然它们都采用了叙述包含人物、情节的故事这一外在形式，但是前者是为了消遣娱乐，后者则是为了传递道德思想，二者所传递的意义不同，因而前者不属于思想政治教育叙事，而后者可被纳入思想政治教育叙事的范畴中。具体而言，断定某个叙事行为是否具有思想政治教育意义，可以从叙事目的和叙事内容两个方面来考察。一方面是叙事目的，即是否为了提高受叙者的道德品质和思想政治素质，使其朝向社会要求的既定方向发展。在这一根本目的下，是否以增进个体自我认知、形塑民族历史记忆、强化政治认同的具体目标为指向。二是叙事内容，即叙事内容所呈现和表达的信息。判断一个叙事行为是否为思想政治教育叙事，就要看其是否内含着马克思主义意识形态，是否涉及世界观、人生观、价值观等内容。

第二，是否以修辞、画说、表演等柔性的方式呈现出来。呈现方式是判定一个行为能否被称为思想政治教育叙事的重要标志之一。思想政治教育叙事总是以一种柔性的方式表现出来，即主要通过语言文字、影像艺术、仪式活动三类媒介，叙述有人物、情节、感情的哲理故事，与受叙者建立起互通有无的情感联系。理性的教育思想被思想政治教育叙事用感性的外衣包裹住，以隐性的价值引导方式获得民众的认可。而非思想政治教育叙事则是用理性的外衣包裹理性的思想理论，这往往导致它的表现形式更为刚性。非思想政治教育叙事十分注重论证的逻辑性，通常直接讲述大道理和深奥的理论，虽然"干货"满满，但是讲得却很"干"，缺乏温度和情感关怀，给人一种高高在上的疏远感。由此可以得出，用修辞、画说、表演取代概念化和论证式的表现方式，是思想政治教育叙事与非思想政治教育叙事的根本区别所在。

（三）思想政治教育叙事相关概念辨析

根据上述对思想政治教育叙事内涵和外延的分析，可以将本书定义的思想政治教育叙事与其他类似的活动进行辨别，以便进一步明确研究的范围。

思想政治教育叙事与交谈。叙事不等同于日常生活中人与人之间交谈。交谈是指两个或两个人以上的语言交流，它并不过多地在意人与人之间的关系、谈话的内容和行为背后的意义。叙事需要通过交谈的方式，但并不是任何语言交谈都是叙事。从人与人之间的关系来看，无论是双方之间处于平等关系，还是一方对另一方权力压迫的不平等关系都可以存在于交谈中。而叙事则不同，参与叙事的每个人都是真实、独立、完整的主体性存在，操纵和压迫行为让位于平等的交流对话。在本书中，思想政治教育叙事被理解为一个主体间相互理解、相互沟通，并最终达成共识的交往行为。从内容上看，上至国与国之间的外交，下到日常生活中人与人之间的闲谈，交谈充斥于人们的社会生活中，国际政治、思想理论、日常琐事等等，任何事情都可以成为交谈的内容。但并不是随便什么事情都可以被纳入叙事的范围内，叙事的内容是与人的类本质具有文化相关性的序列性事件，它是由人们生活经验提炼而成的，具有深刻的意义。从这个角度上说，生活中的问候与打招呼不是叙事，例如"今天天气挺好的——嗯，挺好的，准备出去玩。"从行为背后的意义来看，交谈行为并不刻意追求这一行为背后的价值意义，交谈可以为了达成某种共识，也可以仅仅为了打发时间，还可以是其他什么目的。叙事有明确的价值指向，即叙述具有思想内涵的情节性故事，向人们传递某种价值观念，最终形成价值共识。加之，叙事行为结束后，它对人们的影响仍然存在，而不像交谈随着这一行为的结束而结束。

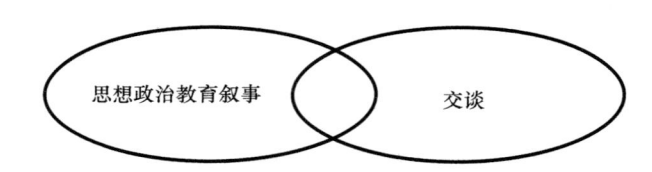

思想政治教育叙事　　交谈

思想政治教育叙事与讲故事。一谈到叙事，人们总是认为它就是讲故事，其实叙事并不能完全等同于讲故事。广义的故事是指以行为链条为核心的事件序列。讲故事就是把这些或是真实或是虚构的故事讲述出来，常伴有娱乐、消遣的意味在其中。如为了哄幼儿睡觉而讲睡前故事、为了打发时间而讲的八卦故事等等。也就是说，讲故事的目的在于给人们带来愉悦和享受，并且讲故事的人和听故事的人都会有意无意地从旁观者的角度审视和评价故事中的人物。叙事作为一种文化交往活动，其本身包含着许多故事性、情节性的内容，这样可以提高吸引力，以一环扣一环的情节满足人们的好奇心。但故事性、情节性的内容只是作为叙事传递经验、传播思想的辅助而已，叙事真正的目的是通过具有故事性、情节性且包含深刻内涵，展现鲜明形象的故事传递思想、经验以及情感和态度，进而在叙事者与受叙者的沟通中打造一个情感互通、价值共享的共同体。因此，判断叙事的关键在于这些故事性行为是否以传递思想观念为目的，并最终指向人类价值关怀。

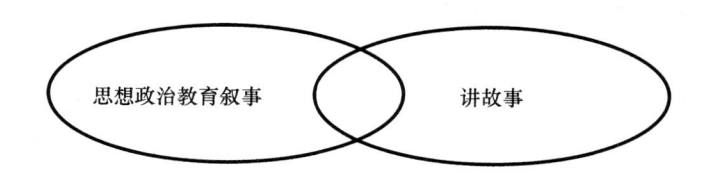

三 叙事与思想政治教育的内在逻辑

叙事是一种特殊的文化现象，因其特有的媒介和内容，而对教育对象产生独特的教育意义，在古今中外的政治社会里得到普遍运用。叙事与思想政治教育二者具有一定的内在关联。叙事学家詹姆斯指出，"叙事是作者向读者传达知识、情感、价值和信仰的一种独特而有力的工具。"[1] 对于思想政治教育来说，叙事所具有的中介性和承载性使它成为一种不可或缺的思想政治教育方式方法。在探究思想政治教育与叙事的逻辑关系的基础上，紧接着会对思想政治教育叙事的体系架构进行系统分析，以便对本书的研究逻辑作出清晰梳理。

（一）基本定位：叙事是思想政治教育的方式

方式是指活动所采用的方法和样式。思想政治教育作为培养社会成员形成社会发展所需要的思想品德的实践活动，需要采取一些具体的教育方式，以便达成最终的教育目的，而叙事就是其中的一种方式。这是因为叙事符合作为思想政治教育方式的基本特点。

一是中介性。方式是连接人与人，也是连接人与自然世界和社会世界的中介。思想政治教育方式是连接教育者与受教育者，实现人的主观世界改造的工具形态，具有中介性。叙事作为思想政治教育方式的中介性首先表现为联结性。黑格尔就方法的联结性指出："在探索的认识中，

---

[1] ［美］詹姆斯·费伦：《作为修辞的叙事：技巧、读者、伦理、意识形态》，陈永国译，北京大学出版社 2002 年版，前言第 23 页。

方法也同样被列为工具,是站在主观方面的手段,主观方面通过它而与客体相关。主体在这种推论中是一端,客体则是另一端,前者通过它的方法而与后者联在一起……"① 同样,对于叙事方式也是如此,叙事能够将叙事者与受叙者联结起来。叙事者通过一定的媒介叙述思想政治故事,受叙者体悟思想政治故事背后深层的道德思想和政治观念,二者在沟通交流中形成一个互通有无的共同体。中介性不仅表现为双方之间的联结,还体现为联结之中的转化。恩格斯对联结事物中介的转化效用作出了阐释,他以自然辩证法为例,指出"僵硬和固定的界线是和进化论不相容的……'非此即彼!'是越来越不够用了……一切差异都在中间阶段融合,一切对立都经过中间环节而互相转移"②。叙事把叙事者与受叙者联结起来,通过知(给予受叙者正确的理性认知)、情(给予受叙者强烈的情感体验)、行(给予受叙者科学的行为指导)三方面的共同作用把一定社会所要求的道德观念和政治思想转化为受叙者的情感、态度和价值观。

二是承载性。叙事是叙事媒介与叙事内容的统一体,既包含媒介形式也包含故事内容。不论是其形式还是内容,都承载着丰富的教育信息。叙事承载的教育信息包含着三种要素,首先是知识要素。它是指叙事蕴含着明确、准确的政治知识。一个"合格"的叙事,其知识内容兼具真理性和适切性。这表现在叙事过程中,意识形态概念借由具体的人物和事物形象而为民众所接受和理解,不仅让民众真信之,而且悦纳之。其次是情感要素。叙事是整理、安放情感的重要方式。在故事的叙述中,民众发现与故事主人公的某些共通之处,产生情感共鸣,抑或因故事中错误的人物行为而产生亢奋的激进情绪,抑或被故事中人物的先进事迹而深深感动,萌发真挚的积极情感。一个"合格"的、高品质的叙事有助于教育对象的情感释放和升华。最后是审美要素。叙事媒介种类繁多,不仅包括通常使用的语言文字,还包括影视艺术、仪式活动,这些媒介

---

① [德]黑格尔:《逻辑学》(下卷),杨一之译,商务印书馆1982年版,第532页。
② 《马克思恩格斯选集》第3卷,人民出版社2012年版,第909页。

形式能够给人带来美的体验和享受。不仅这些媒介本身就具有艺术性色彩，而且其承载的内容也是具有修辞性、情节性的人物故事、历史事件等等，可以使民众获得愉悦的教育体验。

总而言之，叙事是思想政治教育的一种方式。思想政治教育方式种类繁多，如灌输方式、说教方式、谈心方式等等，叙事方式只是其中的一种，但也是古今中外广泛使用、不可或缺的一种重要的思想政治教育方式。

（二）内在关联：运用叙事进行思想政治教育的方法论意义

叙事是被广泛运用的思想政治教育方式，产生了积极有效的教育意义，运用叙事开展思想政治教育具有理论的合理性、实践的可行性和现实的有效性。

1. 运用叙事进行思想政治教育具有理论上的合理性

叙事具有文化性、情感性和故事性，与个体整理情感、获得认知的方式相契合。二者在人性基础上相通，使得叙事可以拿来为思想政治教育所运用，成为思想政治教育的一种有效的方式。

一是文化性。文化是一个内涵丰富、包罗万象的概念。从不同角度得出的文化解释是不同的。但是，不管是将文化看作一种心理现象，认为文化是由社会通行的意义结构所组成，人们通过这些意义结构相互联系、相互理解；还是将文化理解为一种习得行为，致力于探索这些行为背后的意义；抑或将文化当作一个有组织、有意义的符号体系，"依据这个体系一个人可以给他自己的经验赋予意义"[1]，文化始终与人紧密联系在一起，任何人都不能脱离某种文化而存在。同样，没有人，文化也无法形成、发展并延续下去。格尔兹指出："没有人类当然就没有文化，但是同样，更有意义的是，没有文化就没有人类。"[2]

出于身体本能获得的东西和我们必须了解以便应用的东西之间有一个真空区，有学者形象地将此比喻为"信息的鸿沟"，而填充这个鸿沟的工具就是文化。比如，我们在受到高兴刺激时的大笑和受到不高兴刺

---

[1] [美]克利福德·格尔兹：《文化的解释》，韩莉译，译林出版社1999年版，第297页。
[2] [美]克利福德·格尔兹：《文化的解释》，韩莉译，译林出版社1999年版，第62页。

激时的皱眉，在某种程度上是由遗传基因决定的，但是面对冷笑和嘲讽而皱起眉头，则是由文化决定的。再如我们的呼吸能力、说话能力是天生的，但是思想学习、阅读诗词这些复杂的行为是依靠文化才获得的。"文化模式是历史地创立的有意义的系统，据此我们将形式、秩序、意义、方向赋予我们的生活。"① 人的思想、价值、行动甚至情感，像人的神经系统一样，都是文化的产物，我们在文化模式的指导下由自然的、生物的人转向社会的、政治的、文化的人。总而言之，不管是从人与文化的相互依存性还是从人对文化的现实需求性来看，文化的教育方式都应该得到思想政治教育的重视。而叙事本身就是人类社会长期存在的一种文化现象，是人们日用而不察的文化方式。通过叙事，人可以从文化的途径获得对其自身意义的肯定和对现实世界的认知。

二是情感性。从生物和文化的角度来分析人类，可以得出人是情感性与理智性并存的生物。这两方面的特质在现实的人身上体现为自然和自发的和谐统一。人们通过各种方式释放、整理他们自己的情感，同时也在生存理性的支配下结成社群并合理地安排他们的生活。由于人们在思维和实践活动中借助理性的强大力量，创造出丰富的精神和物质文明成果，推动了社会现代化的进程。这也在一定程度上导致了现代化社会过度标榜理性，甚至一度出现"唯理智论"的论调，而作为原始存在的情感性则成为理智性的对立面，被"污名化"处理，视为更低级、更无用的东西。然而，随着现代化的深入发展，人们开始反思旧式现代化所带来的消极影响，对包括人性问题在内的理论进行审视。心理学实验研究表明，除了理性因素外，情感、直觉、意志等非理性因素对人的思想和行为产生着不容忽视的影响。心理学家弗洛伊德在《歇斯底里研究》中，详细阐述了著名的"冰山理论"，他认为，理智意识只是人的精神结构中浮于水面上的冰山一角，包括情感在内的非理性部分才是隐于水平面以下的庞大基座。不仅如此，从认识的形成过程来看，积极的情感

---

① [美] 克利福德·格尔兹：《文化的解释》，韩莉译，译林出版社1999年版，第65页。

能够为人们接受理性认识提供思想动机，让人们对政治思想有更强的接纳度和包容度。沃拉斯在其名著《政治中的人性》中，运用心理学、教育学的视角对西方政治社会进行了重新审视，他认为，传统的政治理论过度强调"人是理性的"，但在实际的政治生活中，人们常常受到感情或者本能的支配，因此大多数人的见解都是"非理性的"，是在习惯的影响下作出的无意识或者半无意识的决定。"人除非先激起感情，是不会甘心忍受'难以忍受的思想病'"的，"人类的感情不仅为政治思想提供动机，而且还确定政治判断中必须使用的价值尺度"①。因此，在西方政党选举过程中，政治家并不把精力花在如何讲道理说服民众上，而是通过各种方式去激发群众的情感和政治联想。② 思想政治教育叙事是帮助人们抒发和安放情感的重要方式，以激发人们的情感为手段来培养人们积极的政治情感。在思想政治教育叙事过程中，坚持以人为本，关怀个体生命，注重受叙者的主观体验和情感表达，不仅用积极的情感激励人，也用消极的情感警醒人，以此来调控情绪，构建我们的现实感和对周围世界的理解。

三是故事性。"赋义"是人类最基本的文化行为，它意味着"将现象的经验置入我们的世界；将求知的转变成已知，晦暗的转为明显的"③。我们给世界赋义的方式是多种多样的，如分类、类比、因果链条等等。"与分析、论证相比，叙述乃是人类最原始的认知方式，它是神话、寓言、童话、小说、戏曲、新闻、历史乃至街谈巷议共有的话语模式，而最原始的最终也就是最基本的。如果说，科学话语中自然、社会的数理化、规则化是人类掌握纷繁复杂的对象世界的精神方式，在叙述这一最为古老的话语方式中，时间性叙事包括历史叙述则是人类在一逝

---

① [英]格雷厄姆·沃拉斯：《政治中的人性》，朱曾汶译，商务印书馆2009年版，第126页。
② [英]格雷厄姆·沃拉斯：《政治中的人性》，朱曾汶译，商务印书馆2009年版，第66—72页。
③ 参见周建漳《历史及其理解和解释》，社会科学文献出版社2005年版，第238页。

不返的时间性进程中确立自我、建构意义的文化方式。"① 需要强调的是，在近代以来科学昌明的背景下，故事也许不再以传统口述方式在篝火旁流传，现代人通常以文字、影像媒介或其他方式开展叙事。但是归根结底，"和我们的先人毫无二致，我们是这样的一种生物，正是通过将自己置身于某个我们听和说的更大的叙事及元叙事中我们从根本上理解世界是什么，我们是谁以及我们应该如何生活。这些叙事建构对我们来说是真实和有意义的东西"②。

"人是理性（推理）的动物曾是我们关于人的理解的主导性范式，但现在人们愈益认识到，与此同时，人乃是甚至更是言说（故事）的动物。"③ 从话语方式的角度来看，科学以理性论证为基本特征，其发达形态为人工符号语言。叙事则是人类基本的、常态的自然语言，在认识上具有经验综合性特征。二者相比，"叙事无论从认识论还是从本体论上都比逻辑或理论推理更为原始"④。叙事较之科学的分析、论证是更为基础性的表达方式，尽管后者在逻辑与精确性方面胜过前者，这是因为人类心理认知中存在一个基础的叙事结构，沙宾称此为"叙事原理"。

> 人类思考、感知、想象、互动并根据叙事结构做出道德选择。为了支持这个理论，沙宾指出，如果你给一个人呈现两、三幅图画或描述性的短语，他们会自动地把它们联系在一起而形成一个"故事"，以一些模仿的方式叙述这些图画或者短语的意义。故事把可接受的、被称为情节的事件模式拼凑在一起，有起始、中间和结局。⑤

这也说明了叙事的方式契合人的认知和推理方式，可以拿来为传递政治思想和道德观念的思想政治教育叙事所运用。

---

① 周建漳：《历史及其理解和解释》，社会科学文献出版社2005年版，第238—239页。
② 参见周建漳《历史及其理解和解释》，社会科学文献出版社2005年版，第239页。
③ 参见周建漳《历史及其理解和解释》，社会科学文献出版社2005年版，第247页。
④ 王治河主编：《全球化与后现代性》，广西师范大学出版社2003年版，第207页。
⑤ 尤娜、杨广学：《象征与叙事：现象学心理治疗》，山东人民出版社2006年版，第106页。

2. 运用叙事进行思想政治教育具有实践上的可行性

叙事是人类社会的普遍现象,它随着人类社会的发展而发展,跨越地域、历史、文化而普遍存在。正如巴尔特所言:"自有人类历史以来,所有阶级、所有群体都有他们的叙事,叙事是跨国家、跨历史、跨文化的。它就在那里,它就是生活本身。"① 叙事因其具有独特的教育意义而渗透到人类文化、生活的各个方面,成为古今中外思想教化的普遍性方式。在人类社会的不同历史时期,在不同文化、社会和国家,这一教育实践都以不同形态存在着。在文字出现以前,原始先民用"结绳而治""刻木为契"的图绘方式进行叙事,以此来保存集体记忆、凝聚情感认同。在文字形成以后,人类文明获得迅速发展,在中国古代社会出现了诗、词、歌、赋等叙事表达样式,以诗明志、以歌咏怀成为当时主要的叙事教育方法。例如,中国古代诗歌总集《诗经》,将国家政治思想与民间风俗文化融入朗朗上口、优美婉转、短小精悍的诗歌中,民众通过口口相传、声声传唱得到教化。中国古代教育家孔子,常常使用遇事而教、以事说理的叙事教育方式,引导学生向上向善,培养出七十二贤人。在现代社会,党和国家也十分注重对叙事的运用。习近平总书记在党的新闻舆论工作座谈会上指出:要"增强国际话语权,集中讲好中国故事"②。用叙事的方法讲好中国故事是时代命题也是历史使命。不论是日常个体的叙事教育,还是由上而下、由内而外的国家、集体叙事教育,这些丰富的实践都充分彰显了叙事在思想政治教育中的巨大作用。

3. 运用叙事进行思想政治教育具有现实上的有效性

较之于其他的教育方式,叙事具有自身的特点,正是这些特点让叙事的教育作用无法被替代。首先,叙事具有强烈的吸引力,能够促使个体自觉进入教育过程中。叙事所叙的内容,其"魅力事实上来自于时间和空间上距离

---

① Barthes, R., "lntroduction to the Stmctural Analysis of Narratives", In S. Heath (ed.), *Image*, *Music*, *Text*, New York: Hill and Wand, 1977, p. 77.

② 《习近平在党的新闻舆论工作座谈会上强调:坚持正确方向创新方法手段 提高新闻舆论传播力引导力》,《人民日报》2016年2月20日第1版。

我们很远的'异质经验'的魅力，更准确地说，故事的故事性就在于日常经验与异质经验之间的碰撞和交融"[①]。这种碰撞是延续下来的共同历史记忆、文化情感和审美偏好所激起的情感共鸣，也是"日常经验"被投射到"异质经验"之中，以一种可观察、可感知的具象展现出来，实现了某种程度上的自我表达。大多数人心目中都有超越于自身能力和条件之上的完美期待，但是囿于自身能力和条件的客观现实，这些期待往往仅止于期待。英雄人物凭借超越于常人的能力、品德、毅力等实现了我们对目标的期待或达到了我们自身求而不得的状态。叙事以一种形象的并且饱含情感的方式将英雄人物的伟大呈现出来，满足了我们的内在期待，赋予我们以情感、想象和意义。因而，叙事携带着"异质经验"，为我们打开了新的世界的大门，让"有意义"的道理理论变得"有意思"，吸引并教育广大民众。其次，叙事具有天然的亲和力，有利于增进个体的理解和共识。一方面，在叙事活动中，叙事者与受叙者的交流交往是以地位平等、人格尊重、相互理解的主体间关系为基础的，思想压迫、身份歧视、话语霸权等不平等行为都让位于情感的投入和真诚的沟通，因此叙事更能达到人与人之间心灵上的通达与投合，让人产生亲近感和悦纳感。另一方面，叙事以一种温润的方式进入人的心灵，是一种看不见的劝服、说服。道德规范和政治观点并不仅仅跃然于官方的标语口号和某些政治话语上，它也广泛地隐匿在人们日用不觉的日常生活叙事中。通过叙事，意识形态观点被自然化为不言而喻的"常识"，蕴含在具有感染力的生动故事中，从而被人们接受和理解。

（三）体系架构：思想政治教育叙事的研究思路

对思想政治教育叙事的分析可以从多个角度切入。本书以思想政治教育叙事为核心概念，从理论—实践—对策的角度建构分析框架。之所以选取这个分析角度，主要是因为以下两方面的考虑：

一是从思想政治教育叙事本身来看，它既是一个理论问题也是一个实践问题。每一门学科都有自己的概念、术语和范畴，以及由它们组织

[①] 陈然兴：《叙事与意识形态》，人民出版社2013年版，第213页。

起来的知识体系和基本理论。思想政治教育也不例外，方式方法、目标任务、内容原则、过程规律等构成了思想政治教育基础理论体系。其中，思想政治教育叙事作为思想政治教育方式方法的一种，其本身就是一种需要重点研究、厘清解释的理论问题。但同时，方式不仅仅存在于理论阐释的高谈阔论上，它还存在于具体的社会实践中，即在社会实践中运用叙事教育方式，产生相应的教育效果。由于理论研究与实践探索是相辅相成、缺一不可的，对思想政治教育叙事的分析必须把静态的理论分析与动态的实践考察结合起来。

二是从思想政治教育叙事效用提升来说，必须把理论研究转化为现实实践，并基于现实实践产生的效用和存在的问题，提出有针对性的路径对策。思想政治教育叙事的现实实践具有过程性和结果性。这表现在叙事作为一种方式在思想政治教育中展开，把叙事者、受叙者、叙事内

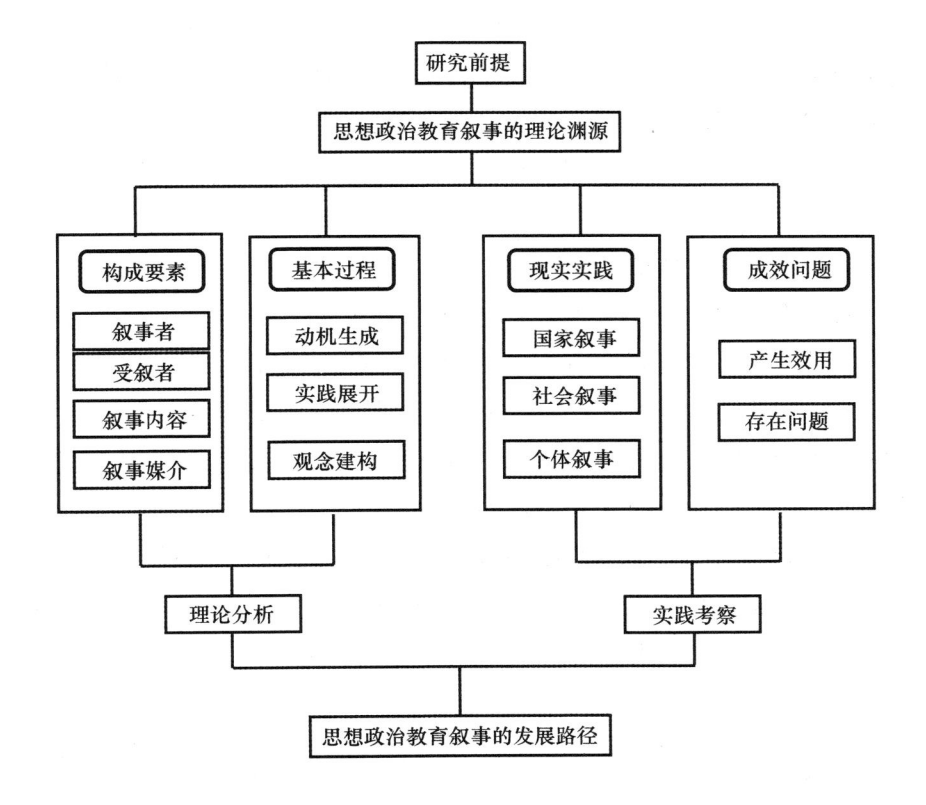

容、叙事媒介组合起来，在实践中以国家叙事、社会叙事和个体叙事的方式对人的情感、态度和价值观产生特定的影响。但同时，叙事也必然会受到环境、媒介、个体能力等主观或客观的影响而出现一定的问题。这就要求我们针对思想政治教育叙事在现实实践中产生的效用和存在的问题，提出有针对性的对策，进一步推动新时代思想政治教育叙事的创新发展。

第二节 奠定思想政治教育叙事理论基础的马克思主义理论

马克思主义理论为思想政治教育奠定了坚实的理论基础，分析思想政治教育叙事，探讨思想政治教育叙事的理论合理性和实践可行性，就要回归到马克思主义基础理论。虽然马克思主义没有明确提出含有叙事字眼的思想理论，但是其历史唯物主义理论为思想政治教育叙事指明了正确的方向，人的本质理论为思想政治教育叙事的存在奠定了人性基础，交往理论为思想政治教育叙事的交往互动提供了有益支撑。从这个意义上说，马克思主义理论为思想政治教育叙事提供了重要的学理奠基。

一 历史唯物主义理论[①]

故事及其内含的思想理论与价值观念是思想政治教育叙事的主要内容，那么故事从何而来？实际上，故事是在对各种现实生活素材组织加工基础上形成的。也就是说，故事是人类思维活动的凝结物。叙事在包含着人类思维活动的故事中加入了叙述行为的印记，成为人类社会中广泛存在的活动方式。作为一种社会意识活动，叙事本身就是对社会存在的能动反映。从这个意义来说，坚持社会存在决定社会意识的历史唯物主义思想是叙事的基础。不仅如此，历史内容往往也是叙事内容的重要组成部分，人类叙事活动的起点就是对历史的叙事。

---

① 参见蒋雪莲《〈路德维希·费尔巴哈和德国古典哲学的终结〉的思想政治教育意蕴》，《思想理论教育导刊》2020年第9期。

马克思、恩格斯是历史唯物主义的开创者，在哲学历史上第一次把唯物主义观点贯穿于自然领域和历史领域，形成了科学的历史观。事实上，历史思维是任何哲学研究所不可或缺的，费尔巴哈缺乏对历史的深入思考，导致他的唯物主义思想在自然领域和社会历史领域出现了断裂，形成了唯心主义的历史观。与费尔巴哈在历史领域停滞不前有所不同，马克思、恩格斯坚持将唯物主义贯彻到底，创立了"关于现实的人及其历史发展的科学"[①]，提出了唯物史观。《德意志意识形态》一文对马克思主义历史观进行了系统阐述。马克思、恩格斯在文中就其所创立的新历史观的独特之处指出：

> 从直接生活的物质生产出发阐述现实的生产过程，把同这种生产方式相联系的、它所产生的交往形式即各个不同阶段上的市民社会理解为整个历史的基础，从市民社会作为国家的活动描述市民社会，同时从市民社会出发阐明意识的所有各种不同的理论产物和形式，如宗教、哲学、道德等等，而且追溯它们产生的过程。……这种历史观和唯心主义历史观不同，它不是在每个时代中寻找某种范畴，而是始终站在现实历史的基础上，不是从观念出发来解释实践，而是从物质实践出发来解释各种观念形态……[②]

这一论述提出了唯物史观的一个重要命题，即"从物质实践出发来解释观念"，它意味着社会意识是由社会存在所决定的。马克思主义认为，不论是反映人与自然、人与人还是人与自身关系的意识，归根结底都是现实社会生活、社会存在的表现。人们"所产生的观念，或者是关于他们对自然界的关系的观念，或者是关于他们之间的关系的观念，或者是关于他们自身的状况的观念。显然，在这几种情况下，这些观念都

---

① 恩格斯：《路德维希·费尔巴哈和德国古典哲学的终结》，人民出版社2014年版，第36页。
② 《马克思恩格斯选集》第1卷，人民出版社2012年版，第171—172页。

是他们的现实关系和活动、他们的生产、他们的交往"①。究其根源，社会意识反映社会存在，有什么样的社会生产和交往就有什么样的社会意识。社会意识不仅取决于社会存在，而且反作用于社会存在。这是因为社会意识是反映与建构的统一，它不是机械式、生搬硬套地摹写，而是反映社会存在基础的主动性创造。

除此之外，马克思、恩格斯还重点分析了社会历史发展规律。唯物史观与唯心史观对立的关键在于是否承认现实的联系和社会历史发展的客观规律。唯物史观用事物的现实联系代替头脑中臆造的联系，把发现人类社会历史的运动规律作为根本任务。而研究社会历史发展的规律，形成科学的历史观，首先要明晰什么是历史。恩格斯指出："人们总是通过每一个人追求他自己的、自觉预期的目的来创造他们的历史，而这许多按不同方向活动的愿望及其对外部世界的各种各样作用的合力，就是历史。"② 纷繁复杂的历史现象背后隐藏着深刻的历史规律。唯物史观在肯定个体社会意识的历史作用基础上，进一步探究其背后深处的动力，即"动力的动力"。恩格斯指出：

> 如果要去探究那些隐藏在——自觉地或不自觉地，而且往往是不自觉地——历史人物的动机背后并且构成历史的真正的最后动力的动力，那么问题涉及的，与其说是个别人物，即使是非常杰出的人物的动机，不如说是使广大群众、使整个整个的民族，并且在每一民族中间又是使整个整个阶级行动起来的动机；而且也不是短暂的爆发和转瞬即逝的火光，而是持久的、引起重大历史变迁的行动。③

也就是说，从广大人民群众而不是从个别英雄人物的实践中探寻社会历史发展规律是理解历史奥秘的金钥匙。

---

① 《马克思恩格斯选集》第1卷，人民出版社2012年版，第151页。
② 恩格斯：《路德维希·费尔巴哈和德国古典哲学的终结》，人民出版社2014年版，第44页。
③ 《马克思恩格斯选集》第4卷，人民出版社2012年版，第255—256页。

马克思、恩格斯不仅阐述了历史唯物主义理论的基本内容，而且以科学的历史观为方向指引，创作了许多优秀的历史唯物主义叙事作品。在《德意志意识形态》一文中，马克思、恩格斯从生产方式更迭的视角叙述了人类总体历史发展的图景，提出了人类社会经历的五个阶段①。这是马克思、恩格斯采用宏大叙事的方式分析人类历史的初步探索。之后，他们在宏大叙事的基础上，更加深入细致地叙述具体、微观的历史。在《政治经济学批判（1857—1858年草稿）》《〈政治经济学批判〉序言》等篇目中，马克思、恩格斯对各类社会形态从产生根源、表现形态、演进历程等多个方面进行了叙事分析，为人们认知历史发展规律，串联和梳理人类历史提供了有益帮助。

> 马克思的历史叙事不仅含有对历史的线索、整体、进程与目标的叙事，而且马克思的历史叙事也注重对某一段历史事件的微观叙述，例如《1848年至1850年的法兰西阶级斗争》《路易·波拿巴的雾月十八日》《法兰西内战》等。这些作品是马克思运用历史唯物主义的基本原理分析、叙述某段历史的典范。②

以《路易·波拿巴的雾月十八日》为例，它是马克思总结1848年法国革命经验和评述波拿巴政变的经典叙事文本。在该书中马克思揭露了波拿巴效仿拿破仑"雾月政变"，企图窃取物质利益，攫取政治成果，复辟封建帝制的历史事实。马克思对波拿巴政治事件的历史还原，不是再述政治事件的既成事实，而是以科学的历史观和方法论探究其中的政治逻辑，从宏观历史结构和微观政治分析双重视角，建构一种现实的政治理想。

马克思主义关于社会存在与社会意识、人民群众的历史主体地位等唯

---

① 人类社会经历的五个阶段即原始社会、奴隶制、封建制、资本主义与共产主义（含早期的社会主义）阶段。
② 丁匡一：《历史唯物主义的叙事方式——基于宏大叙事与微观描述》，《现代哲学》2017年第4期。

物史观的论述，从总体上规定了思想政治教育叙事的地位、内容、方式，深刻回答了思想政治教育叙事存在的必要性和重要性。思想政治教育叙事属于由社会存在所决定的社会意识的一部分，必须与社会存在基础相一致，自觉自愿地服务于社会进步发展的要求，并为社会进步发展提供精神动力。同时思想政治教育叙事又对社会存在具有能动的反作用，通过教育人、培养人，促使人们积极参与社会实践，达到精神变物质的效用。不仅如此，思想政治教育叙事还与人民群众息息相关，其内容、方法以及最终的指向都深深根植于人民群众的实践中。因此，只有深入人民群众，依靠人民群众，才能更好地开展思想政治教育叙事。科学的历史观给予思想政治教育叙事以正确的方向指引，同时，历史唯物主义叙事也是一种效果显著、意义深远的思想政治教育叙事。马克思、恩格斯的历史唯物主义叙事，善于以唯物史观的大视角捕捉历史人物和事件的细节，注重宏观历史书写和微观历史描述的交相辉映，其历史叙事体现出逻辑性、结构性的特征和优势，为思想政治教育叙事实践提供了典型示范。

二　人的本质理论

马克思主义是以人的研究为起点，以人的解放和自由全面发展为主题的学说。人学理论是马克思主义理论的重要组成部分。马克思主义经典作家从哲学上对人做了深层次思考，形成了包括人的本质在内的一系列理论。而思想政治教育叙事是做人的工作，探讨的是"谁来叙""为谁叙"等基本问题，目的在于教育人们形成正确的思想观念，其研究也必须建立在对人本质的科学理解上。

马克思主义人的本质理论以人性的阐释为起点。首先，人具有自然属性，是自然存在物。虽然马克思、恩格斯一直反对单纯用生物学规律、自然法则解释人的行为，把人看作"自然人"，指出"'特殊的人格'的本质不是它的胡子、它的血液、它的抽象的肉体，而是它的社会特质"[1]。但是

---

[1] 《马克思恩格斯全集》第3卷，人民出版社2002年版，第29页。

马克思恩格斯并不否认人的自然属性，认为人首先是一个有血有肉的自然存在物，即使受到社会因素的影响，人也无法脱离其自身作为生物机体所具有的自然特性。马克思、恩格斯关于人是自然存在物的论述主要包括两点内容。一是人来源于自然、依赖自然。马克思主义哲学以科学的唯物主义立场，在大量的自然和社会科学材料基础上得出，人不是某种精神的产物，而是从生物到动物最后到具有意识的人这样一个自然界长期进化的结果。这一事实决定了人与自然处于不可分割、水乳交融的共同体之中，人类不仅从自然界中获取物质、能量，以维持其自身发展，同时也向自然界输入物质、能量，影响和改变自然界。人是自然的一部分，自然也是人的一部分。二是人有自然需要，具有自然力。人有自然需要，也就是维持生命延续的生物、生理需要。由于人的自然因素的存在，人无疑就是"具有自然力、生命力，是能动的自然存在物；这些力量作为天赋和才能、作为欲望存在于人身上"①。也就是说，人具有自然力，人体的机能——劳动就是人自然力的体现。其次，人具有社会属性，是社会存在物。马克思主义认为，人不仅具有自然属性，是自然存在物，而且更重要的是人具有社会属性，是社会存在物。坚持自然和社会属性相统一是马克思主义人学思想区别于以往旧人学思想的重要标志之一。人在社会中产生，在社会中存在，并在社会中发展。从个体的人形成发展来看，人生下来只是"自在的人"，而不是"真正的人"，只有在社会中经过教育、学习、人与人之间的交往等，才能具有社会属性，蜕变为"社会本身生产作为人的人"②。从根本上说，人是社会存在物，社会属性是人的本质属性。人在交往中相互学习，在合作中迸发智慧，不断地进步、创新，实现其自身的发展。从人类起源历程上看，人是在群体聚居和活动中逐渐社会化而发展起来的。在现实生活中，人也是形成群体并聚集起力量，有效地改造自然进而改造其自身。由此可见，社会群体是由人的合作及其关系而形成的。人与人相互依存、相互作用，在社会

---

① 《马克思恩格斯全集》第3卷，人民出版社2002年版，第324页。
② 《马克思恩格斯全集》第3卷，人民出版社2002年版，第301页。

交往中相互合作，具有合作性。生活在社会中的人除了具有合作性外，还具有一定的归属性，他们或归属于某个国家、地区及阶级、政党，或归属于某个民族、家庭。这种归属性也说明了人在社会群体中生活，是社会中的人，这种社会性不是抽象、虚幻的，而是具体、现实的。再次，人具有精神属性，是意识的存在物。马克思主义认为，人不仅具有自然和社会属性，而且具有精神属性。现实的人具备自我意识，能理性地思考并追求某种目的。对此马克思指出，人是"有意识的类存在物"①。在对人的认识和实践活动过程进行分析的基础上，马克思主义得出人的精神属性的两种规定性。一是表明人有一个与外部客观世界相对立的内部主观世界。人的主观世界包含知、情、意、信、行的心理结构，这由此也产生了人的精神生活和需要，产生了积极的、自觉的主观能动性。二是表明人是一种有理想的存在物。与动物出于欲望本能所形成的客观的、感性的活动有所不同，人具有意识和思维，在生物规定性之外还有历史规定性，既有关于过去的意识也有关于未来的设想，表达对未来的向往和追求，因而人的活动具有无限的创造性。正是在这个意义上列宁指出："人的意识不仅反映客观世界，并且创造客观世界。"② 此外，人的精神属性还表明，人是自由的存在物。在马克思、恩格斯看来，自由源自认识客观世界，并运用规律改造客观世界。

一个物种的存在方式是由它的生存活动形式规定的。人是在利用工具改造自然的过程中获取生命存在的物质能量，以维持其自身的存在。实践构成了人的存在方式，体现了人的生命活动的独特之处。从人类生存的前提来看，实践活动不断生产和创造着人类生存和发展所必需的各种物质基础，是人成为能动的自然存在物的根本前提。从人的本质上看，"人的本质不是单个人所固有的抽象物，在其现实性上，它是一切社会关系的总和"③，而社会关系并不是凭空产生的，它是在人的生产实践中形成的。同

---

① 《马克思恩格斯全集》第 3 卷，人民出版社 2002 年版，第 273 页。
② 《列宁全集》第 55 卷，人民出版社 2017 年版，第 182 页。
③ 《马克思恩格斯选集》第 1 卷，人民出版社 2012 年版，第 135 页。

时，在实践中生成的社会关系，反过来又会影响人们接下来的实践活动，浸染着人的本质。也就是说，人在实践中创造人的社会关系、人的本质，进而使人作为社会存在物而存在。从人与动物的区别来看，"有意识的生命活动把人同动物的生命活动直接区别开来"①。人可以通过语言进行交流、通过劳动进行生产，在实践过程中生成、实现和确证自我意识，从而使人的生命活动成为有意识的生命过程。自然、社会和有意识的类存在物统一于人的实践活动中，构成人类的存在方式。作为人的存在方式，实践具有三个特征。一是客观现实性。构成实践的各要素，如人（实践的主体）、世界（实践的客观对象）、工具（实践的手段方式），都是可感知的、真实的客观存在。这些要素作用于实践的过程同样受到客观规律的影响和支配，而实践过程完结所产生的结果，也是一种存在于客观世界的存在物。二是自觉能动性。作为客观活动的实践离不开人的主观活动，它既受到主观活动的影响，又从主观活动的圈子中走出，把自身的需要以目的的形式贯注到"物"的内容中，使观念的东西物化，即外化为感性的客观实在，成为人们自觉地、能动地改造客观世界的创造性活动。在这一点上，实践活动建立的物与人之间"为我而存在"的关系，与自然物体之间的作用关系是不同的。实践活动的目的性、创造性表明它具有自觉能动性。三是社会历史性。实践是人在社会中的实践，是历史发展着的实践。无论是单个人的实践活动，还是集体的实践活动，它们的对象、方式、范围必然受到社会关系和历史条件的制约。

　　作为一门研究人、建设人的学科，思想政治教育首先要回答"人是什么""人具有哪些特性"这些最基础也是最重要的问题。同样，作为思想政治教育实践存在之一的思想政治教育叙事也不例外。由于人不仅是自然存在物，而且生活在一定的社会关系之中，总是在实践中自我觉醒，产生主体自我意识，自觉地把自己和客观世界区分开来，并不断按照客观规律改造客观世界以维持他自己的生存，是具有主体意识的社会

---

① 《马克思恩格斯全集》第3卷，人民出版社2002年版，第273页。

存在物。理解和把握人们的思想行为状态，就必须在具体的社会关系以及实践活动中进行。离开人们所处的社会关系认识人们的思想无疑是抽象的。离开社会实践，人不仅无法维持其自身的需要，所开展的教育活动也是空洞的。思想政治教育叙事以促进人的自由全面发展为目标，基于个体存在的生活世界理解人、发展人，充分发挥实践对人的认识产生、情感培育、行为塑造的积极意义。这种教育方式借助一定的叙事媒介讲述故事，传递具有形象性、真实性的教育信息，易于为人们所接受，既避免了直接说教、灌输等教育方式所导致的受教育者消极情绪的产生，又让人们在可感知的现实实践中获得启迪，形成正确的情感、态度、价值观。从这个意义上说，思想政治教育叙事本身就是马克思主义人的本质理论在现实中的具体实践。

三 交往理论

思想政治教育叙事是一种交往实践活动，它存在于叙事者和受叙者交往之间，体现为两个主体在平等基础上的沟通和对话。马克思主义把交往和社会关系紧密联系在一起，深入分析了人与人之间的社会交往行为，对交往主体之间的关系、交往活动的意义、物质交往与精神交往等内容进行了探究，形成了内容丰富的交往理论，为思想政治教育叙事理论基础提供了重要支撑。

马克思主义认为，作为人的存在方式，实践活动发生在主体与客体之间并生成自然关系，同时发生在主体与主体之间并生成社会关系。对于这一认识，马克思指出："人类活动的一个方面——人改造自然。另一方面，是人改造人……"[①] 生命的"生产……表现为双重关系：一方面是自然关系，另一方面是社会关系"；"社会关系的含义在这里是指许多个人的共同活动"。[②] 共同活动的开展需要交往，它包括人与人、人与集体、国家与国家等主体间物质、精神等多种交往。主体间的相互交往是

[①] 《马克思恩格斯选集》第1卷，人民出版社2012年版，第167—168页。
[②] 《马克思恩格斯选集》第1卷，人民出版社2012年版，第160页。

人的精神生产和物质生产活动得以进行的必要支撑。主体与主体之间的交往活动可以归结为三个基本特征。一是自觉性。人们之间从事的交往活动是有意识、自觉地进行的，交往双方会根据目的和任务的调整自觉地改变交往活动方式。"人类能够与自己的活动方式保持一种自由的关系，能够在保持自身存在的同时改变自己的活动方式，或者说能够改变自己的活动方式包括交往方式以保持自身的存在，由这种变化而构成的交往形式变化的历史是真正意义上的人类历史。"① 二是中介性。主体与主体之间的交往活动与人改造自然的实践活动同样都具有中介性和工具性。生产工具是人与人之间交往和人与自然之间物质变换的中介，正是借助于这些工具，人们之间才得以传递信息，进行沟通。其中人与人之间的交往主要借助的是语言符号这种中介体系。有了中介，交往活动才是自觉的。三是客观性。主体与主体之间的交往活动受到社会生产力状况的影响。基于生产力的发展水平，会产生与之相适应的生产关系，进而形成人与人之间的交往关系。由于生产力本身就是一种客观的物质存在，人们不能自由、任意地挑选他们的生产力，因而为一定生产力发展状况所制约的交往活动也是一种客观的实践活动。

主体与主体之间的交往活动对个体、集体以及社会的发展作出了重要贡献。首先，交往是主体自我意识形成的关键。马克思主义哲学从现实的人出发，在他们所从事的劳动实践中探索人形成和发展的路径，得出人是在生产和交往中形成的。换言之，不仅生产创造人，同时交往也创造人。马克思指出："语言也和意识一样，只是由于需要，由于和他人交往的迫切需要才产生的。"② 人的社会性决定了人与人的交往，人与人之间在相互交往中产生了语言和意识，同时，人的语言和意识的产生，又进一步扩大了交往空间，加速了交往关系的形成，交往双方从对方身上感知与自身的不同，将自我与他人相分离，形成自我意识和主体意识。不仅如此，在交往中，交往双方还从精神和物质上创造彼此。交往存在

---

① 杨耕等：《马克思主义哲学基础理论研究》，北京师范大学出版社2017年版，第339页。
② 《马克思恩格斯选集》第1卷，人民出版社2012年版，第161页。

于主体与主体之间，是主体对主体的加工，目的在于不断提高主体的人的本质力量。其次，交往塑造集体主体。根据人类活动的不同人员组合，可以分为个体和集体活动形式，集体活动形式相较于个体活动形式而言更为广泛且重要。集体活动形式是指以具有共同目标和利益的集体作为主体，共同作用于某一客观对象的活动形式。不言而喻，集体主体的集合是在交往中形成的。个体因为共同的目标和任务而聚集到统一的组织和活动中，并相互沟通和交往。人们通过交往相互理解，在价值塑造中获得共同的思想观念，个体的能力也在集体中得到集中和发挥。正如马克思所指出的："各个人——他们的力量就是生产力——是分散的和彼此对立的，而另一方面，这些力量只有在这些个人的交往和相互联系中才是真正的力量。"[1] 最后，交往还促进人和社会的发展。交往活动具有客观性，受到生产因素的制约，同时，交往活动的扩大和交往方式的变化也影响着生产的发展，"生产和交往的这种相互作用决定着人和社会及其关系的历史演变"[2]。不仅如此，民族的交往还决定着民族的发展进程。马克思根据民族历史的发展进程，指出"民族本身的整个内部结构也取决于自己的生产以及自己内部和外部的交往的发展程度"[3]。从这个角度上说，一个民族的历史也就是一个民族交往的发展史。

思想政治教育叙事是以叙事者与受叙者为主体的交往活动。不仅叙事者与受叙者在叙事交往活动中形成，而且叙事媒介、叙事内容都是基于人们的交往实践而生成的，也就是说，思想政治教育叙事无法超越交往。思想政治教育叙事在交往中生成和进行，其中的每个人都在这种叙事交往中发挥个人能动的主体性，最终实现自我发展和成长。马克思主义交往理论，强调交往互动的自觉性、中介性和客观性，突出了交往活动对于个体、集体以及社会的重要意义，为思想政治教育叙事理论和实践研究提供了方向指南。

---

[1] 《马克思恩格斯选集》第1卷，人民出版社2012年版，第208页。
[2] 袁贵仁：《马克思主义人学理论研究》，北京师范大学出版社2017年版，第109页。
[3] 《马克思恩格斯选集》第1卷，人民出版社2012年版，第147页。

第三节 影响思想政治教育叙事理论的相关学科理论

任何思想理论都不是凭空产生的，思想政治教育叙事也是如此。作为思想政治教育与叙事学的跨学科研究，思想政治教育叙事的理论研究和建构不仅以马克思主义和叙事学为理论基础，而且需要借鉴和汲取相关知识理论。文化符号学理论、交往行为理论和现象学理论为思想政治教育叙事提供了丰富的养料。

一 文化符号学理论

现代西方符号学自语言学家索绪尔和哲学家皮尔士创说以来，众多学者在不同学科领域对其有了进一步的发展。巴尔特将符号学方法运用于文学和文化现象批评的意识形态分析，把语言学纳入符号学体系中，围绕着"语言与言语、能指与所指、组合段与系统、直指与涵指"展开研究，构建起文化符号学理论。他的文化符号学理论为语言学与文化研究相结合提供了方向指南，对思想政治教育叙事具有重要的理论借鉴意义。

巴尔特文化符号学理论以索绪尔语言、言语理论为出发点。索绪尔在《普通语言学手稿》中区分了语言和言语，把研究中心从原先的聚焦于发音流变、词义关联等问题，转移到语言的多样性和复杂性上。他认为言语活动的研究包含着两部分：一部分是主要的，它以实质上是社会的、不依赖于个人的语言为研究对象，这种研究纯粹是心理的；另一部分是次要的，它以言语活动的个人部分为研究对象，是心理、物理的。相较于索绪尔只是从语言与言语的存在方式上看待二者关系，巴尔特则更注重从语言与言语的生成、相互依存的角度探讨二者关系。"语言结构既是言语的产物，又是言语的工具，这一事实具有真正的辩证法的性质。"[①] 不仅如此，巴

---

① [法] 罗兰·巴尔特：《符号学原理》，李幼蒸译，中国人民大学出版社2008年版，第6页。

尔特通过叶姆斯列夫对语言的划分,来解决索绪尔在语言与言语划分上存在的形而上学弊病。对于语言结构本身,叶姆斯列夫区分了三个层次:"第一,图式层,它是作为纯形式的语言结构;第二,规范层,它是作为质料形式的语言结构……第三,用法层,它是作为某一个社会习惯之集合的语言结构。"① 虽然巴尔特对他的这种区分产生了一些质疑,但是肯定了图式、规范以及用法层分类方式对于促进语言概念社会化的重要意义,同时也提出了语言和符码、言语和信息的对等关系。这样一来,巴尔特对语言与言语的研究就从抽象的形而上学转移到符号意义层面上来。

巴尔特在继承和发展索绪尔所指与能指概念和叶姆斯列夫层次性理论基础上,提出符号学的符号与语言学的符号的共同之处就在于都是由一个能指和一个所指组成。在人类社会中,把一些物品赋予某种意指目的的语义化过程是不可避免的,"自人类社会存在以来,人类对物品的一切运用都转变成此运用的记号了"②。因此,符号包含两个层次:一是其重复的功能化作用,即能指;二是其涵指意义,即所指。能指通常表现为物品、形象、姿势等具有实体性的物质。由于符号是由不同的质料构成的,巴尔特主张按照质料的不同,把符号整合起来,将其划分成语言符号、图式符号、姿势符号等类别。他在关注符号能指的质料实体性的同时,也赋予能指以极强的意义,指出"对象不仅载有它们借以进行沟通(通讯)的信息,而且也构成着记号的结构化系统,即基本上是由区分、对立和对比所组成的系统"③。在巴尔特看来,所指并不是索绪尔所谓的"心理表象",也不是物质实体。"所指既非意识行为亦非现实事物,它只能在意指过程内部加以定义,这个定义几乎是同语反复式的:这就是使用记号的人用其意指着什么的

---

① [法]罗兰·巴尔特:《符号学原理》,李幼蒸译,中国人民大学出版社2008年版,第6—7页。
② [法]罗兰·巴尔特:《符号学原理》,李幼蒸译,中国人民大学出版社2008年版,第27页。引文中的记号就是符号。
③ [法]罗兰·巴尔特:《符号学历险》,李幼蒸译,中国人民大学出版社2008年版,第188页。

'那种东西'。"① 所指具有中介物的属性,它不再直接指向现实,而是以符号为中介指向抽象概念上的"某物"。譬如,作为文化符号的长城象征着中华民族伟大的民族精神。正是能指与现实的分节和脱离,导致所指的分解,而它们相互融合并成为议题的过程形成了一个新的意指系统,这就是符号产生的行为过程。巴尔特根据叶姆斯列夫的框架,将意指系统分为两个层面,其一是表达(能指)层面,其二是内容(所指)层面。他指出:"一切意指系统都包含一个表达平面(E)和一个内容平面(C),意指作者则相当于两个平面之间的关系(R),这样我们就有表达式:ERC。"② 具体来说,有三种符号意识方式:一是最简单、普遍,也是最初级的直指方式,在一级符号系统中,能指直接对应所指(ERC),不存在多个层次的表意。二是发生在二级意指系统中的涵指方式,第一系统中被结合的能指与所指(E1R1C1)构成了第二系统中的能指(E2)即表达层面,第二系统中的能指与所指(E2R2C2)构成了涵指层面。三是元语言,相较于涵指,元语言更侧重于内容层面,(E1R1C1)构成了第二系统中的所指(C2)即内容层面。其本身也介入一个涵指过程中。巴尔特构建的三重意指系统,从多个层面分解了符号中蕴含的意识形态、文化风俗等,致力于通达事物的本质,让平凡的事物、朴素的语言都彰显出丰富的意蕴。

雅克布逊关于隐喻和换喻的理论为文化符号学拓展了新的研究领域。隐喻是能指的纵向聚合关系,体现了系统秩序,而换喻是能指的横向组合关系,体现了组合段秩序。组合单元平面和聚合单元平面构成了语言的两根轴,而文化符号学研究的关键点就在于沿着并列的两根轴,列举与之相关的各种事实。以家具为例,同一种家具(如沙发)的不同样式的结合,是隐喻的话语表现,而同一空间内不同家具的摆放(如一桌一

---

① [法]罗兰·巴尔特:《符号学原理》,李幼蒸译,中国人民大学出版社2008年版,第29页。

② [法]罗兰·巴尔特:《符号学原理》,李幼蒸译,中国人民大学出版社2008年版,第68页。

椅等），是换喻的话语的表现。隐喻的话语内容在一个系统内，从属于同一类的变相，是"统一的"联想场形式，而换喻的话语内容则是以联结的组合段形式呈现出来，从属于不同的类别，是"分节的"聚合体形式。当然，二者并不是完全对立的，这两个话语层面也会出现"违例"的情况，但正是这种越界激发了创造性，用巴尔特的话说就是："也许正是围绕着这种违例出现了大量的创造性活动，这似乎是美学领域的背叛和对语义系统的背叛之间的交合处。"①

在符号俯拾皆是的人类社会中，人们借助符号与外部世界建立联系，并在这一过程中认识世界和自己。"正是通过文化模式，即有序排列的有意义的符号串，人们理解他所经历的事件"② 并领悟其中的思想意义。作为关联人和文化的媒介物，"符号不仅仅是我们生物的、心理的、社会的存在的表达、工具或相关因素，而且是它们的前提条件"③。可以说，人类的全部文化都是由其自身的符号活动所创造出来的，符号化的存在使人脱离了自然的物质实在，在"符号的宇宙"中创造"意义世界"，形成质的跃升，成为真正的人。基于这一视角，教育可以理解为文化符号的意义传递过程。叙事所表达的内容就是由符号组成的一个有限的、有结构的整体。"叙事文本是用语言所'讲述'的、传达给受众的故事，而且，这一讲述要具有媒介物，也就是说，它要被转化成为符号。正像关于叙事文本的界定所表明的，这些符号由一个讲述的行动者创造出来，这一行动者'表达'出这些符号。"④ 也就是说，叙事赋予"我们一种既深入支配符号与意指实践系统，也支配我们对它们的阐释的原则之洞察力"⑤。借助携带丰富意义符号的思想政治教育叙事活动，参与者能够依

---

① 赵毅衡编选：《符号学文学论文集》，百花文艺出版社2004年版，第321页。
② [美]克利福德·格尔兹：《文化的解释》，韩莉译，译林出版社1999年版，第427页。
③ [美]克利福德·格尔兹：《文化的解释》，韩莉译，译林出版社1999年版，第62页。
④ [荷]米克·巴尔：《叙述学：叙事理论导论》，谭君强译，北京师范大学出版社2015年版，导言第6页。
⑤ [美]杰拉德·普林斯：《叙事学：叙事的形式与功能》，徐强译，中国人民大学出版社2013年版，第159页。

托这些意义符号搭建起他们自己与国家、政治、社会、信仰之间沟通的桥梁，在吸收、重构意义符号的过程中实现教育目的。

二 交往行为理论

早在古希腊罗马时期就有交往思想的萌芽，不过，此时还没有形成阐释人与人之间交往关系的理论形态，只是从道德角度提出调节人与人之间行为关系的准则。后期，洛克、休谟等学者从认识论上对交往理论做了进一步的分析。到了马克思所在的19世纪，交往理性的使用更加广泛。

> 为了不致丧失已经取得的成果，为了不致失掉文明的果实，人们在他们的交往［commerce］方式不再适合于既得的生产力时，就不得不改变他们继承下来的一切社会形式。——我在这里使用"commerce"一词是就它的最广泛的意义而言，就像在德文中使用"Verkehr"一词那样。①

马克思的交往理论多是从国家、民族、阶级、人民等宏大概念切入的，这就在某种程度上导致对个体之间以主体间性的关系介入社会发展过程的忽视。而在当时的西方资本主义社会中，社会系统通过货币和权力与生活世界的公共领域和私人领域发生联系，科学技术作为独立的意识形态系统地、全面地渗入生活世界中，这些工具对生活世界的社会、文化、个人施以无情的"殖民"。这一切迫使作为第二代法兰克福学派的代表人物尤尔根·哈贝马斯重新反思交往理论的核心和意义。在哈贝马斯庞大的思想体系中，交往行为理论占据核心地位。哈贝马斯以交往行为合理化问题为起点，逐步建构起交往行为理论，为思想政治教育叙事提供了有益的借鉴。

交往行为是以语言为媒介的交互性行为。哈贝马斯批判和改造了韦伯工

---

① 《马克思恩格斯选集》第4卷，人民出版社2012年版，第409页。

具理性视角的合理性思想，提出从交往理性的维度建立合理性。他指出：

> 无论何时，我们一旦使用"合理的"这样一种说法，也就在合理性和知识之间建立起了一种紧密的联系。我们的知识具有一种命题结构：意见可以用陈述的形式准确地表达出来……合理性更多涉及的是具有语言和行为能力的主体如何才能获得和使用知识，而不是对知识的占有。①

这表明，一种表达行为的合理性取决于它所体现的知识的可信性。哈贝马斯把行为分成四类：一是策略性行为，即目的性行为或工具性行为。它是指"通过在一定情况下使用有效的手段和恰当的方法，行为者实现了一定的目的，或进入了一个理想的状态"②。策略性行为发生在行为者利用工具改造客观世界的过程中，具有一定的功利主义色彩。二是规范调节行为。每个群体都有一定的规范，这个规范基于成员对群体共同的追求和期待凝结而成，是群体成员共识的表现。规范调节行为涉及的"不是孤立的行为者的行为——这些行为者在他的周围虽然有其他行为者，但在原则上还是处于孤立的地位——而是社会群体的成员，他们的行为具有共同的价值取向"③。在社会群体内，成员认同并遵守共同的价值规范，并时刻以规范校对行为表现。这一行为实际上体现了社会成员与社会世界和客观世界的联系。三是戏剧行为。"戏剧行为概念主要涉及的，既不是孤立的行为者，也不是某个社会群体的成员，而是互动参与者，他们相互形成观众，并在各自对方面前表现自己。"④ 行为者与主

---

① ［德］哈贝马斯：《交往行为理论》第一卷，曹卫东译，上海人民出版社2019年版，第24页。
② ［德］哈贝马斯：《交往行为理论》第一卷，曹卫东译，上海人民出版社2019年版，第113—114页。
③ ［德］哈贝马斯：《交往行为理论》第一卷，曹卫东译，上海人民出版社2019年版，第114页。
④ ［德］哈贝马斯：《交往行为理论》第一卷，曹卫东译，上海人民出版社2019年版，第114—115页。

观世界和客观世界发生联系，通过表演行为表达其自身的经验，并在一定程度上修饰自己的行为以吸引观众，为观众呈现具体的形象。四是交往行为。交往行为从本质上讲，是一种以语言为媒介搭建起主体之间交往桥梁的沟通行为，它发生在"至少两个以上具有言语和行为能力的主体之间的互动，这些主体使用手段，建立起一种人际关系"①。交往行为与生活世界相关联，它建立在主体间性基础上，以便交往双方在平等沟通、对话中协调行为，达成协商一致的共识。

交往理性关涉言说者的三个有效性主张。以语言为媒介的交往行为发生在参与者与外部客观世界和内部主观世界沟通的过程之中，在沟通过程中，参与者彼此之间提出相关的有效性要求。哈贝马斯指出：

> 具有言语和行为能力的主体可以与多个世界建立起联系，而且，由于他们相互之间就世界中的事物达成沟通，因此，他们为他们的交往提供了一个共同设定的世界体系作为基础。因此，我建议把外部世界划分为客观世界和社会世界，把内心世界当作外部世界的补充概念。于是，相应的有效性要求，包括真实性、正确性以及真诚性。②

具体就是指"言语者在规范语境中为他的行为（乃至直接为规范本身）所提出的正确性要求；言语者为表达他所特有的主观经历所提出的真诚性要求；最后还有，言语者在表达命题（以及唯名化命题内涵的现实条件）时所提出的真实性要求"③。正确性、真诚性、真实性在言语者的交往意图上体现为规范的一致性、相互信任对方和共享命题知识三者

---

① ［德］哈贝马斯：《交往行为理论》第一卷，曹卫东译，上海人民出版社2019年版，第115页。
② ［德］哈贝马斯：《交往行为理论》第一卷，曹卫东译，上海人民出版社2019年版，第352页。
③ ［德］哈贝马斯：《交往行为理论》第一卷，曹卫东译，上海人民出版社2019年版，第385页。

与生活世界、客观世界和主观世界建立起联系，满足和保障人际关系、呈现事态和表达经验的功能，要求审美理性、实践理性和理论理性的展现和表达，共同规定了交往行为的合理性。"交往性行为是定向于主观际地遵循与相互期望相联系的有效性规范。"① 这也就表明，交往行为合理化体现为主体际以平等的地位在共同认同的社会规范框架内用语言和符号为媒介进行交互活动，以达成主体间的共识为最终目的的行为合理性。

生活世界构成交往实践沟通理解的背景。交往行为发生在生活世界之中，生活世界为主体间合理交往提供了基础支撑。哈贝马斯指出："一个共同体所共有的文化传统对于生活世界具有构成意义，而单个成员可以从这个生活世界找到解释的内涵。这种主体间共有的生活世界构成了交往行为的背景。"② 生活世界包括文化、社会和个性。

> 我把文化称之为知识储存，当交往参与者相互关于一个世界上的某种事物获得理解时，他们就按照知识储存来加以解释。我把社会称之为合法的秩序，交往参与者通过这些合法的秩序，把他们的成员调节为社会集团，并从而巩固联合。我把个性理解为使一个主体在语言能力和行动能力方面具有的权限，就是说，使一个主体能够参与理解过程，并从而能论断自己的同一性。③

通过知识储存的连续化、社会结构的统一和稳定化，以及有理解、沟通能力的交往者的社会化这一过程，生活世界实现再生产。其中，传统的延续和更新形成了相对稳定的文化环境，为交往者提供了共同的文化背景，促使其个性不断增长。社会确保交往者的交往活动在正常的秩序范围内，促使个体的社会化得以正常进行，同时也为文化的交流和传

---

① [德]哈贝马斯：《交往与社会进化》，张博树译，重庆出版社1989年版，第121页。
② [德]哈贝马斯：《交往行为理论》第一卷，曹卫东译，上海人民出版社2019年版，第111页。
③ [德]哈贝马斯：《交往行为理论》第二卷，洪佩郁、蔺青译，重庆出版社1994年版，第189页。

播提供了有利条件。交往者在共同的知识背景下进行交往活动，把他们所汲取的文化知识加以再生产，并在社会交往中实现秩序的规范和建构。文化、社会、个性相互依存、相互作用，共同交织成作为交往行为背景的生活世界。事实上，生活世界受到系统①的侵占。在哈贝马斯看来，系统和生活世界共同组成了现代社会，遵循工具理性的原则进行物质生产的系统，正在与遵循交往理性和价值理性进行文化生产的生活世界相脱节，而成为一种与生活世界相对立的社会构成。这就造成了生活世界的殖民化。针对如何解决现代社会存在的这一困境，他把希望和力量寄托于对生活世界和交往理性的重建。为此，要以交往理性取代工具理性，构建合理的社会文化价值体系，为交往者建立自由、平等的对话平台，实现生活世界以及社会实践交往的合理化。

哈贝马斯主张以主体间的交流对话来代替金钱、权力对人的操纵和控制，提出一种以语言为中介、平等对话为基础、生活世界为依托的交往理性理念。它和试图操纵人、奴役人的工具理性相对立，与思想政治教育叙事在本质、要求、基础方面相契合，是思想政治教育叙事需要遵循的基本理念。从本质上看，思想政治教育叙事是以提升社会成员思想政治素质为目标，在叙事者与受叙者之间形成的以语言为媒介的交往实践活动。人与人之间的交往实践是叙事活动形成的基础。思想政治教育叙事的主体，即叙事者与受叙者，通过以语言为媒介的交往活动将外在的思想观念、道德准则转化为自身的内在素质，并在交往中相互理解，逐步确认自己的本质特征。在思想政治教育叙事的交往实践中，话语是必不可少的一环。叙事话语以语言为基础，遵循一定的语言规则，通过对语言的使用表达故事内容，实现主体间的相互交流和共识达成。离开了交往实践活动，叙事话语便成为无源之水、无本之木。当然，叙事话语并不是受暴力、权力操控的霸权式话语，而是促进人与人之间沟通的交往式话语，承担着塑造人格

---

① 所谓"系统"，是哈贝马斯解释现代性危机发生机制的一个核心概念，它在哈贝马斯那里被理解为一种由社会文化、政治和经济要素组成的，并以"控制机制"和"偶然性范围的扩张"为主题的能实现自我调节的体系。

的重任。根据正确性、真诚性和真实性的要求，在叙事过程中，叙事话语实施者与他人之间保持平等、尊重的关系，注重用饱含情感的方式表达经验，致力于全面呈现现实的生活世界。这样才能打破不平等的话语关系，促使叙事话语借助双向互动的话语模式感染人，凭借真实的情感打动人，依靠丰富、鲜活的内容吸引人。生活世界也是叙事存在和发展的基础。作为交往实践活动的思想政治教育叙事与现实的人，以及存在于其中的社会和文化环境息息相关，离不开人的个性化实践、社会秩序的规范和建构以及文化知识的再生产，叙事在生活世界中产生，同时又通过人自身的发展提升生活世界。因而，回归人们现实地存在于其中的本真的、鲜活的生活世界，并从人们的实际生活中发现问题，提出问题，用相关理论引导人们解决问题是思想政治教育叙事发展的必然要求。

三 现象学理论

现象学是现代西方哲学重要的思潮之一，对哲学、教育学等学科的发展产生了重要的影响。现象学强调对现象和体验的研究，它指引我们从违反直觉的方法中抽身而出，回归到常识、生活世界的普遍意义上来。"现象学研究是以人为取向的研究，是基于语言的研究，为了描述体验，它要用语言并通过语言来实现意义的表达。现象学研究的准确性就是遣词造句的准确性。现象学研究的普遍性就是意义交流的普遍性。"[①] 现象学的视角赋予思想政治教育叙事以独特的意蕴。从现象学的角度来看，思想政治教育叙事是人的一种文化方式，是生活经验的有机联系，核心在于对人心灵的唤醒和触动。这是符合思想政治教育叙事本质要求的。因而，现象学对思想政治教育叙事有着重要的启迪意义。

现象学学说主要是由德国哲学家胡塞尔所创立。胡塞尔把现象学的基本精神概括为"面向事情本身"，就是现象还原，即打破原有的思想

[①] [美]洛伦 S. 巴里特等：《教育的现象学研究手册》，刘洁译，教育科学出版社2010年版，第1—2页。

理论和偏见观念，从最初观察到的纯粹现象入手来认识事物。他在《哲学作为严格的科学》里写道："在激烈反对经院学说的时期曾有这样的战斗口号：抛弃空洞的语词分析。我们必须探问实事本身。回到经验，回到直观，唯有它们才能赋予我们的语词以意义和合理的权利。这是完全确切的！"[1] 这是一种颠覆传统的认识论。自柏拉图以来，认识在哲学上有两个要素：一是直接的知，如概念、观点，是认识的第一原理；二是通过逻辑推理得到的间接的知。在胡塞尔看来，认识的第一原理就是这个事物本身。例如，花园里有一株百合花，看到百合花本身就是第一原理，而在机械生理主义者那里，之所以看到百合花是因为太阳光反射到我的眼睛里而形成的影像，但这并不是第一原理，因为在你看之前已经假设了有光线等东西。此外，推理在胡塞尔看来也只是逻辑，而没有心理学的依据。同样拿花园里存在的百合花来说，在心理学上不能解释百合花是百合花这个逻辑。因此，回到事情本身，一方面意味着要直观事物本身，对所要认识的事物不事先加入任何未经检验的观念和事物。这包括一些主观行为感受、传统观念、思想理论等。也就是说，在认识事物前要把头脑中所有的理论和意见"括起来"，这就是胡塞尔口中的"悬置"。不对事情做任何前置性的判断，才能找到事物原本的显现方式。既然我们不能再以任何一种理论为先导对所经验的事情做纯粹的描述，那我们就要寻找正确的描述事情的方式。对此胡塞尔提出，我们要以我们经验它的那样，即以一种与它出现在我们面前的同一方式对它进行无理论的纯粹描述。因此，另一方面，回到事情本身也是一种采用反思的态度，对所认识的行为内容加以详细描述。也就是说，对事情构成的主要因素加以总结和反思，了解它们之间的相互关系，才能把事情描写得更加清楚、精细。可以说，胡塞尔面向事情本身，直观事物现象的方法，是理智观看的方式，也是一切真正认识的必要基础。

生活世界是胡塞尔现象学又一重要主题。胡塞尔提出的生活世界理

---

[1] ［德］埃德蒙德·胡塞尔：《哲学作为严格的科学》，倪梁康译，商务印书馆2017年版，第23页。

论，是为摆脱科学和哲学对人的遮蔽，促进人自身的发展作出的有益尝试。在胡塞尔看来，生活世界具有整体性，是人们生活于其中并且参与其中的，和谐统一、丰富鲜活的意义世界。具体来说，生活世界具有三个基本特征。一是生活世界的非主题化。科学家借助理性力量在开发、利用、控制自然过程中建构的自然科学世界，是有目的、有主题的，即在为满足其自身需要所创设的主题的引导下，用特定的方式解释、总结而整合形成的。与主题化的自然科学世界有所不同，胡塞尔认为，生活世界是非主题化的世界，它是科学家所建构的主题化世界之前的世界。胡塞尔指出：

> 在明见地论证客观科学的功能这个一般问题之前，这个生活世界所固有的和持久的存在意义的问题就已经对生活在其中的人们具有了一种卓越的意义。人们并不总是具有科学的兴趣，即使科学家也并不是始终都处于工作中；甚至还出现过这样一种情况，正如历史所表明的那样，一种曾习性地生活在早已促成了科学兴趣中的人属，也并不总是生活在这个世界中。因此对于人类来说，生活世界始终是先于科学而存在着的，就像它在科学阶段中仍然还在继续进行着它的存在方式那样。由此可见，人们不仅能够展示出这个生活世界自身的存在方式问题，而且完全能够在这个素朴直观的世界的基础上使一切客观科学的意指和知识都失去作用，从而能够普遍地考虑到那些在其固有的存在方式方面得以凸现出来的科学的、因而又是普遍有效的具有决定性的任务。①

也就是说，生活世界是唯一的课题和目的，人在生活世界中认识、理解并发展他自己。二是生活世界的主观化。如果说自然科学世界是客观的现实存在，其经由实验发现的真实是客观必然的，那么生活世界则

---

① ［德］埃德蒙德·胡塞尔：《生活世界现象学》，倪梁康、张廷国译，上海译文出版社2002年版，第260页。

不是所谓的客观现实存在,其经由经验凝结而成的真实也是随着主体人的活动而不断改变的。这是因为"预先被给予的生活世界的存在意义是主观的构造物,是经验着的、前科学的生活的成果。……至于'客观真实的'世界,即科学的世界,则是较高阶段上的构造物,是以前科学的经验和思维活动为基础的,或者说,是以前科学的经验和思维活动的有效作用为基础的。"① 三是生活世界的直观性。生活世界虽然不直接指向客观存在的事物,但是它也不是抽象的,而是"通过知觉实际地被给予的、被经验到并能被经验到的世界,即我们的日常生活世界"②。从这方面来看,生活世界是可被直观的意义世界。需要注意的是,生活世界并不是由个别人的经验构成的,而是所有人共有的经验世界,它无限开放,包含着多种可能性。生活世界所具有的非主题化、主观化和直观性的色彩,凸显了人在生活世界中的价值地位,加强了文化的个性化特征,这无疑强化了尊重人、关爱人的人文主义精神。

思想政治教育叙事不能脱离生活世界,它在生活世界中产生,也在生活世界中发生着作用。"教育的生活世界是鲜活而富有生命意义的,是教育生存所必需的,它是丰富而充盈的,是教育意义得以实现的方式"③。并且思想政治教育叙事研究就是要研究叙事实践的本来面目,这些无不是现象学"生活世界"理念和"回到事情本身"态度的具体体现。除此之外,现象学建立在承认语言是交流、学习、达成共识的手段的基础上,而思想政治教育叙事本身就是一个包含广泛内容的巨大话语体系,主张用语言搭建叙事者与受叙者之间沟通的桥梁,实现二者的情通意达。可见,思想政治教育叙事与现象学有着紧密的关联。不仅如此,现象学也给思想政治教育叙事以重要启示。从现象学的视角可以把叙事理解为参与其中的人与人之间的生活方式,要求叙事教育的探究不能从

---

① Husserl, *The Crisis of European Science and Transcendental Phenomenology*, Evanston: Northwest University Press, 1970, p.69.
② 倪梁康选编:《胡塞尔选集》(下),上海三联书店1997年版,第1027页。
③ [美] 洛伦 S. 巴里特等:《教育的现象学研究手册》,刘洁译,教育科学出版社2010年版,推荐序二第1页。

抽象的理论文本或分析系统中展开,而应该在叙事教育所存在的生活世界中探寻,并且叙事教育的理论探究必须关注跟随时代变迁而发生新变化的叙事实践。

第二章

思想政治教育叙事的构成要素

思想政治教育叙事作为思想政治教育的一种方式而存在。那么，从大范畴来说它是思想政治教育的存在，从小范围来讲，它又具有典型的叙事教育色彩。因此它在具备思想政治教育本身所包含的基本要素的基础上，还在要素的特征上展现出自身的独特之处。目前，关于思想政治教育要素的研究，学界有不同的观点，但是不论"四要素说"还是"六要素说"，把教育者、受教育者、教育内容和方式这四类要素作为思想政治教育基本要素的看法是一致的。本书对思想政治教育叙事构成要素的探究就是基于上述四要素的观点，再注入叙事活动的独特品性，对叙事者、受叙者、叙事内容和媒介这四个基本要素的内容、特性进行逐一论述。

第一节 思想政治教育叙事者

叙事者是思想政治教育叙事活动的实施者，也是叙事话语的陈述主体。叙事者具有一定的表达能力，把生活经验以故事的形式组织起来，并借助一定的叙事媒介呈现在受叙者面前。有人曾提出没有叙事者，叙事只是事件的自行呈现这一观点。但事实上，任何叙事内容都需要一个叙述者，无论是真实的还是暗含的，否则叙事内容就无法组织和表达。正如热奈特所指出的："无叙述者叙事只能十分夸张地表示叙述者相对的沉默，他尽量闪在一旁，注意决不自称。"[1]

---

[1] [法]热拉尔·热奈特：《叙事话语 新叙事话语》，王文融译，中国社会科学出版社 1990 年版，第 249 页。

一 叙事者的基本类型

思想政治教育叙事者范围广泛，存在不同的类型。目前，根据叙事者主体的不同，可以分为集体叙事者和个体叙事者。集体叙事者是指以国家、政党等为主体，代表一定群体价值取向的叙事者。例如，人民军队、中华人民共和国政府、中国共产党等等。这类叙事者凝结着群体内成员共同的价值追求，代表了国家形象、政党形象，他们不是凭空产生的，而是由人民组成的政治集体。对于这一点，马克思指出："正如同不是宗教创造人，而是人创造宗教一样，不是国家制度创造人民，而是人民创造国家制度。"① 由人民产生，受到人民支持和拥护的集体叙事者，具有一定的权威性和稳定性。集体叙事者的权威性体现在其拥有政治合法性，不容许任何组织和个人的质疑和否定。合法性是"由有关规定所判定的、'下属'据以（或多或少）给予积极支持的社会认可（或认可的可能性）和'适当性'"②。集体叙事者的政治合法性通过民众对政治系统的支持和肯定体现出来。集体叙事者还持有明确的政治态度和政治立场，并长久地保持下去，不中断，具有稳定性。中国共产党是马克思主义的坚定支持者，始终以马克思主义为底色，并结合中国具体实际不断创新发展马克思主义。在新时代中国，集体叙事者的重要任务就是向民众传播习近平新时代中国特色社会主义思想，讲述中国故事、发出中国声音、传递中国理念。个体叙事者既包括专职的思想政治教育叙事者，如思想政治理论课教师、学校思想政治教育工作者，也包括一些兼职的思想政治教育叙事者，还包括在特定场合和时间空间对特定受叙者进行思想政治教育叙事的人。这类叙事者的地位是由统治阶级所决定的，他们与集体叙事者在思想上政治上行动上保持一致，是统治阶级的代言人。但是，作为现实中的个人，个体叙事者也具有一定的个性化特征。针对

---

① 《马克思恩格斯全集》第3卷，人民出版社2002年版，第40页。
② [英] 戴维·米勒、韦农·波格丹诺编：《布莱克维尔政治学百科全书》，中国政法大学出版社1992年版，第410页。

人的个性自由发展，马克思在《詹姆斯·穆勒〈政治经济学原理〉一书摘要》中指出："我在我的生产中物化了我的个性和我的个性的特点，因此我既在活动时享受了个人的生命表现，又在对产品的直观中由于认识到我的个性是物质的、可以直观地感知的因而是毫无疑问的权力而感受到个人的乐趣。"[①] 在思想政治教育叙事过程中，个体叙事者会依据自身的喜好以及场景的转换，恰当地选择叙事话语、叙事内容，既彰显其自身独特的叙事风格也为受叙者的个性化需要提供支撑。

根据叙事者与叙事内容的关系可以分为异叙事者和同叙事者。叙事内容及其内涵的深刻意义是叙事活动所传递的主要内容。叙事者通过叙述故事内容，引发受叙者思考，进而使其在实践体悟中不断提高理论认知水平。在现实中，叙事内容种类多样，涵盖着多重人物和情节转换，叙事者既可以是叙事内容的核心人物，也可以与叙事内容的核心人物无关。可见，叙事者与叙事中的内容存在着融合和分野。异叙事者不是叙事内容中的人物，他所叙述的是他人的事、他国的事，因而与叙事内容存在异质的关系，而同叙事者是叙事内容中的人物，他叙述的是他自己或与他自己有关的事，与叙事内容同质相关。异叙事者由于不直接参与到叙事内容中，因此在叙述上具有一定的客观性，同时也有较大的灵活性。他可以完全依据叙事内容作具体、详尽式的客观事实描述，还可以从总体上把握叙事内容，掌握故事内容的核心思想并对其作具有概括、发散式的解说。对于这一点，胡亚敏在《叙事学》中指出："就叙述范围而言，他可以凌驾于故事之上，掌握故事的全部线索和各类人物的隐秘，对故事作详尽全面的解说。当然，他也可以抛去这种优越感，紧跟人物之后，充当纯粹的记录者，有节制地发出信息。"[②] 例如，异叙述者在讲述历史性叙事内容时，在客观描述历史人物、历史事件过程中以正确的历史观为指导对其作科学评价和概括。相对于异叙事者的灵活变通，同叙事者则没有那么自由，他必须讲述他自己或与他自己相关的事，是他自己的代言者。作为叙事内容中的主人公，同

---

① 《马克思恩格斯全集》第42卷，人民出版社1979年版，第37页。
② 胡亚敏：《叙事学》，华中师范大学出版社2004年版，第41页。

叙事者居于故事中心位置,可以在人物内心活动、情节内容上驾轻就熟地剖析和处理。这样把日常生活中感同身受的经验性内容化作故事内容传递给受叙者,更能感化受叙者,在心与心的沟通和情与情的交流中滋润受叙者的心田。

二 叙事者的主要特性

思想政治教育叙事活动与传统说教、灌输类教育活动相区别,其叙事过程是"真而切""细而微"的,能够给受叙者带来"暖而新"的教育体验。这一根本差异向叙事者提出了特殊的要求,使之具有主导性、创新性、示范性的主体特征。

(一) 主导性

主体性是人作为社会实践活动主体的独立性、主动性的规定和自觉。人的主体性集中体现在改造客观世界的能动性上,主体性发挥对社会实践的发展起着关键的作用。对于那些被纳入思想政治教育叙事者范围内的人来说,主体性是他们首要也是最重要的特性。虽然对于思想政治教育叙事来说,由于叙事者与受叙者始终处于同等的地位,进行交流对话,实现共同进步,与传统思想政治教育相比少了些许刚性和强力,但是,作为思想政治教育活动的一种存在样态,思想政治教育叙事的政治性、主导性是亘古不变的。叙事者是思想政治教育叙事活动的组织者、发声者,既积极主动地编排组织思想政治教育叙事内容,也毫不犹豫地亮剑发声,实施教育引导。可以说,叙事者在整个思想政治教育叙事过程中处于主导地位,具有明显的主导性特征。鲜明的主导性特征,要求叙事者坚守他自己的使命担当,自觉以主体身份和责任意识开展叙事活动,由应当的施教主体转向实际的施教主体。同时,注重把马克思主义理论、中国特色社会主义伟大实践,以及中华优秀传统文化精髓等融入思想政治教育叙事内容之中,用具有理论深度、情感温度,既接地气也聚人气的思想政治教育叙事温暖人心。

(二) 创新性

人是一种主体性的存在,在主体性活动中人的能动性和创造性得以发挥，体现出每个个体鲜明的个性。马克思指出，"我在劳动中肯定了自己的个人生命，从而也就肯定了我的个性的特点。"① 由于不同的个体有不同的主体性表现，因而产生了人与人的差异性。在思想政治教育叙事实践中，叙事者的个体性特征尤为凸显。事实上，思想政治教育叙事并不是千篇一律，由一个模子刻出来的，而是特色独具各有不同，同样的叙事内容经由不同的叙事者阐述出来，会呈现出不同的教育效果，即使是同一个叙事者阐述同样的内容也会根据叙事对象和叙事场景的切换，呈现出不同的教育效果。这是因为每个叙事者的思维模式、志趣品性、情感表达都有所不同，其自身的内在素质和教育认知的差异在叙事方式、叙事语言、叙事姿态等方面表现出来，会带给受叙者不同的教育体验。强烈的个体倾向性，促使叙事者不再被思想政治教育叙事活动的政治性和思想性要求所局限，试图打造"标准化"的叙事模式，不再囿于他人叙事活动的影响，复刻他人的思想政治教育叙事活动，沦为机械重复的事务主义者。具备强烈的个体倾向性，就是要求叙事者运用创新性思维，挖掘自身的优势和长处，打造出凸显自身特色的叙事风格，并且结合受叙者的个性特征施以有针对性、个性化的叙事教育。

叙事者的创新性，在一定程度上给思想政治教育叙事带来一定的倾向性。叙事构成包括两个方面：一是被反映的客观现实，二是所反映的主观意识。在反映的过程中，叙事者主观的思想态度对于叙事所产生的影响，就形成了叙事的倾向性。古往今来，没有一个叙事者不具有一定的思想倾向，因此，也没有一个叙事本身不具有倾向性。当叙事者本人"通过形象思维来塑造形象的时候，他也正是这样把他的全部思想感情倾注在他的创作过程中。他用思想的光来照亮他所要塑造的形象，使之轮廓分明，倾向明确；他又用感情的烈火来锻炼他的形象，使之具有火辣辣的生命，美的使人喜爱，丑的使人厌恶。在用感情来打动读者的时候，作者自己首先被打动。他是含着眼泪与兴奋的情绪，来一步一步地把他

---

① 马克思：《1844年经济学哲学手稿》，人民出版社2000年版，第184页。

的形象构思和塑造出来的"①。叙事者的倾向性在某种程度上也是叙事者叙事风格的体现。需要指出的是，叙事者的倾向性是在叙事过程中流露出来的，而不是从他自己口中说出来的。对此恩格斯说："倾向应当从场面和情节中自然而然地流露出来，而无须特别把它指点出来。"②

（三）示范性

叙事者与叙事内容可以是同质关系，也可以是异质关系，即使叙事者与叙事内容呈现异质相关时，他们也不是对立的、毫无关涉的。当叙事者叙述他人的、与己无关的故事时，不是站在一边，充当所谓的"旁观者"的角色。在叙事之前，叙事者首先需要了解、接受、内化叙事内容，进而在叙述时的精神状态和价值追求中展现所叙内容。不仅如此，在这一过程中，叙事者还会时不时地插入他自己的意见、评论，这也是其自身思想观念、道德品质的体现。当叙事者与叙事内容同质相连时，他们的同一性体现得更为明显。叙事者叙述关涉自身的故事，其中的人物形象通过叙事者语言、行为和仪表等形象承载和传递出来，在受叙者心目中，叙事内容中的人物形象就等于叙事者自身的形象。不论是从叙事者与叙事内容的异质性还是同质性的角度来分析，都可以得出叙事者对叙事内容负责，具有示范性。叙事者既补充内容，也承载内容，为受叙者树立正确的人物形象和示范榜样，从而影响受叙者思想政治素质的形成和发展。总而言之，这种示范性发生于潜移默化的过程之中，叙事者把自身融入叙事内容中，达成二者的融合统一，然后以具体、生动的自我形象传递叙事内容，对受叙者的道德人格、心理品质等各方面的形成起到激发和整合作用。

三 叙事者的必备素质

思想政治教育叙事者担负着对人民群众进行叙事教育、培育时代新人的重要任务，始终坚持以身作则，以其自身形象作为"精神教具"来

---

① 蒋孔阳：《形象与典型》，百花文艺出版社1980年版，第51页。
② 《马克思恩格斯选集》第4卷，人民出版社2012年版，第579页。

感染和影响有思想、有情感，处于现实中的活生生的人，让整个施教和受教的过程都处于相互交流、对话的精神互动之中。他们所肩负的历史使命，以及教育手段、对象、过程、成果的特殊性，决定其必须具备区别于其他行业人员的特殊素质。其中包含坚定的政治信念、扎实的理论素养、高超的能力技巧。这些素质是思想政治教育叙事者履行叙事教育职能所应当具备的基本条件。

（一）政治素质

政治素质是"一种特殊的素质，是人们为实现本阶级根本利益而进行各种精神活动和实践活动的特定品质"[1]。具体地说，政治素质是叙事者开展思想政治教育叙事活动所必须具备的政治品格，通过叙事者的政治立场、政治定力、政治观念表现出来。在叙事者所必备的素质中，政治素质是核心，统领、支配着其他素质。在中国特色社会主义语境下，思想政治教育叙事者的政治素质包括两方面。一是坚定的政治信仰。是否有信仰，有什么样的信仰，信仰坚定与否直接决定了叙事者的教育方向和价值取向。习近平总书记指出："对马克思主义的信仰，对社会主义和共产主义的信念，是共产党人的政治灵魂，是共产党人经受住任何考验的精神支柱。"[2] 共产主义信仰是共产党安身立命之本，也是叙事者最鲜明的政治底色。坚定的共产主义信仰为叙事者提供了强大的精神支柱，使他们在纷繁复杂的形势面前保持清醒头脑，不被多元社会思潮和错误言论所动摇，坚定共产主义信仰不动摇。二是坚强的政治担当。政治信仰首先反映在思想意识层面，最终还要落实到具体行动中，在政治担当中体现出来。对于叙事者来说，政治担当意味着叙事者以对党绝对忠诚的态度和为国育英才的初心担负政治责任、完成政治使命。一方面，叙事者忠于职守、尽职尽责，不断提升教育教学能力，做好中国特色社会主义理论与实践的叙事宣传工作。另一方面，叙事者直面困难，接受挑

---

[1] ［苏联］波诺马廖夫、托辛科主编：《共产主义教育词典》，谢洪恩等译，四川社会科学院出版社1986年版，第186页。

[2] 《习近平谈治国理政》第1卷，外文出版社2018年版，第15页。

战，对社会上存在的各种错误观点、不良风气敢于发声亮剑，积极传播主导意识形态，为受叙者的健康成长保驾护航。

（二）知识素质

思想政治教育叙事是一项专业性、知识性很强的育人工作，如果没有广博的知识和开阔的视野则难以胜任这项重要的工作。这要求叙事者必须具备坚实的知识基础。具体地说，一是马克思主义理论知识。"马克思主义是指导我们改造客观世界和主观世界的锐利思想武器"①，是立党立国的根本指导思想，也是思想政治教育叙事创新发展的思想基础。认真研读马克思主义经典著作，系统掌握马克思主义理论知识，练就较高的马克思主义理论修养成为叙事者的基本功，也成为其优势所在。二是思想政治教育叙事专业知识。思想政治教育叙事立足于马克思主义，同时广泛吸取叙事学、教育学、心理学、伦理学、政治学等相关学科的知识。叙事者除了学好马克思主义理论知识外，还要全面把握这些方面的知识，不断丰富和创新思想政治教育叙事基础理论，并借以指导具体实践，提高思想政治教育叙事的科学性和有效性。三是其他相关知识。由于叙事者通常处于不同的工作环境之中，时时面对年龄、职业等各异的叙事对象，这就要求叙事者深入了解和掌握与工作环境和教育对象相关的一系列知识，把思想政治教育叙事渗透到实际工作当中去。此外，叙事者还要兴趣广泛，积极涉猎历史、文学、艺术、科技等知识，形成广阔的知识视野，为思想政治教育叙事添加更多生动活泼、翔实有趣的内容。

（三）能力素质

叙事者的知识素质通过叙事能力表现出来，能力素质是叙事者把知识运用到实际叙事教育中的技能和艺术。如果叙事者仅仅有坚实的政治素质和扎实的知识素质，而缺乏工作能力，就相当于停留在思想政治教育叙事的"最后一公里"，永远无法顺利完成这项工作。打通思想政治

---

① 《习近平在中央政治局第十五次集体学习时强调：全党必须始终不忘初心牢记使命 在新时代把党的自我革命推向深入》，《人民日报》2019年6月26日第1版。

教育叙事的"最后一公里",叙事者需要具备较强的能力素质,其中主要包括表达能力和组织领导能力。表达能力是叙事者对受叙者输出信息的能力,包括文字表达、口头表达、形象表达等在内的语言表达能力。传播学的受众理论认为,"受众成员会主动地选择自己所偏爱的媒介内容和讯息"①,拒绝令人厌恶的言语方式和不感兴趣的内容。为此,叙事者要不断提升表达能力,以言简意赅、幽默风趣,并且真实准确、贴近生活,为受叙者所理解和接受的语言表达,有效地传递叙事内容。否则,那些内含丰富意义的故事就成为不可理解、无法表述的东西。组织领导能力包括制订计划、组织和安排叙事活动的能力。思想政治教育叙事不是纸上谈兵的空洞口号,而是落实在具体实践中的教育活动,需要叙事者开展一系列工作,从制订计划、组织安排到领导实施,最后达成叙事教育的效果。叙事者根据时代背景的新特点、教育情境的新要求以及教育对象的新需要制订详尽的叙事教育计划,组织和动员广大群众积极参与其中,冷静应对可能出现的突发情况并及时调整活动安排,确保思想政治教育叙事活动的顺利进行。除此之外,叙事者还要具备观察能力、分析研究能力、自我调控能力、协调人际关系能力等等。

第二节 思想政治教育受叙者

受叙者是思想政治教育叙事活动的对象,也就是叙事者施加教育影响的对象。作为一个身份复杂的集合体,受叙者有个人也有群体,不同的个体和群体具有不同的特征,在这里主要是将受叙者看作一个整体,从总体上对他们的受教心理、状态和效用进行分析。

一 受叙者的受教心理

受教心理是指受教育者在接受教育过程中,基于对教育者、教育内

---

① [美]梅尔文·德弗勒、桑德拉·鲍尔-洛基奇:《大众传播学诸论》,杜力平译,新华出版社1990年版,第209页。

容、教育媒介等因素的感知和认识而形成的一系列心理活动。在通常情况下，受教育者在接受教育时会产生抵抗、抗拒的逆反心理或顺从、接受的非逆反心理。在思想政治教育中出现逆反的原因是多方面的，包括单向、控制式的教育过程，冰冷、淡漠的教育情境，空洞、无趣的教育内容。但从根本上说在于受教育者与教育者双方在价值追求、目标确定、现实旨趣等认识与实践方面发生背离，彼此成为轨道的两端，甚至永远无法相互触及。逆反心理对思想政治教育来说，危害是极大的，一旦产生逆反心理，受教育者从源头上反感和抵触教育者传递的教育信息，在很大程度会影响思想政治教育实效性的获得。因此，探寻受教育者非逆反心理的教育路径，是增强思想政治教育实效性的必然要求。

　　思想政治教育叙事并不是刚性地灌输思想理论，而是用温和的叙事方式传递思想内容，受叙者在受教过程中具有非逆反心理。之所以如此，是因为思想政治教育叙事可以规避逆反心理形成的诸多情形，引导受叙者产生积极的心理状态。一是以交互对话模式吸引受叙者积极参与，使其产生积极参与的心态。从本质上说，思想政治教育叙事是以提升社会成员思想政治素质为目标，在叙事者与受叙者之间形成的以语言为中介的交往实践活动。坚守主体间性，确保叙事者与受叙者同时作为主体存在，使他们同质同向，以平等、自由、合作的方式进行交流对话，是思想政治教育叙事题中应有之义。思想政治教育叙事一方面要求在平等中对话。叙事者由原先高高在上的地位自觉下降到与受叙者同等的地位，受叙者也由受压迫、受控制的地位上升到与叙事者同一水平的位置上。双方处于平等的地位上，他们不再是思想、知识输入和输出的"机器"，而是具有独立人格的个体，在自由、和谐的氛围中敞开心扉，进行真诚的交流。另一方面要求在理解中对话。思想政治教育叙事注重叙事者与受叙者精神层面的交流交往。在教育过程中，叙事者设身处地地为受叙者考虑，理解受叙者所处环境、行为背景，并采用有针对性的话语化解受叙者存在的问题，同时，受叙者也以平和的心境理解叙事者的难处和压力，主动地接受叙事者的话语表达内容并予以积极回应。

二是以情感共振的场域激发受叙者情感，使其产生积极的情感心态。虽然思想使人头脑清楚，明辨是非。但生活不仅产生思想，而且产生感情。"我们对待生活，首先就是一种感情的态度：见可喜者而喜之，见可恨者而恨之；以为是的就拥护，以为非的就反对。这种对待生活的具体态度，就是感情的态度。在实际生活中，思想无不是和感情并存的。"①对于反映生活本身样貌的思想政治教育叙事，不仅促使我们从思想上认识生活本身，而且注重从感情上打动我们。在新时代，青年作为"互联网的原住民"，他们思维活跃、勇于创新、乐观向上，不喜欢板起脸的说教，失去深情、温情、柔情的思想政治教育无法深入他们的心中，甚至还会导致他们产生逆反心理。思想政治教育叙事注重营造情感共振的场域，并不直接用冷冰冰、硬邦邦的刚性话语讲述大道理、灌输思想内容，而是将温暖的情感与"硬核"的意识形态相融合，打造情感通融的话语场域。在具体实践中，思想政治教育叙事以情感为思想理论传播开路，而且时刻关注受叙者的情感需要，能够激起受叙者的兴趣，使之获得情感共鸣。这样一来，受叙者不会因挑战"必须做到""明令静止"或因伤及自尊的批评而产生反感心理。受叙者因独断、强制的说理而产生的逆反心理得到控制，对思想政治教育叙事的好感度也逐步提升。

三是以贴近生活的具体内容吸引受叙者，产生融入其中的心态。生活世界也是思想政治教育叙事存在和发展的基础。思想政治教育叙事回归人们现实地存在于其中的本真的、鲜活的生活世界，并基于人们的现实生活发现和提出问题，用理论引导人们解决问题。它的内容不是空泛的，而是在个体生活、文化生活以及政治生活基础上，把社会生活的难点和重点话题与个体关注的热点和焦点话题组合起来提出的，具有很强的吸引力。因此，受叙者在接受教育过程中并不会有脱离感和违和感，而是有一种深深的融入感和获得感，仿佛叙事者所说的内容就发生在他自己身上、他自己身边，或是他自己所处的社会和时代环境之中。受叙

---

① 蒋孔阳：《形象与典型》，百花文艺出版社1980年版，第36页。

者自觉融入叙事过程的心态就会冲击掉潜在的抵触和反抗意识。

二 受叙者的受教状态

在思想政治教育叙事中，叙事者与受叙者同为主体，没有主次之别，不存在二元对立之分，他们处于相互平等的地位，以语言为中介进行交流沟通。这就意味着在叙事过程中没有压力被施加到受叙者身上，受叙者也没有陷入被迫顺从的状态，而是处于一种自然而然的接受状态。此外，思想政治教育叙事寓理于事，内容丰富有趣、形式多种多样，让人们在无意识接受教育的过程中获得快乐的体验，始终处于一种愉悦的状态之中。

自然且主动的受教状态。思想政治教育叙事以交往理性理念为指引，自觉与工具理性相脱离，通过主体间平等的交往，传递具有形象性、真实性的叙事内容，引导受叙者获得思想启发，提升其政治觉悟。所谓工具理性是指行动者纯粹从追求最大功用的角度出发开展行动，这个过程漠视了人的价值，具有一定的功利色彩。在现实中，对工具理性的过分迷恋和交往理性的缺失，会导致思想政治教育迷失方向，教育者与受教育者之间的关系异化为冷冰冰的权威与服从的关系，丧失主体间平等、自由、愉悦的交流和对话，陷入受地位、权威、权力等压迫的境遇中。思想政治教育叙事摒弃工具理性的局限，更加关注受叙者的教育体验和心灵感知，不强制向受叙者灌输知识理论，而是以对话、合作的方式传递教育内容，掩盖住思想政治教育某些可能"触伤"他人的"锋芒"，使得受叙者的心态更平和。由于受叙者的关注焦点并不在叙事本身，无论他们是否意识到叙事的存在，是否认识到自身作为受叙者的身份定位，都会对叙事者、叙事内容保持着开放的心灵，这也就避免了某些思想政治教育实践因急于求成、过于追求教育效果而出现的受叙者排斥叙事者、叙事内容，导致受叙者闭锁心扉的情况。这种心灵、思想状态的开放性、不设防性，有利于受叙者积极接纳叙事内容，并对其内容形成理性认知。杜威认为学习结果有两种，"一种是人们有意识地学习到的知识，因为他们认为这是通过专门的学习任务学习到的；一种是无意识地学到的知识，因为这是通过和别人的交往在品格的形成中吸收到的。"① 那么，基于受叙者在叙事教育过程中表现出的自然且主动的受教状态，思想政治教育叙事自然对应着杜威关于学习结果论述的第二类。

愉悦且放松的受教状态。思想政治教育叙事浸润于生活之中，与人们的生活息息相关，让人们在无意识中接受教育，获得思想启发和心灵启迪。受叙者在整个受教过程中处于愉悦的心理状态，这源于思想政治教育叙事独特的施教机制。叙事一般不以灌输、说理等直接的说教方式实施，往往以感化、浸染等间接的教育方式进行。由于叙事不用"你必须""你应该"的强制式话语表达约束力，也不用"你完全错误""一定要这样"的驳斥式话语表现批判力，摒弃了传统施教"赤裸裸的形式"，让受叙者在暗喻着丰富的教育信息的故事中获得自我求解，体悟其中的价值意蕴。也正是这种自我求解和体悟，脱离了单向式、强制性说教所造成的个体被压制、压迫的困境，受叙者的自尊得到很大程度的保护，使得受叙者在接受叙事教育的过程中始终处于一种自觉自愿并且是愉悦放松的状态之中。此外，思想政治教育叙事还十分重视音乐的使用。音乐常常被人们纳入叙事教育的过程中，在古往今来的叙事教育实践中发挥着重要的作用。叙事中音乐的种类丰富，如流行音乐、经典音乐、传统音乐等等，它们不仅具有感性的表现形式，而且内含着理性的思想内容。

> 流行音乐是当代大众文化的情绪背景和网结点。在流行音乐中，我们同样可以看出一种通俗故事化的趋势。从传统音乐看来，历来有以叙事为主的音乐样式。叙事歌曲中著名的有汉乐府中的《孔雀东南飞》、舒伯特的《魔王》等，器乐有中国古曲《十面埋伏》、肖斯塔科维奇的《彼得与狼》等等。②
>
> 不仅是流行音乐，在当代文化中，古典音乐也在被赋予越来越浓厚的通俗故事性……把乐曲的内容加以故事化的解释，给作曲家

---

① 赵祥麟、王承绪编译：《杜威教育论著选》，华东师范大学出版社1981年版，第148页。
② 高小康：《人与故事——文学文化批判》，东方出版社1993年版，第29页。

或乐曲本身附会上一些轶闻趣事,用画面陪伴乐曲以加强联想等等。①

音乐具有美的特质,是一种感性化、诗化的存在,能够激发人们愉悦的情感体验。总而言之,思想政治教育叙事给受叙者带来了愉悦的体验和积极的情绪,这对叙事内容的传递和接受起到良好的促进作用。

三 受叙者的受教效用

思想政治教育活动实施目的在于提升人们的思想政治素质,培养满足社会发展所需要的人才。根据教育效用是否满足教育目的,可以将思想政治教育划分为有效、无效或者低效的思想政治教育。对于那些有效的思想政治教育活动,进一步探究它们的教育效用,可以发现其教育效用存在持久性的差异。思想政治教育叙事属于有效的思想政治教育范围,不仅如此,其教育效用还具有长久性的优势。

思想政治教育叙事给受叙者带来的不是感觉记忆,"感觉记忆是外部刺激直接作用于感觉器官而产生的持续极其短暂的印迹,它以非常直接的方式将信息编码"②。例如视觉刺激在视网膜上激起一个与刺激物相似的映象,听觉刺激在耳膜上把声音信息变成一种听觉上的后象,通常人们称之为视觉记忆和回声记忆,这种感觉记忆持续的时间十分短暂,只有几秒钟的时间。感官刺激至多是作为思想政治教育叙事的先导,或者其过程中的亮点而出现的,不是教育的主体部分,其目的也仅仅是吸引受叙者,为后续的教育做好铺垫。思想政治教育叙事信息的输出给受叙者带来的也不是短时记忆。通常教导性的言语、概念的阐述只会让受教育者在身体在场时刻受到教育,暂时性地记住其中的内容。虽然它持续的时间比感觉记忆长,但不具有持久性,在受教育者这里可谓之"左耳朵进,右耳朵出"。思想政治教育叙事与传统说教性、灌输性的思想政治教育不同,它能有效地对

---

① 高小康:《人与故事——文学文化批判》,东方出版社1993年版,第30页。
② 柏舟:《言语理解过程中的记忆》,《现代外语》1989年第3期。

教育内容进行编码，让受教育者产生的不是短时记忆，而是意象与内容结合形成的长时记忆，具有持久性的教育效用。

心理语言学认为，言语信息存储方式多样，其中一种有效方式是意象存储，即言语接收者对意思的储存是通过把意思转变为意象来进行的。意象是指"当前不存在的物体或事件的一种知识表征。意象代表着一定的物体或事件，传递着它们的信息，具有鲜明的感性特征"①。意象所指代的事物通常来自人们在日常生活中广泛接触到的事物，或者是在历史长河中一直存在而不被湮灭的某些事物。用意象传递信息的过程，是外在的客观事物形象与内在的主观自我意识相融合的过程，能够在不轻易之间唤起人们相应的感觉，引发情感共鸣。加拿大心理学家 Paivio 提出语言与意象的双重编码理论，即"大脑中存在两个功能独立却又相互联系的认知系统，它们分别是语言系统（来自语言经验）和非语言系统（心理表象系统）"②；"表象系统以表象代码贮存关于具体客体和事件的信息，而言语系统以言语代码来贮存言语信息。这两个系统既彼此独立又互相联系"③。经过语言与意象双重编码的信息相较于仅仅通过语言方式传递的信息更容易被人们的大脑提取，并在人们的大脑中获得长久的记忆。思想政治教育叙事正是通过语言使用和意象建构的方式双重编码教育内容，既用叙事话语阐明思想理论，又用符号建构与所叙述的思想理论相关的意象，使受叙者在愿意听、能听懂的前提下，把携带着思想理论和生活经验的意象印刻在心中，在语言与意象的组合中让受叙者长时间地记忆所叙内容。

第三节　思想政治教育叙事内容

从一定意义上来讲，一个事件序列或一个思想意义、情感经验可被讲述成多个文本。也就是说，不同文本可以拥有相同的创作背景和故事

---

① 彭聃玲、张必隐：《认知心理学》，浙江教育出版社 2006 年版，第 229 页。
② 丁锦红、张钦等编著：《认知心理学》，中国人民大学出版社 2010 年版，第 186 页。
③ 丁锦红、张钦等编著：《认知心理学》，中国人民大学出版社 2010 年版，第 163 页。

素材。这些相互联系的素材和背景被经典叙事学研究者称为"本事",指代"实际发生过的事情"①。就思想政治教育叙事内容来看,其构筑的素材和背景远不止于此,而是包含着思想意义、情感经验、时空环境等一系列与故事发生发展相关联的所有要素,即故事相关体。"故事相关体"与"本事"有相近之处,但也有明显的不同,前者的内涵更为广阔、复杂。作为"故事相关体"的叙事内容是情节、意义、经验的总和,具有情节、思想和概括的内在品格。

一 叙事内容的情节

构成叙事内容素材的"本事"是鲜活的、变化发展着的,这是因为生活中具体的人和事,都是在现实世界里生活着的,有矛盾、有斗争、有发展,在矛盾和斗争中,他们不断地展现出新的面貌,开拓出新的境界。这些客观存在于生活中的"本事"构成了情节的基础。对于这一点,维多克·什克洛夫斯基指出:"人们常常把情节的概念和对事件的描绘,和我提出的按照习惯称为本事的东西混为一谈。实际上,本事只是组成情节的材料。因此,《叶甫盖尼·奥涅金》的情节不是男主人公和达吉雅娜的恋爱故事,而是由引入插叙而产生的对这一本事的情节加工。"② 他的意思就是说丰富的、生动的"本事"被精炼后提取出来,按照时空连接、因果相关等方式搭建起人物之间、事件之间的相关关系,构成情节。在《叙述的作用》一文里,保罗·利科更是简明扼要地说:"我们又一次发现历史中的情节概念的实质,是偶然与连贯的结合,时间顺序与整体构成的结合,因果关系的结合。"③ "本事"经由艺术加工后形成情节,其本身是叙事内容的基础材料。从一定意义上说,叙事内容是把道德观念和

---

① 参见[法]茨维坦·托多罗夫编选《俄苏形式主义文论选》,蔡鸿滨译,中国社会科学出版社1989年版,第239页。

② 转引自[法]茨维坦·托多罗夫编选《俄苏形式主义文论选》,蔡鸿滨译,中国社会科学出版社1989年版,第38页。

③ [法]保罗·利科尔:《解释学与人文科学》,陶远华等译,河北人民出版社1987年版,第304页。

思想理论编入情节结构之中的故事相关体。

叙事内容具有情节品格，如果说叙事内容像是转动的风车，那么情节则是控制风车转动的时钟。情节来自对生活中故事片段的加工，是对原来混乱的、偶然的生活经验进行有效处理，这种加工处理更多地显示出人类理性的痕迹，因而，故事的组织也较符合人类的理性范式。"情节更多涉及人类的心智水平，是人类心智水平的体现，在其多样性与丰富性之中也更多地显现出秩序，其结构也更加严密，并体现出更多统一性、整一性的特点。"① 有情节的叙事内容谋划性更强、组织设计色彩更明显，与单纯的故事相区别。单纯的故事只具备事件之间时间上的先后关系，而叙事内容内含着前后事件之间，包括透过内在经验组织的事件之间的逻辑关系。单纯的故事相对松散一些，可以是平淡的、无聊的、空虚的，甚至是荒诞的、无厘头的。而叙事内容则更整一，更完整，在其多样性与丰富性之中也更多地显现出秩序，其结构也更加严密，因而能更好地传递意义。这是因为，"如果情节指的是一种关系结构的话，通过这一结构以及通过包含在记述中的事件被确认为一个有机整体的组成部分，这些事件才被赋予一种意义"②。

情节使叙事内容沿着合乎叙述逻辑的方向发展，从矛盾的开端、矛盾的展开、矛盾达到高潮，到矛盾的解决，循序渐进地推进下去，以一环扣一环的紧密逻辑构建起连贯完整的"经验链"，为叙事内容增加了"可读性"。这也体现了人的理性禀赋和价值，是经验逻辑或生命逻辑的展现与流露，或者说，这是建立在生命经验基础上的因果逻辑。在叙事内容中，存在着可以为人们所理解的线索以及秩序，开头、中间、高潮、结尾被有条不紊地组织起来，各个事件被有机地整合联系起来，看起来离人们日常生活较远的异质性事件被有美感地串联起来，这样一来，叙事内容就具有某种统一的一致性、整齐性或稳定的可延续性，而不是给

---

① 丁来先：《故事人类学》，中国社会科学出版社 2017 年版，第 82—83 页。
② ［美］海登·怀特：《形式的内容：叙事话语与历史再现》，董立河译，文津出版社 2005 年版，第 12 页。

受叙者以牵强附会、搭配混乱之感。这种讲究情节性的叙事内容强调事件发展的逻辑性、合理性，不仅制造种种悬念，引人入胜，经得起受叙者提出"为什么"是这个思想和理论的追问；而且契合思想理论的阐述逻辑，以丝丝入扣的严整叙述，经得住受叙者对思想和理论"是什么"的探求，既迎合受叙者的好奇心，也满足受叙者的求知欲，达到美感与理性的统一。美学家阿多诺指出："当艺术与数学的关系如此密切之时，我们可以说艺术早已意识到其演绎推理的层面……难怪人们常说数学在本质上是审美的……逻辑的连贯性确保作品是客观决定的……艺术在逻辑上与梦幻类似：在艺术和梦幻里，逻辑说服力的意义汇入偶然性的契机之中。"① 也就是说，有情节的叙事内容体现出人类的理性智慧。需要指出的是，在叙事内容中情节本身并没有什么目的，它是叙事者站在一定思想的高度，为适应人物性格和事物发展的逻辑，并突出表现人物的性格和反映生活的矛盾，而在叙事内容中所提炼出来的整个过程。

二 叙事内容的思想

叙事内容除了具有因情节联系而展现出的内容生动性之外，常常还具有"较大的思想深度与自觉的历史内容"②。亚里士多德在"悲剧是对于一个值得认真关注的行为的描述，行为本身具有完整性，具有一定意义"③ 的论述里，显然就已包含着将情节与表现人物性格的行为活动相联系的思想。也就是说，叙事内容不仅有叙述逻辑，而且内含着理论逻辑，具有"可叙性"，即故事本身是值得被叙述的。

故事在我们的日常生活及文化细节中无处不在，它携带着人类的生存经验，并完整连贯地呈现它们。人类的文化世界、个体经验等都需要借助故事来理解和体悟，也就是说，故事真实地展现了人类的"意义系

---

① ［德］阿多诺：《美学理论》，王柯平译，四川人民出版社1998年版，第239—240页。
② 《马克思恩格斯选集》第4卷，人民出版社2012年版，第440页。
③ ［古希腊］亚里士多德、［古罗马］贺拉斯：《诗学·诗艺》，郝久新译，九州出版社2007年版，第23页。

统"或"意义结构"。那么,故事的历史就可以理解为是一部关于人,关于人的生活、人的文化及人的内在意识的历史。从这个角度来说,所有的故事都具有精神性和价值性。在传递价值、意义的故事中,更深刻体现思想性的故事被纳入思想政治教育叙事内容的范畴中。美国叙事学家杰拉德·普林斯指出:"叙事应该是并非一目了然的,是值得讲述的。它应该再现、图解和阐释一些不寻常的、问题丛生的东西,一些被致使对其接受者有价值和有关系的东西。"① 也就是说,叙事不是直接表达一些思想性的内容,而是通过内含着价值和意义的故事来传递思想。思想政治教育叙事内容承担着传递马克思主义思想、中国特色社会主义理论等政治思想,人生目的、价值等人生哲理,以及民族文化、历史传统等等在内的思想性内容,旨在涵养受叙者的思想观念、道德情操,使之成为国家建设发展所需要的人才。其中,阐释马克思主义为什么"行"、中国共产党为什么"能"、中国特色社会主义为什么"好",传承红色基因、彰显革命精神的红色故事,体现人类理想追求、反映真善美的童话故事,呈现日常生活百态、于平实中体悟人生哲学的民间故事,等等,都在叙事内容的范围之内。除此之外,叙事内容还能够有效地呈现意外的事件,"故事的功能是寻找行为意图,减弱某种行为表现与规范的文化类型相背离的程度,或至少可以理解这种背离。"② 这之所以可能,是因为故事的表现力并不取决于它与外部世界的关联,而在于意义建构的开放性。

叙事内容中的思想不是以一般的形式表现出来,而是按照"生活本身的个性化的形式表现出来"③。当思想被叙事者以个体的经验和感受而展示出来的时候,它是形象的、具体的,这时,思想不是某一种抽象的理论,而是和具体的生活现象融合在一起的。《人与故事》一书对于叙

---

① [美] 杰拉德·普林斯:《叙事学 叙事的形式与功能》,徐强译,中国人民大学出版社2013年版,第156页。
② 参见 [瑞典] 芭芭拉·查尔尼娅维斯卡《社会科学研究中的叙事》,鞠玉翠译,北京师范大学出版社2010年版,第12页。
③ 蒋孔阳:《形象与典型》,百花文艺出版社1980年版,第7页。

事内容的现实性做了分析，它指出："一方面，每个故事中的事物都是对现实世界中事物的转喻，换句话说，是人的现实经验的延伸。另一方面，每个故事又与现实世界在物质意义上完全不同，是平行并隐喻着现实世界的符号世界。"① 从外在来看，叙事内容侧重对人的行为、事件以及对事件本身的发生过程的描述，致力于呈现客观的生活世界。从内在来看，叙事内容在反映人类社会生活的同时，也透过人的思维活动将人与人之间、事物与事物之间的复杂关系表现出来。也就是说，叙事内容是对现实世界的合理、有序的孕育，它不仅客观地反映现实生活，而且注重探究现实生活的内在本质。因而，人类生活的世界成为叙事内容不可或缺的根基，离开了生活世界，叙事内容便不复存在。

三 叙事内容的概括

概括是人类高级心智功能。"心理概括有两种方式，一种是抽象概括，另一种是形象概括。抽象概括是思维的基本功能，它通过概念、判断和推理等思维形式概括事物的本质属性；形象概括则是想象的基本功能，它通过意象、融形和神思等想象形式概括生活的本质特征。"② 抽象概括一般是哲学上的概括，是从许多个别之中，抽象出一般的概念。例如把许多英雄人物的规律抽象出来，归纳出有关英雄精神的概念，是离开具体的英雄人物而纯粹以概念的形式存在的。形象概括则不同，它不是硬生生地把本质从鲜活的现象中分离出来，而是强调通过现象的描述来展现事物的本质。同样以英雄人物为对象，形象概括强调把英雄人物的本质体现在真实的事例中，通过具体的人物细节和生活现象来反映英雄本质。高小康指出："故事不仅仅是讲述一系列已消逝的事件，而且要构建出一个具有'形象'的世界。"③ 叙事内容就是在形象概括基础上形成的。它并没有离开生活中具体的对象，而是

---

① 高小康：《人与故事——文学文化批判》，东方出版社1993年版，第38页。
② 荣宋：《形象美学》，春风文艺出版社1995年版，第266页。
③ 高小康：《人与故事——文学文化批判》，东方出版社1993年版，第65页。

主张把对象中那些集中反映事物本质特征的内容整合起来，以便得到人们的重视和注意。

概括化的叙事内容给意蕴以赋形、给具象以寓意，把融形的意蕴寓于形象之中，把思想内涵寄予形象之上。这种概括是一种审美理性活动，其独特功能是"综合地、全面地、集中地反映现实生活的本质，它通过意象把握生活的本质意蕴，通过融形把握生活的内部结构，通过神思按照生活逻辑的艺术规律对形象进行综合建构"①。它必然与分散化对立。叙事者要把生活中本来是分散的东西，根据叙事意图和对生活本质的理解集中起来，重新塑造成一个整体。这是一种有意识、有目的的概括和集中。为了打造具有概括性的叙事内容，要在把握事物本质规律的基础上进行想象和虚构的理性加工。想象和虚构是人的思维能力之一。无论什么人，无论他从事什么工作，都免不了需要一定程度的想象和虚构。思想政治教育叙事是一种创造性的劳动，更离不开想象和虚构。叙事者把他在生活中体验、观察到的人物和事迹进行概括和集中，经过想象和虚构的思维过程重新塑造成他所希望的形象，并凝结在叙事内容中。正如高尔基所说，想象"可以补充事实的链条中不足的和还没有发现的环节"②，当然，"这种虚构与想象和人类的理性意识之间并不矛盾。在人类这种对时间的特殊处理中经常还能显露人类理性的光芒，或者说经常在叙事里在有意无意之间吻合了人类的理性范式"③。

第四节　思想政治教育叙事媒介

叙事者向受叙者传递叙事内容需要借助一定的媒介。媒介是"信息传递的载体、渠道、中介物、工具或技术手段"④。借助媒介，叙事内容得以

---

① 荣宋：《形象美学》，春风文艺出版社1995年版，第267页。
② [苏联]马克西姆·高尔基：《我怎样学习和写作》，戈宝权译，生活·读书·新知三联书店1984年版，第42页。
③ 丁来先：《故事人类学》，中国社会科学出版社2017年版，第84页。
④ 郭庆光：《传播学教程》，中国人民大学出版社1999年版，第147页。

实现向民众传播。在柏拉图看来，故事的魅力是某种超语言的神秘之物，而故事的叙述语言和行为都只是传递这种神秘之物的媒介。当然，叙事的媒介不单单是语言文字，董小英在《叙述学》中把叙述媒介按照艺术门类分为视觉艺术、听觉艺术和文字感觉艺术，"像雕塑、服装、建筑这都是可以诉诸视觉的真实的事物……诗歌、歌曲、音乐是可以诉诸听觉的真实音响。唯有文字构成的文本最为奇特"[①]。纵观思想政治教育叙事媒介的形态，可以分为语言文字媒介、影像艺术媒介和仪式活动媒介。

一 语言文字媒介

语言文字媒介是以语言和文字传递故事内容的媒介形态。它具有丰厚的文化底蕴，致力于受叙者理论认知的提升，是思想政治教育叙事广泛运用的重要媒介形态。语言的产生是人类历史上一个重要的里程碑，它使人们的交流传播进入一个崭新阶段。借助语言，人们可以进行直接交流，进而达成理解和共识。语言的灵活性、丰富性使得任何一种媒介都无法与之媲美。同时，"语言的产生是意味深长的，它的抽象性和规范性使得人类交流传播的信息继续向抽象性和规范性发展，最终使语意得以脱离开语音这个物质外壳，而附载在文字纸张的物质形态上，从而使人类的交流传播媒介开始了向眼见为实的方向演变"[②]。文字是由结绳记事和原始图画发展而成的，《易经》指出："上古结绳而治，后世圣人易之以书契。"（《易经·系辞上》）它的产生给交流传播带来了巨大的便利和深远的影响。"文字的出现使得人工记忆向知识贮存转化，成为人类一种外在化的技术，让人类的信息传递打破时空界限，脱离口语传播的局限，并通过语义空间的隔阂推动人类发明新的智能技术。"[③] 由是观之，语言便于交流，要求交流双方处于同一个时空状态中，而文字没有较为明确的时空限制，更便于传播，语言和文字共同组合成交流传播的重要媒介。

---

① 董小英：《叙述学》，社会科学文献出版社2001年版，第27页。
② 安思国：《媒介交流研究》，中国传媒大学出版社2005年版，第7页。
③ 陈卫星：《传播的观念》，人民出版社2004年版，第13页。

第二章 思想政治教育叙事的构成要素

语言文字形态的叙事媒介具有直接性的特点,通过语言文字叙述故事内容,受叙者可以直接听到或看到叙事者所传递的信息,感悟故事背后的深层思想意蕴。《叙述学》对文字媒介传递叙事信息的直接性特征作了分析:

> 从文字看到和听到的东西又有两个层次:一个层次是看到文字的形体和听到文字所表达的语音;另一个层次则是看到语句所描绘的、语段所描绘的场景和听到语句中人物说出话的语调和声音、音质,以及画面中所产生的各种音响。视觉若从文本获得信息是需要转换的,因为视觉看到的不是实在的物体,且不是实在的场景,而是看到一个与这个物体完全不同的文字,所以需要通过将文字转化为实物的幻象这样一个过程;而听觉也同样需要通过文字的声音转化为这个声音所固定指向的事物,才能够获得这个事物的具体的形象,包括这个物体的形态、形体和它所发出的音响。①

也就是说,"文字的词汇已经是现实中事物的能指了,每一个词汇已经成为一个形象。文字由词汇就开始叙事。"② 同样,语言从发声表达就开始叙事。

语言文字媒介在思想政治教育叙事实践中获得广泛的使用,"报纸、刊物、书籍是党的宣传鼓动工作最锐利的武器"③。主要的、常用的语言文字媒介包括四类:一是书籍。书籍是传递叙事内容的主要媒介,在几千年的文明发展的历程中,勤劳智慧的民众创造和传承了包括通俗读物、小说、诗歌、纪实报告文学等等在内的无数经典叙事书籍。这些书籍经过严苛校验而出版发行,跨越地域和时间而广泛流传,其书写的叙事内容颇具思想意蕴,给人们带来深刻的启迪和启发。二是报刊。与书籍相

---

① 董小英:《叙述学》,社会科学文献出版社2001年版,第27页。
② 董小英:《叙述学》,社会科学文献出版社2001年版,第34页。
③ 《建党以来重要文献选编》第18册,中央文献出版社2011年版,第430页。

比，报刊具有形式简单、反应迅速的特点。报刊的受众面十分广泛，其故事刊登周期较为短暂，是通过相关时事故事宣传党的方针政策、动员人民群众的重要媒介。如《人民日报》《光明日报》《新华日报》等官方报刊，成为党和政府以及人民发声的常用媒介。三是广播。广播是靠声音语言传播叙事内容的，其魅力在于它不仅传播故事信息，而且把叙事者的认识和理解融入故事中，为受叙者接受和理解信息提供帮助和引导。不仅如此，广播比书籍和报刊拥有更强的穿透力，它传播范围更广，速度更快，在国际叙事传播中这一优势体现得更为明显。四是课程。课程是思想政治教育叙事的主阵地，也是向受叙者讲授叙事内容不可或缺的媒介。叙事者借助课程媒介，把受叙者集合起来，在集中的时间和统一的地点按照课程目标和要求对其进行叙事教育，课堂上故事的叙述在叙事者深情表达和依此所营造的情境中获得了良好的效果。

二 影视艺术媒介

影视艺术媒介通常表现为一种图像的形式。叙事者常常借助图像呈现叙事内容，通过光色组合、镜头衔接等方式为受叙者营造出"眼见为实"的艺术观赏感。运用图像作为媒介开展叙事活动自古以来就有，在文字出现之前，人们就借助图像开展叙事活动，传递思想意识和情感态度，在文字产生之后，图像并没有被完全替代，以其具有的强烈视觉冲击力以及形象生动、浅显易懂的优势在叙事中占有一席之地。相较于抽象的文字而言，图像因其物象拟真特性，更便于人们理解和认识，并且不受读者年龄、教育程度等个体差异的影响。较少的传播要求和隔阂使得图像媒介在信息的有效传播上，具有更广泛的传播范围和更强的传播效果，"图像的效果是语词难以匹敌的"[1]。在运用图像媒介进行叙事时，叙事者借助具有鲜明直观性和艺术性的图像媒介把优秀人物事迹、鲜活历史故事、现实斗争故事、小说文学故事、民俗故事等刻画成一幅幅静

---

[1] ［美］威尔伯·施拉姆、威廉·波特：《传播学概论》，何道宽译，中国人民大学出版社2010年版，第69页。

态的画像或一幕幕动态的影像,以易于接受的视觉文本的方式,将情感、态度和价值观渗透到人民群众中,在潜移默化中提高他们的政治、文化和审美素养。对此,连环画理论家姜维朴指出:"生动紧凑的故事情节,再加上美好的画幅,才引人入胜,起到教育感染的作用。"①

静态的图像媒介包括木版年画、剪纸、壁画、中国画、油画、雕塑、连环画等等。作为叙事媒介的静态图像,并不要求其技术性,而更要求其叙述性,"叙述性是事物的组合、位置、人物的表情、情节的描述等等"②。"这种叙述性,无论是人类的初民,还是儿童,他们都会,都能够掌握,就是说不需要多高绘画技术技巧,都可以用简单的图案方式来表达自己的意思。漫画、连环画、小说中的插图都是叙事作品。"③ 也就是说,画像、雕塑等并不会因为超高的技术性和鲜明的艺术感而进入叙事过程中,而是因其展现故事情节和呈现生活样貌的叙述性而被纳入叙事范围内,成为以图叙事的重要媒介。以连环画为例,"新连环画是进行政治宣传、开展共产主义教育、配合政治斗争和生产任务、传播文化科学知识的工具之一"④。连环画的创作讲究情节的发展、形象的塑造和深层的意识形态表现,"将社会意识形态的理想化内涵,具体转化为一种让人感到真实可信的现实性视觉图式"⑤。

动态的图像媒介表现为戏剧、舞台剧、歌舞、电视、电影等等。与静态的图像媒介相比,动态的图像媒介更具视觉表现力和冲击力,它通常以一种展演的方式,把一幅幅图像链接成为一幕幕精彩的影像,向受叙者传递故事内容。其中,故事的讯息化作为身体的行为动作,在逼真的、现实的场景中表现出来,整个表演过程情感充实、生动活泼,更容易为人们所理解和接受。诺埃尔·卡洛尔指出:"与无生气的信息相比,生动信息更容易被储存、记住和读取。有助于形成生动性的因素包括信息

---

① 姜维朴:《新中国连环画60年》(上),人民美术出版社2009年版,第176页。
② 董小英:《叙述学》,社会科学文献出版社2001年版,第35页。
③ 董小英:《叙述学》,社会科学文献出版社2001年版,第35页。
④ 布及:《解放后连环画工作的成就》,《美术研究》1959年第2期。
⑤ 李振宇:《图像叙事》,四川美术出版社2011年版,第226页。

在情感层面上有趣、具体并且产生形象的程度。"① 以电影为例，历史故事、人物故事、革命故事等在荧屏上由演员生动地表演出来，观众极易被带入当时的境遇之中，形成一种身临其境的真实体验感，在情感通融中不知不觉地接受所传递的价值观。正如电影评论家姚苏凤所指出的："电影，可以叫没有看见过战争的人看见战争的实况，最有刺激的力量；电影，可以用艺术性的表演来作深刻的说教，最有感染的效能；电影，可以使每一个人接受它而不发生理解的困难，最有普及的力量。"②

三　仪式活动媒介

仪式由特定文化建构起来，是在时间节点上举行的沟通神圣世界的象征性人类活动。在叙事过程中，仪式作为一种媒介而存在，它将叙事内容用象征符号和行为表演的方式展现出来，引导受叙者进入意义之网中，获得精神洗礼。经过仪式的这种洗礼，受叙者从此前故事信息的吸收和理解所产生的正向认知扩展到更为广泛的生活层面，并将内化的价值规范融入多方面的行为中。在古今中外的政治社会中，具有象征性和表演性的仪式叙事受到统治者和民众的青睐，形成了从日常生活层面到国家层面的丰富仪式叙事实践。

不同于叙事者运用语言文字向受叙者直接述说故事内容，仪式活动媒介是以一种间接的方式表述故事的。大卫·柯泽指出："仪式是一种将社会现实的象征和仪式操演所能激起的强烈情感凝合在一起的有力方式。"③ 具体而言，一方面，仪式活动通过蕴含事件与意义的象征符号传递故事内容。"符号一个最显著的特点就是意义的不在场，据此，仪式中的名物器具、空间方位、时间顺序、行为现象、语言歌舞等在仪式中只

---

① ［美］诺埃尔·卡洛尔：《大众艺术哲学论纲》，严忠志译，商务印书馆2010年版，第569页。
② 孙照海、初小荣选编：《抗战文献类编 文艺卷》第一册，国家图书馆出版社2010年版，第634页。
③ ［美］大卫·科泽：《仪式、政治与权力》，王海洲译，江苏人民出版社2015年版，第50页。

要表达了超出其本身的意义，或代表其他意义，都可以是仪式的象征符号。"① 仪式以象征搭建的桥梁向民众传递社会的价值观。象征是一种语言，也是一种浓缩了的历史故事和知识内容，其背后有社会文化做支撑，有所要表现的意义或事物。一旦离开了文化象征，符号就变得不可思议、难以理解。借助于象征符号，仪式构建出充满故事信息的"象征之林"，将具有深刻意义的故事情节表达出来。正如洛蕾利斯·辛格霍夫所言："在仪式的神圣空间，我们有一种象征体验。这些象征使得我们能够体会到深层的感受。它表达的是与未知力量的交流，让我们进入精神的层面。"② 另一方面，仪式活动通过行为表演传达故事内容。涂尔干认为，仪式不仅追忆了过去，而且借助各种戏剧表演的方式将历史故事呈现出来。仪式展演蕴含着丰富多样的表演行为，如歌舞、正步、游行等等。其中，"歌唱是一种特殊的语言，舞蹈是一种身体的姿态语言，这两种媒介形式也是比较纯粹的表演形式，它们经常结合在一起，能够起到刻意渲染一种气氛的作用，激起参与者情感和意志冲突的幻象"③。仪式场域中的各种行为表演，代表和浓缩着大量的、丰富复杂的社会文化故事。从这一点可以看出，"仪式就是一个从时间和空间上高度浓缩的社会生活的缩影，也为在重要的社会和人生关头实现社会关系和身份转换提供了一个必要的文化场域"④。

仪式媒介有很多种类，运用较为广泛的有以下几种。一是重现历史故事的纪念仪式媒介。纪念仪式是叙事中运用的主要仪式媒介之一，它从早期人类的祭祀礼仪发展而来，随着时代背景的变迁而增添了新的内涵和形式。中国共产党的纪念对象一般涉及节日、人物和事件，其背后

---

① 靳云波：《文化记忆与仪式叙事——〈仪礼〉的文化阐释》，南方日报出版社2010年版，第163页。
② [德]洛蕾利斯·辛格霍夫：《我们为什么需要仪式》，刘永强译，中国人民大学出版社2009年版，第8页。
③ 靳云波：《文化记忆与仪式叙事——〈仪礼〉的文化阐释》，南方日报出版社2010年版，第185页。
④ 靳云波：《文化记忆与仪式叙事——〈仪礼〉的文化阐释》，南方日报出版社2010年版，第196页。

意蕴着民俗节日故事、英雄人物故事、历史事件故事等等。例如，运用"十一"国庆纪念仪式对民众开展国家创业史教育，传递中华人民共和国成立的故事，激发国家共同体的力量；黄帝祭祀仪式传递着华夏民族的原始先民开创中华民族纪元的故事，沿着历史追溯民族发展的源头，有利于增强民众对民族根脉的感知；"九一八"纪念仪式传递日本帝国主义侵略和践踏中华民族的故事，有助于提升民众的自强意识和忧患意识。二是展望未来愿景的功能性仪式媒介。这类仪式媒介不是从已发生的事件角度而是从展望未来的角度，基于既定的共同目标向民众展演可能发生的故事。如出征仪式，不论是在革命战争年代还是建设改革时期，每当要开展重大活动之时，党都十分注重用示威游行、出征欢送会、战前誓师礼等方式把个体的意志汇聚成共同的目标导向，向出征的受众描绘即将开展的工作以及活动的场景，为个体注入希望和期待的种子。三是展现生活样态的日常生活仪式媒介。日常生活仪式是融于人们生活之中的小型仪式，它展现了日常生活的基本样态，表达了人们对生活的热爱和向往。例如展现民俗故事的春节仪式、端午节仪式；展现人生故事的出生、结婚的人生礼仪，等等，都是平日中人们经常开展的日常生活仪式。这些日常化、固定化的仪式传递着人们的生活故事，在潜移默化中建构民众的思想认知。

第三章

思想政治教育叙事的基本过程

从整体上看,思想政治教育叙事包含三个相辅相成的过程,即叙事者明确叙事教育目的、受叙者形成叙事教育需求的思想政治教育叙事动机生成过程,叙事者打造叙事教育方式并与受叙者沟通交往的思想政治教育叙事实践展开过程,以及受叙者思想政治素质养成的思想政治教育叙事观念内化过程。对这三个过程——进行阐释,并着重分析其中的矛盾、规律以及机制,力图呈现出思想政治教育叙事运行的完整过程。

第一节 思想政治教育叙事的动机生成过程

思想政治教育叙事的生成是一个社会过程,源于社会发展的深层需求和对这种深层需求满足的社会机制之中,具体包括政治实践的缘起过程、认识活动的推动过程和价值需求的满足过程。

一 政治实践的缘起过程

人类社会政治实践的需要催生了思想政治教育叙事活动,也为思想政治教育叙事的开展提供了现实条件,成为思想政治教育叙事活动形成并开展的关键推动力量。毛泽东强调:"掌握思想教育,是团结全党进行伟大政治斗争的中心环节。如果这个任务不解决,党的一切政治任务是不能完成的。"[1]

---

[1] 《毛泽东选集》第3卷,人民出版社1991年版,第1094页。

思想政治教育处于重要的地位，它寓于政治实践之中，在政治社会中发挥着重要的作用。从一定意义上讲，社会政治实践是思想政治教育产生的直接根源。作为一种重要的思想政治教育形态，思想政治教育叙事同样受到社会政治实践的制约和影响，为社会政治实践所决定。

叙事是一种特殊的精神文化现象，它伴随着人类的产生而产生。由于"人类的原生态的经验世界通常充满了物欲性、偶然性、随意性、混杂性，这种原生态的经验常常也缺乏方向感与动力因素，甚至完全是模式化、标准化的，叙事使人类存在中的原生态经验发生一些变化，使之具有了方向、过程与结果。"① 叙事的产生使人们可以总结日常生活经验和政治交往经验，并将之传递下去。原始社会并没有阶级，当时的叙事更多的是从宗教仪式和神话中延伸出来，作为一种规范而存在。这是因为氏族制度的一些法规"在故事中有所反映或为该制度所决定"②。普罗普在《神奇故事的历史根源》中指出："故事与祭祀活动、与宗教有某种关联，这一点很早就被发现了。严格地说，祭祀、宗教同样也可以被称为法规。"③ 当时的教育主要由氏族长老耳提面命、口头叙述，采集食物、狩猎活动的经验以及氏族部落宗教习俗和仪式规范通过叙事的方式传递到成员之中。也就是说，叙事作为阐释宗教和仪式活动的方式而产生，为宗教的宣传和仪式的操演提供"政治合法性"。例如，原始图腾的图像叙事，经过原始部落、原始民族口头渲染而世代相传，塑造了部落民族的集体记忆。"历史的研究表明，原始宗教之所以有决定人们信仰和行动的力量，就是由于它们有能力通过礼节和仪式、神话和传说这一切具有艺术作品特点的东西去影响人们的情绪和想像。"④ 由此可以看出，原始教育在文化价值观的传承和规范个体行为方面包含着思想政治

---

① 丁来先：《故事人类学》，中国社会科学出版社2017年版，第13页。
② [俄] 弗拉基米尔·雅可夫列维奇·普罗普：《神奇故事的历史根源》，贾放译，中华书局2006年版，第9页。
③ [俄] 弗拉基米尔·雅可夫列维奇·普罗普：《神奇故事的历史根源》，贾放译，中华书局2006年版，第9页。
④ [美] 杜威：《自由与文化》，傅统先译，商务印书馆1964年版，第8页。

教育叙事的重要萌芽。

人类社会的阶级分化促进了国家的形成，进而催生了思想政治教育叙事实践。在阶级社会里，人们的政治参与度越来越高，统治阶级对社会成员实施意识形态影响的活动，已经成为人们政治实践的重要组成部分。从政治关系的层面来说，人类在政治实践的基础上形成了社会政治关系，政治关系的形成是思想政治教育叙事产生的重要基石。马克思指出："以一定的方式进行生产活动的一定的个人，发生一定的社会关系和政治关系。经验的观察在任何情况下都应当根据经验来揭示社会结构和政治结构同生产的联系，而不应当带有任何神秘和思辨的色彩。"[1] 政党与群众之间、民族之间等等关系构成了错综复杂的政治关系，思想政治教育叙事就是一种用凝结的政治经验来调节政治关系，凝聚政治力量的重要方式。作为一定阶级或社会集团的实践活动，思想政治教育叙事具有鲜明的政治性和阶级性，它用包含政治主张、政治理念、政治价值观在内的叙事内容，以及一定的叙事媒介连接起政治关系的两头。为了保持长久的政治利益不受阻，统治阶级有意识地通过思想政治教育叙事方式传输国家主张，培养社会发展所需要的人才。在这一过程中具有科学情感、态度和价值观的"政治人"不断地被塑造出来，同时，与之相联系的政治关系也被不断地再生产出来。例如，《武汉战疫纪》纪录片，以观众喜好的"个人叙事"为基本线索，聚焦战疫期间的普通人：靠"拼命吃"维持高强度工作的护士、忙到没空聊天的快递小哥、上门排查敲肿手指的社区工作者等，交织成疫情面前的人物群像，以小见大，展现出普通民众为抗击疫情所作出的贡献。[2] 这一叙事纪录片搭建起国家与人民之间以及人民内部之间的情感联系和政治关系，向广大人民群众展现出代表国家形象的普通个人为抗击新冠疫情所作出的重大贡献，使民众产生国家认同。

---

[1] 《马克思恩格斯选集》第 1 卷，人民出版社 2012 年版，第 151 页。
[2] 常宇峰：《中国抗疫纪录片：讲述抗疫故事 传递中国声音》，人民网（http://media.people.com.cn/big5/n1/2020/0430/c40606-31693676.html），2021 年 3 月 1 日。

在政治实践推动思想政治教育叙事产生的这一过程中，存在着一个主要矛盾，即社会对个体思想政治品德发展的要求同个体思想政治品德发展现状之间的矛盾。这个矛盾是由所处社会生活中的政治实践要求所形成的，它贯穿于思想政治教育叙事发生、发展的全过程和诸方面，是推动思想政治教育叙事生成的根本动因，也是思想政治教育叙事过程中其他矛盾产生发展的基础。出于国家政治统治和意识形态建设的需要，个体要具备一定的思想政治素质。然而，古今中外任何政治社会成员的道德品行以及思想政治素质都会在某种程度上与社会发展的要求之间产生一定的张力。这种张力贯穿于个体、群体和社会发展的各个阶段，只是表现方式和程度不同而已。由于张力的出现和持续存在，就产生了思想政治教育的需求，同时也产生了思想政治教育叙事的要求，因而产生叙事者思想政治教育叙事意识的矛盾运动和受叙者思想道德品质形成的矛盾运动。

二 认识活动的推动过程

人类的认识活动从根本上讲，是为了解决主观与客观的矛盾，使主观认识符合客观实际。但是由于受到人类自身的认识能力水平、社会现实误区等各种主观和客观因素的制约，人们的认识总是不可能自发地实现主观对客观的正确反映，这就产生了认识主体通过思想政治教育叙事提高认识能力和水平，解决认识过程主要矛盾的需要。这是从认识层面对思想政治教育叙事生成过程的解读。

主体认识活动的形成为思想政治教育叙事的生成提供了前提条件。思想政治教育叙事的生成不是一个自发的过程，而是在主体主观能动性的作用下，特别是在主体自我意识指导下付诸具体实践的。皮亚杰在《发生认识论》中探索了主体的认识发展过程，认为主体的认知源于其自我的中心化，而之所以能够从自我身体为中心扩展到客观世界是因为在这一过程中发生了一种哥白尼式的革命。

所谓哥白尼式的革命,就是说,活动不再以主体的身体为中心了。主体的身体开始被看作是处于一个空间中的诸多客体中的一个;由于主体开始意识到自身是活动的来源、从而也是认识的来源,于是主体的活动也得到协调而彼此关联起来。因为,任何两种活动取得协调的前提是主动性,这种主动性超越于外界客体与主体自身之间的那种直接的、行为上的相互作用之上。①

主体只是在以后的阶段才通过自由地调节自己的活动来肯定其自身的存在,而客体则只是在它顺应或违抗主体在一个连贯的系统中的活动或位置的协调作用时才被建构成的。②

可以说,主体在去中心化的过程中具有了认识能力,并且要求自我的认识从感性认识上升到理性认识。感性思维在认识主体上表现为一种经验性的认识,是对事物表面现象以及外部联系的认识,它是相较于透过事物表面抵达本质的理论性认识而言的。人类群体感性认识或者经验性认识的形成,对于思想政治教育叙事的发生具有十分重要的意义。早在原始社会时期,原始先民的原始思维就属于人类认识发展过程中的感性认识阶段。原始先民的集体意志被紧紧地包裹在强烈的情绪、情感之中。"神话、葬礼仪式、土地崇拜仪式、感应巫术不象是为了合理解释的需要而产生的:它们是原始人对集体需要、对集体情感的回答,在他们那里,这些需要和情感要比上述的合理解释的需要威严得多、强大得多、深刻得多。"③ 在感性认识的推动下,原始先民用吟唱、口口相传、礼仪仪式这种非理性的、自发的甚至神秘的方式进行叙事,表达出他们认识自我、探索世界的期望。这里面包含着原始先民最初的自我直觉和表象性认识,也化育着思想政治教育叙事意识。这种自发的、停留在感性思维阶段的经验认识,是人类关于思想政治教育叙事的理性认识形成的基

---

① [瑞士] 皮亚杰:《发生认识论原理》,王宪钿等译,商务印书馆2009年版,第24—25页。
② [瑞士] 皮亚杰:《发生认识论原理》,王宪钿等译,商务印书馆2009年版,第24页。
③ [法] 列维·布留尔:《原始思维》,丁由译,商务印书馆1981年版,第17页。

础和必经阶段。

理性思维是思想政治教育叙事生成的关键因素。感性思维具有其自身的局限性，要正确认识客观世界，仅仅有感性认识是不够的，还必须把感性认识上到理性认识。对于思想政治教育叙事而言，人们理性思维的形成，是促使人类社会中思想政治教育叙事从自发、分散走向系统、整体的重要推动力量。首先，理性认识克服了感性思想政治教育叙事认识的自发性。感性认识较多地停留在思想政治教育叙事活动的表面知觉上，如原始的口口相传式叙事、仪礼式叙事等，这些自发的叙事行为往往被人当作积淀在认识结构中的风俗习惯。随着理性思维活动的开展，这些叙事行为背后的价值观念、思想内涵逐渐被人们认识到，人们主动将这些意识到的社会价值理论、行为规范等经验内容注入其之后的叙事活动中，思想政治教育叙事活动就由原先的自发性、随意性逐步向自觉性和有意性转变。其次，理性认识克服了感性思想政治教育叙事认识的分散性。停留在感性认识中的思想政治教育叙事缺乏统一的思想领导，它们分散在各种实践活动之中，因而我们只能在原始礼仪、宗教布道等活动中依稀窥见叙事的影子。在人类进入文明社会后，政治意识开始觉醒，理性思维逐步提高，各种思想政治主张也随之出现，统治者需要通过思想政治教育叙事向社会成员施加意识形态影响。思想政治教育叙事也由原来的分散、支离状态过渡到有着统一的领导集体、稳固的思想内容、系统的实践中。

个体认识活动的矛盾推动着思想政治教育叙事的生成。人类认识活动在推动思想政治教育叙事生成的过程中，产生了个体认识与社会认识的矛盾。认识活动的矛盾运动直接推动了思想政治教育叙事的产生。个体认识与社会认识是人类认识两种不同的存在形式，个体实践的内化产生了个体认识，人们的社会活动则产生了社会认识，二者相互联系、紧密依存。思想政治教育叙事就是从社会认识转化为个体认识，把社会经验转化为个体经验。社会认识向个体认识的转变背后深藏着权力运行的逻辑，即政治统治者要自上而下地输送意识形态，把社会政治经验融入普通民众的日常叙事中，使之转化为个体认识，进而实现政治合法化，巩固统治者的执政基础，这样就推动着思想政治教育叙事的生成。

三 价值需求的满足过程

人类在不断地认识和改造世界的过程中建立起与对象世界的价值联系。

> 在人类实践和认识所能涉及的范围内，任何事物或现象都是人们实践的或精神的活动结果。德育也是人类改造自身主观世界的一种实践活动结果。如果只是作为一种社会现象的事实存在，那么它与价值还无直接关系。然而一旦追溯其现象的产生根源，就必然要涉及并确证这种社会现象对于人类主体的效应关系，便发生了价值问题。①

思想政治教育叙事本身就是一项充满着价值的实践活动，其生成过程更是内含着深刻的价值意蕴，其中主体的价值活动、社会价值的实现以及个体价值的需求与满足建构了思想政治教育叙事的生成过程。

主体的价值活动是思想政治教育叙事生成的基础。价值存在于主体与客体的关系之中，也就是存在于客体对主体的作用和影响中。不管是人的实践活动还是认识活动，都统摄于价值活动之中。这是因为人的活动并不是毫无意义的、动物本能式的消极适应自然界的活动，人类活动存在的意义就在于它总是指向和创造着一定的价值。马克思精辟地指出："'思想'一旦离开'利益'，就一定会使自己出丑。"② 人的活动离不开对价值的认知和追逐。明确价值目标，形成一定的价值认知和评价是人的价值活动的出发点。从价值认知与评价活动来看，由于不同主体受到生活环境、认识水平、生理状态等条件的影响，他们会产生一定的认知

---

① 张澍军：《德育哲学引论》，人民出版社 2002 年版，第 189 页。
② 《马克思恩格斯文集》第 1 卷，人民出版社 2009 年版，第 286 页。

差异。这种差异自古皆有，在意识形态斗争激烈的今天，差异更为突出和明显。认知的差异导致了价值评价的差异，并深刻地影响着人们的价值观念、价值选择和价值行为，形成了不同主体之间的价值冲突。为了避免因价值冲突而引起行为失范，就要求在社会层面上形成统一的叙事体系，用主流价值观教育引导民众，统摄民众的价值观。从价值的创造上看，人在实践活动和精神活动中实现价值的创造，价值的创造也确证了人的本质力量。为了创造更多的有益于社会的物质价值和精神价值，并在这一过程中实现自我人生价值，主体必须不断充实并增强自身的本质力量。其中，思想政治素质是确证本质力量中最重要的核心素质。是否具备良好的思想政治素质是决定主体创造和实现价值活动的重要因素。因此，这就需要通过社会层面的宏观思想政治教育叙事和个体层面的自我叙事来实现思想政治素质的传播和内化，最终实现社会物质和精神价值的实现，以及个体自我价值的超越。价值活动的各个环节都贯穿着思想政治教育叙事生成的因素。由此可见，主体价值活动是思想政治教育叙事生成的价值源泉。

社会价值的实现与思想政治教育叙事的生成。社会价值包括社会的经济价值、政治价值和文化价值，它是社会作为价值主体，对客体产生的价值需求，社会价值的需要促进了思想政治教育叙事的生成。思想政治教育叙事通过培养劳动者的素质来间接地促进经济价值的实现，社会经济生活也成为思想政治教育叙事内容的一部分。不仅如此，在社会政治价值的实现中，思想政治教育叙事是直接的推动力量。社会政治价值具有十分明显的阶级性，比如社会主义社会所要求的民主是占人口大多数的人民当家作主，而资本主义社会的民主则是少部分人的民主。正是存在着不同主体对政治价值的理解和实现，才产生了思想政治教育叙事的需要。在思想政治教育叙事中，意识形态被化作日常生活中的叙事片段而被人们所理解，它直接作用于人们的政治思想，致力于政治价值的实现。在社会价值整体结构中，处于较高层次的是文化价值。文化价值作为一种精神价值，通常是抽象的，因此文化价值的实现需要具象的、以文化人的思想政治教育叙事而展开。例如，用英雄故事开展革命精神教育。英雄是包含多层象征意义的人物形象，他们不但指向个体或群体的一些行为，而且更深刻地体现了这些行为背后所反映出的社会价值观念。不仅如此，思想政治教育叙事本身包含着深厚的文化价值，它内含着人类自古以来的历史经验、政治经验、文化经验等等内容，承载着人类的风俗习惯、价值追求。人类历史上流传下来的叙事典籍、古老叙事活动都具有宝贵的文化价值。

个体需求的满足与思想政治教育叙事的生成。人在社会中实现自身的发展，社会也在人的实践活动推进下获得更好的发展，二者的发展是关联在一起的，其价值也处于辩证统一的关系之中。从人本身来看，人需要叙事来支撑自身的存在。

> 人是需要故事的物种，对各种故事有严重的依赖，甚至可以说是人需要用各个层面的各种故事来支撑自己存在。用德国社会学家、哲学家马克斯·韦伯的句式来说就是：人是悬挂在自己编织的故事之网上的动物。本来人类的所谓意义之网的编织更多的就是要靠故事维系，也就是说要靠人类自己虚构创造的各种故事来提供幻想体验的材料并最后穿针引线形成意义之网。在某种程度上，文化的核心之一就是讲各种能够感召人的故事（从各个层面上讲述描绘人的来龙去脉），文化的核心之处通常也是由故事组成的。有价值的、动人的故事会让文化成员感觉充实、美好、有意义。文化的好与坏常常也和故事讲得好与坏紧密联系在一起，所以人类的文化意义之网常常也就是故事之网。①

因而，人的生存需要促进了思想政治教育叙事的生成。思想政治教育叙事内蕴着人类丰富的情感，其内容包含着丰富的生活经验、政治经

---

① 丁来先：《故事人类学》，中国社会科学出版社2017年版，第1页。

验，满足了个体对情感发展的需要，以及思想政治素质发展需求。"我们需要各种层次的各式各样的故事来唤起我们微妙的心理与精神变化，并试图从这种心理与精神变化中找到存在感、幸福感。"① 可见，个体的生存和发展需要召唤着思想政治教育叙事的生成。

第二节 思想政治教育叙事的实践展开过程

政治实践、认识活动和价值需求促进了思想政治教育叙事的生成。在思想政治教育叙事生成并确立了明确的目的之后，就是具体的思想政治教育叙事实践展开过程。这一过程主要包括以下三方面的内容。

一 要素认识过程

列宁指出："要真正地认识事物，就必须把握住、研究清楚它的一切方面、一切联系和'中介'。我们永远也不会完全做到这一点，但是，全面性这一要求可以使我们防止犯错误和防止僵化。"② 获得对思想政治教育叙事的全面认知是开展思想政治教育叙事活动前期准备的必然要求。从整体上看，思想政治教育叙事具有"柔""情""形""义"的要求。所谓"柔"就在于思想政治教育叙事与一些刚性的、显性的思想政治教育活动相区别，它以一种柔性的非强制化的叙事方式将政治意志变成人们自觉的行动。"情"在于思想政治教育叙事把"陈情"和"说理"结合起来，既关注人的理性特征，用逻辑贯通的教育信息引导人，也关怀人的情感特性，依靠情感打动人，从而为意志活动提供思想动机，在政治行为中影响人们的价值判断，有利于引导个体情感认同的实现。"形"在于，思想政治教育叙事并不是以概念化、抽象化的方式来施加教育影响，而是把意识形态内容化为形象化的人物符号、行为符号、器物符号等来教育民众。"义"意味着思想政治教育叙事话语的意义性。"事实

---

① 丁来先：《故事人类学》，中国社会科学出版社2017年版，第5页。
② 《列宁选集》第4卷，人民出版社2012年版，第419页。

上，在语言中起作用的基本关系，乃是符号和意义之间的对应关系。种种意义合成的整体，自然地形成一个以区别和对立关系为基础的系统，因为这些意义相互之间是有联系的；而且还形成一个共时性的系统，因为这些意义之间是相互依存的关系。"① 思想政治教育叙事话语并非以娱乐为旨趣，而是通过建构起意识形态的意义关系向民众传输意义内容。因此，叙事者第一步就是要把思想政治教育叙事的"柔""情""形""义"要求明确下来，并将之体现在思想政治教育叙事的整个过程中。

接下来，还要准确认识和把握思想政治教育叙事的各个要素。首先叙事者要确定自己的叙事风格。叙事者不是一个个翻版或刻板的复制品，每个人都有其自身的特点和优势，在组织建构思想政治教育叙事的过程中，也融入自身的倾向性，形成自己的风格。亚里士多德提出"风格必须求其明晰，求其适合，而又不流于平凡"的法则，即"风格太繁缛，就不明晰；太简略，也不明晰。显然，只有不繁不简的风格才是适合的"②。有的叙事者喜欢用自己亲历的生命故事，娓娓道来进行叙事；有的叙事者喜欢引经据典，借用叙事诗、叙事作品进行叙事；有的叙事者善于发挥自身的绘画、音乐特长，为叙事增添一抹艺术的情愫。每个人独特的风格都被纳入思想政治教育叙事中，形成独具鲜明特色、丰富多样的思想政治教育叙事。

其次，把握思想政治教育叙事接受者的主要特征。受叙者是思想政治教育叙事过程的接受者和效果的直接体现者，离开了受叙者，思想政治教育叙事便会无的放矢。因此，对受叙者准确而全面的把握，是实施精准思想政治教育叙事的基础。而要想获得对受叙者全面准确的认识，在认识过程中"忌带主观性、片面性和表面性"③。由于不同的受众群体有着不同的喜好，所愿意接受的叙事方式也不同，因此，即使同样的叙事教育面对不同的受众也会获得不同的教育效果。思想政治教育受叙者

---

① ［瑞士］皮亚杰：《结构主义》，倪连生、王琳译，商务印书馆2017年版，第62页。
② ［古希腊］亚理斯多德：《修辞学》，罗念生译，上海人民出版社2006年版，第206页。
③ 《毛泽东选集》第1卷，人民出版社1991年版，第312页。

的差异性不可避免地带来了思想政治教育叙事的复杂性，对于这种差异性的自觉认识和相应措施的采取，直接决定着思想政治教育叙事的效果。在实际操作中，叙事者首先根据受叙者的年龄、职业、文化程度、思想品德表现等多方面来认识受叙者，划分受叙者的类型。并深入受叙者的实际生活中，观察他们的行为，了解他们的喜好，分析时代背景和社会环境对他们思想状态的影响，获得对受叙者正确的认知，做到思想政治教育叙事有的放矢。

　　再次，选取和安排恰当的思想政治教育叙事内容和媒介。思想政治教育叙事内容是在对思想政治教育叙事的整体把握和受叙者的正确认识基础上组织建构起来的。思想政治教育叙事不同于侃侃而谈地讲述大道理、板起脸的说教，也不同于单纯地讲故事、看电影等众享的娱乐活动，其内容是将理寓于事中，用符号传递社会价值观念。一方面，思想政治教育叙事内容不是任意设想出来的，而是根据生活建构出来的。只有贴近实际的生活内容，才能让受叙者产生一种身临其境的亲切体验。做到这一点，就要到生活中"观察、体验、研究、分析一切人，一切阶级，一切群众，一切生动的生活形式和斗争形式"[①]。就如同《西游记》这样的叙事作品，写的是妖魔鬼怪，然而反映的却是现实生活中的人和事。另一方面，思想政治教育叙事内容不是空泛的道理，而是形象化、立体化的"故事相关体"。叙事者根据教育目的把一系列故事组合起来，将意识形态内容散落到开端、高潮、结尾中，形成清晰的因果链，并用材料作为例证和支撑，形成具有较强的"细节饱满度"的"故事相关体"。故事加工和选择要与适合的叙事媒介搭配到一起。叙事媒介分为语言文字媒介、影视艺术媒介和仪式活动媒介，用语言文字媒介传递富含文化底蕴的故事，可以有效促进受叙者理论认知的提升，借助图像呈现富有画面的故事，可以通过光色组合、镜头衔接等方式为受叙者营造出"眼见为实"的艺术观赏感，仪式活动媒介则是把宏大历史故事、民族国家故事用象征符号和行为表演展现出来，引

---

① 《毛泽东选集》第3卷，人民出版社1991年版，第861页。

导受叙者进入意义之网中，获得精神洗礼。只有针对故事内容选择恰当的叙事媒介，才能使思想政治教育叙事获得最好的效果。

在"实叙"过程中，完成了对思想政治教育叙事本质定位、基本要素的充分认知，依据这些认知，选择和组织思想政治教育叙事活动。质言之，要以思想政治教育叙事整体定位为"纲"，做好思想政治教育叙事的顶层设计，并根据叙事者的风格特色以及受叙者的喜好、要求，选取和安排恰当的思想政治教育叙事内容和方式，建构起既规整有效又生动活泼的思想政治教育叙事活动。

二 双向互动过程

在了解认识思想政治教育叙事和组织建构思想政治教育叙事方案后，就进入思想政治教育叙事的实施阶段了，即主体的"叙述"阶段。这一阶段是思想政治教育叙事的中心环节。其主要任务就是把思想政治教育叙事方案付诸实际的"叙述"活动中，对受叙者施加全方位的教育影响，并促使受叙者在活动过程中接受教育影响。"叙述"的过程不是单方面的话语输出，而是一个叙事者和受叙者全部加入其中的双向互动过程。

叙事者铺陈叙事体系。亚里士多德认为："仅仅掌握了应当讲些什么是不够的，还必须懂得应当如何把它们说出来。"[①] 对于思想政治教育叙事而言，叙事者首先需要采用一定的叙述方式，把设定的教育内容表达出来。叙述方式种类繁多，有详叙、约叙、顺叙、倒叙、连叙、截叙、预叙、插叙等等。[②] 不管用什么样的叙述方式，已经确立的核心思想和教育目的是万变不离其宗的关键。为了阐明思想理论，叙述方式要遵循逻辑性和推理性，追溯事物的开端、发展和结局，探寻事物与事物之间的联系，把理论与现实完美地结合在一起。与恰当的叙述方式相联系的是正确的叙述用语，叙述用语是言简意赅的，而不是粗俗无趣的，与受

---

① ［古希腊］亚里士多德：《修辞术·亚历山大修辞学·论诗》，颜一、崔延强译，中国人民大学出版社2003年版，第161页。
② 袁晖、宗廷虎主编：《汉语修辞学史》，山西人民出版社1995年版，第321页。

叙者的喜好和要求相对应。亚里士多德在《优台谟伦理学》中指出："当人们无法反驳一个论证时，他们就被迫相信论证所说的东西。"[1] 叙述过程的逻辑推理和内容材料是严谨的、科学的，否则一旦发生任何谬误都会招致受叙者的质疑和否定。因此，确保叙述的严谨性和科学性是叙述过程的应有之义。当然，这一过程并不是仅仅论述客观事实、生活现状，给人以冷冰冰的"故事讲述器"式的感觉，而是把叙事者主观的情感和阐释也混合到其中。叙事者主动融入情感，同时也以切身经历加持叙述论证，为叙述过程增添亲和感和吸引力。但是叙事者的情感表达是与整个叙述相契合的，不能在叙述中华民族苦难史的时候，笑容满面，也不能在颂扬时代楷模立下的丰功伟绩的时候愁眉不展。总而言之，整个叙述的过程是一个由理性组织起来的论证过程，是一个既逻辑严密又细节充实的阐述过程。

叙事者与受叙者沟通对话。叙事者不仅展开他自己的叙述，而且允许受叙者参与其中。因为思想政治教育叙事是以交往理性理念为支撑的，与工具理性相对立。以交往理性为指导的思想政治教育叙事，其叙事者与受叙者之间的关系，由纯粹的"主体—客体"的关系被双向的"主体—主体"关系所取代，采用双向式的话语方式，促进思想政治教育叙事内容的输出与反馈。在思想政治教育叙事过程中，不管是叙事者还是受叙者，同样拥有话语权，叙事者具有知识传授权、思想表达权等，受叙者具有知识接受权、思想质疑权等，虽然他们的话语权存在强弱和类型的差别，但是都要受到尊重和支持，不能以叙事者个别的话语权覆盖受叙者全部的话语权。也就是说，在思想政治教育叙事过程中，叙事者与受叙者没有主次之别，不存在二元对立之分，以平等、自由、合作的方式进行交流对话。具有广阔知识视野和较高思想站位的叙事者处于叙事交往的主导地位，向受叙者叙述思想政治教育内容，受叙者接受思想政治教育内容，并根据他自己的认识和理解随时提出困惑，表达他自身

---

[1] 参见［美］加佛《品格的技艺——亚里士多德的〈修辞术〉》，马勇译，华夏出版社2014年版，第225页。

的想法。这种用"共同主导"取代"一方主导一方"的对话，可以搭建起连接叙事者与受叙者沟通交往的桥梁，推动叙事者与受叙者在彼此之间的交流对话中，相互理解、相互尊重，达成知识共享、情感共鸣、意义共生，成为相互促进、共同发展的共同体。

以共情为叙述铺设道路。共情是一种主动进入他人内心世界，体验他人所经历的一切，就如同感受自己内心世界一样的能力。叙事者在叙述过程中，不但要释放他自己的情感，而且用心体验他人的情感。理想的叙述过程离不开叙事者与受叙者的情感共鸣和思想共振。亚里士多德认为，一场成功的演说，其演说者要关注观众的感受，引导观众处于某种情绪之中。对应到思想政治教育叙事中，就要求叙事者在了解受叙者什么时候处于这样的情绪、为什么处于这样的情绪之后，积极施加正确的引导。例如，当受叙者参观侵华日军南京大屠杀遇难同胞纪念馆时，震撼的图片雕塑、真实的历史影像……诉说着日本在中国实施的惨绝人寰的暴行，容易引发受叙者陷入悲愤的情绪之中。这时叙事者理解受叙者的心情，与他们感同身受，并施以积极的引导。随之叙述中国共产党领导中国人民抵抗侵略者抛头颅、洒热血的光辉事迹，告诫受叙者珍惜来之不易的伟大胜利，支持中国共产党的领导。通过共情，引导受叙者从回忆民族屈辱史的悲愤情绪状态，转到认同中国共产党领导的温和心理状态。如果叙事者不理解受叙者当时的心理状态，不能正确地加以引导，那么受叙者就会停留在悲愤的状态中，进而触发缺乏责任感的情感宣泄、网络攻击等行为，产生封闭保守的排外心理。可见，共情是叙述过程中十分重要的一个要素，它搭建起叙事者与受叙者之间的情感联系，这种情感联系具有强大的推力，把叙述行为推向一个又一个高潮。

三　反馈调适过程

思想政治教育叙事方案付诸实施，并不意味着思想政治教育叙事过程的完结。叙事活动本身并不是思想政治教育叙事的目的，目的是要使受叙者形成良好的思想品德。为了达到这一目的，在叙述过程中需要随时反馈受叙者的思想行为状态，及时调整后续的叙事行为。叙事者一边叙述，一边观察受叙者的反应，当他观察到受叙者的反应没有达到他自己的预期效果时，大脑会收到这个目标差信息，并随之作出调整，使叙述向目标差减小的方向改变。事实上，面对叙事者的叙述，受叙者所提出的疑问、表达的内容实质上反映了他们在当时情况下对叙事内容的接受能力和理解能力。把它们及时补充到原有对受叙者的认知中，可以更加清晰地刻画出立体的受叙者形象。叙事者根据这些内容有效地对他们施以相应的指导，并调整接下来的叙述过程，纠正和处理好思想理论的叙述与受叙者接受能力之间的错位。不仅如此，社会上流行的一些错误思潮和思想倾向，叙事者也应及时地把它们加入叙述的内容之中，随时评估受叙者的思想动向。这是阶段性的评估和调整，起着起承转合的作用。此外，还有总结性的评估。它是"对已经基本完结的某一思想政治教育过程的分析和估量，其作用是总结教育活动的经验教训，探求教育活动中带规律性的东西，以便更好地开始一个新的教育过程。"[1] 总结性评估起着承上启下的作用。评估调整对叙事者和受叙者以及叙述过程的展开有着重要的意义。恰当地评估对叙事者和受叙者的活动会起到一种督导效用，鼓励他们继续坚持，或者调整偏离的方向，使他们朝着既定的方向持续进行。

第三节 思想政治教育叙事的观念建构过程

思想政治教育叙事通过反映客观世界来改造人们的主观世界，通过改变人们的思想观念进而影响人们的行为方式，是思想见之于行动的中心环节。观念建构的过程就是一个内化外化的过程，内化即"经社会学习将一定的精神和文化转化为个体稳定的心理特征的过程"[2]。思想政治

---

[1] 张耀灿、陈万柏：《思想政治教育学原理》，高等教育出版社2007年版，第136页。
[2] 林崇德、杨治良、黄希庭：《心理学大辞典》（上卷），上海教育出版社2003年版，第859页。

教育叙事中的内化是指受叙者将叙事者传递的思想政治原则、规范和要求转化为个人内在心理的过程，体现出受叙者对思想政治要求、规范等的认同和接纳。外化过程是受叙者将认知的思想观念付诸具体实践的过程。

一 思想认知过程

在认知心理学中，"认知"指的是人脑对客观事物的主观建构。思想政治教育叙事促进个体思想品德形成的第一个过程就是认知过程，即使受叙者掌握思想理论知识，遵循道德规范的过程。作为内化的第一个阶段，认知过程是受叙者思想品德形成的发端，是思想政治情感和意志的形成条件，也是一定社会思想政治规范转化为受叙者思想政治行为的基础和前提。从思想政治认知获得的阶段来看，叙事者叙述故事内容，受叙者根据叙事者所叙述的内容获得包括感觉、印象在内的初步看法，形成一定的思想政治判断。感觉、印象是个体最简单的心理元素，它们来源于外界事物对个体心理的刺激，停留在主观认知和心理感受的层面，是认识的"感性阶段"。例如，叙事者在以感人至深的英雄人物事迹为切入点叙述革命精神时，受叙者被感动，其头脑里留下英雄人物是伟大的、无私的印象。但是受叙者的认识不会永远停留在感性阶段，霍夫兰认为，人具有主体意识和自由精神，是不能够被他人和事物所操控的。人作为问题的发现者和解决者，所接收到的信息会进入其原有的认知框架中，结合已有的知识与经验对其进行有意识和自动化的加工。"'认知'是人作为主体，获取知识和解决问题的先验结构，这一个结构不仅包括人的五感，还有内在的思维、记忆等等。"[1] 随着受叙者认识的深入，感觉、印象"这些元素经过联想构成知觉和一切复杂的心理现象或复杂观念"[2]。受叙者就进入了认识的"理性阶段"。

认识的"理性阶段"在感性认识基础上形成，是受叙者进一步接收

---

[1] 隋岩：《受众观的历史演变与跨学科研究》，《新闻与传播研究》2015年第8期。
[2] 彭聃龄、张必隐：《认知心理学》，浙江教育出版社2006年版，第47页。

叙事者传递的教育信息，并运用其自身所具有的思维能力，在头脑中进行判断、推理，形成对事物更深刻的认识的过程。这也是与叙事者组织编排思想政治教育内容相反的一个逻辑思维过程。叙事者在把握教育内容的本质特征之后，运用形象概括思维把事物的本质溶解于具体的生活现象中，进而通过所塑造的故事形象向受叙者传递思想内容。而受叙者则运用抽象思维，在叙事者所传递的故事形象中通过判断、推理，抽象概括出其中的本质内容。这是一种从感觉到知觉，再到本质认识的过程。认识理论认为，"知觉是一种积极的、主动的、多层级的信息加工（或讯息处理）的过程。知觉不是由输入刺激直接给予的，而是当前存在的刺激与知觉者的某些内部过程相互作用的结果。"① 经过知觉的加工，受叙者头脑中已经有了初步的形象模型，再经由受叙者本身所具备的逻辑推理能力和抽象分析能力的充分发挥，从而在头脑中塑造出完整的形象。对于这一点，维特根斯坦形象地指出："精神图画就是当某人描述他的想象时所描绘的图画。我为某人描述一个房间，然后让他根据描述画一幅印象派式的画，以表示他理解了我的描述。"② 也就是说，叙事者原先所建构的故事形象，通过叙述的方式传递给受叙者，这中间经历了叙述——提出疑问和困惑——解答再叙述的渐进反复过程，之后受叙者根据其自身的理性认识把叙事者所描述的形象印刻在他自己的头脑中。受叙者头脑中形成的形象包含着他对事物本质的理解，虽然形象是感性的，但是形象的刻画和组织过程却经由理性的分析和把握，只有把握住事物的本质，建构的形象才能不偏不倚，从而复刻出真实的形象。皮亚杰在《发生认识论》中指出："有意识的觉察是通过选择和形成表象性格局来进行的，这已经意味着概念化。"③ 对于受叙者来说，当他能够在头脑中建构起完整的故事人物与事物的形象，就意味着对思想理论概念化的实

---

① 彭聃玲、张必隐：《认知心理学》，浙江教育出版社2006年版，第48页。
② ［德］维特根斯坦：《哲学研究》，汤潮、范光棣译，生活·读书·新知三联书店1992年版，第157页。
③ ［瑞士］皮亚杰：《发生认识论原理》，王宪钿等译，商务印书馆2009年版，第29页。

现，说明受叙者已经获得对事物的本质认识。相反，"如果认为，以表象或思维的形式把活动内化，只是追溯这些活动的进程或利用符号或记号（意象或语言）来想象这些活动就行，而不必改变或丰富活动本身，那就太简单化了。实际上活动的内化就是概念化，也就是把活动的格局转变为名副其实的概念。"[1] 例如，同样以抗战英雄人物故事为例叙述爱国主义时，叙事者刻画了承载着爱国主义精神，且鲜活真实、有血有肉的英雄形象，在叙事者进行叙述时受叙者脑海中正在一笔一笔描绘着英雄人物的形象，当出现疑惑和问题时叙事者为其答疑解惑，这就使受叙者的形象描绘更向英雄人物的本质定位靠拢。最后受叙者头脑中深描出具有不畏强暴、以身殉国优秀品质的英雄形象，获得了对忠于祖国、奉献人民的爱国主义内涵的认识。

二 情感体认过程

人的情感是其行为的催化剂。叙事的目的实际上就是把社会道德、意识形态需要转化为个体的情感需要。思想政治情感是人们在社会政治生活中理解政治原则、规范，在评价他人与事物时产生的一种情感，对于加强人们的思想认识、锤炼政治意志、规范社会行为有着重要的推动作用。作为作用于人之情感的教育活动，思想政治教育叙事从叙事者、叙事内容、受叙者这些基本要素以及环节中都体现出情感调节功能，十分注重受叙者的思想政治情感培育。首先，这一功能关涉叙事者自身，表现为叙事者对其自身所叙内容的理解和感情。叙事者会将他自己类似的经历和感受代入其中，"采用各种让人信服的方式证实故事的来源，或发出某种触景生情的感慨，以此来说明其叙述的准确和感觉的真切"[2]。本就饱含人类情感和经验智慧的叙事内容在叙事者所流露的真情实感的加持下，迅速把受叙者带入充满情感的场域之中，使受叙者在心理上产生一种积极进入叙事过程的迫切感。"人们无论捧本小说还是坐在电视机

---

[1] ［瑞士］皮亚杰：《发生认识论原理》，王宪钿等译，商务印书馆2009年版，第30页。
[2] 胡亚敏：《叙事学》，华中师范大学出版社2004年版，第52页。

前，抑或在沙龙中听别人'神侃'，作为一个真正的听故事者都有一种与古雅典听众相似的心理需要：进入故事情境之中。"[1] 其次，从叙事内容来看，叙事内容不仅仅是对经验世界的描绘或再现，更是情感和激情的流露，其中的人物、事件、欲望、追求等，都彰显了作者的思想感情。同时，音乐、绘画等作为叙事内容的补充和辅助也会起到推波助澜的作用，激发人们产生心灵上的洗涤感和震撼感。可以看出，思想政治教育叙事的内容并不是空洞乏力、索然无味的，而是反映和表现人的情感，给受叙者以丰富的情感体验。最后，思想政治教育叙事始终关怀个体生命，注重受叙者的主观体验和情感表达。它不仅用积极的情感激励人，也用消极的情感警醒人，以此来调控情绪，构建我们的现实感和对周围世界的理解。可以说，培养人们的思想政治情感是思想政治教育叙事过程的关键一环。

在通常情况下，思想政治教育叙事给人们带来两种情感体验。一是以反向灾难性事件叙事唤醒人们的内在情感。以民族和国家发展历程中灾难性事件为故事内容进行叙事是提高民族凝聚力以及爱国主义教育的特殊表现形式。共同的不幸遭遇和即将来临的幸福一样，都能振奋集体情感，使人们团结起来。"因为不应该把不幸变成永恒的记忆，而提起不幸仅仅是为了让人获得正面的教训。"[2] 二是正向积极事件叙事会激发人们的共同感受。正向叙事的内容十分广泛，通常以国家和民族的发展成就和个体的先进事迹为主。"《上海的早晨》……《李自成》等，中、短篇小说集《政治委员》《风雪之夜》《春种秋收》等，都是为广大读者所熟悉和赞许的。报告文学《谁是最可爱的人》，以其强烈的国际主义的革命情感和对人民军队的热情赞颂，而传诵一时。"[3] 积极的故事内容带给人们正向的情绪激励，鼓励人们共同行动。总之，不论叙事指涉一些令人不安或者沮丧的事件，还是那些激人奋进的先进典范，它始终都保

---

[1] 高小康：《人与故事——文学文化批判》，东方出版社1993年版，第169页。
[2] [法] 莫娜·奥祖夫：《革命节日》，刘北成译，商务印书馆2012年版，第243页。
[3] 《中国共产党宣传工作文献选编（1957—1992）》，学习出版社1996年版，第514页。

持着激发群体和个体情感状态的力量。

叙事的真实性内容给人们带来的真切情感体验，并不会随着叙事活动的结束而消亡。从心理学的角度来看，"人们对过去曾经经历过的情感体验不会因情境的变化而消失，而会在头脑中留下痕迹。在以后类似的情景刺激下，会在记忆中重新再现当初的情感体验。而且，这种记忆同其他记忆相比有时会更加深刻而牢固。当这种记忆反复出现时，它就会使个体的某种心理成分在动态过程中沉积下来，形成个体相对稳定的个性成分。"[1] 叙事内容来源于生活世界，是生活经验的总结加工，人们在叙事活动中获得的情感体验，会在其自身实践与故事内容相遇的那一刻再次被激发出来，此时，这种情感便不再是一种短暂的体验，而会长久地停留在人们的记忆中。即使叙事内容所传递的是异质经验，在时间和地域上远离受叙者的生活，但是一次叙事教育形成的相对短暂情感能量，也会持续不断地以语言文字、影视艺术、仪式活动为媒介的叙事实践和集体记忆的推动下向长期情感转换。

三 行为外化过程

思想政治教育叙事不是空泛的道理讲述，而是以具体人物、事件以及起承转合的情节串联起携带着深刻教育意象的叙事内容为主要内容，在潜移默化中感化、暗示人们的行为。这种感化和暗示一方面表现为思想政治教育叙事强调把正面的行为规范信息施加到叙事内容的人物身上，故事中人物将之以行为表演的方式，通过书面、口头、影像以及活动媒介展现出来。这种引人入胜的形式在极大程度上吸引了人们的注意力，进而对人们产生一种道德和文化的规范约束力量。从深层次上分析，这类叙事内容中的人物多是英雄、楷模等先进人物，也是人们向往成为的优秀人物，他们在故事中的行为表现代表了一定社会所规定的行为准则和道德规范。由于自我实现是每个人的本能，每个拥有正确价值观的人

---

[1] 蒋文昭、王新：《教师德性论》，河南人民出版社2009年版，第218页。

都会对先进人物产生崇拜之情，进而在日常生活中自觉或不自觉地模仿他们的行为，使自己向先进人物靠拢。

> 一个人心目中的自我人格理想是从他的经验中生成的，最重要的是既成的人格形象的熏陶与影响：英雄、伟人、明星、智者、富豪乃至大侠、大盗等有限类型的超人形象是每个个人的自我人格理想的素材。对于绝大多数人而言，超人形象的影响不是来自直接的经验，而是来自故事。英雄伟人、大盗大侠之类多是故事人物，这是明摆着的事。而有些似乎是现实中的人物如明星、巨富等，当他们具有了超凡脱俗的公共形象时，也已经被故事化了。一个人在内心中为自己的未来塑造一种人格形象，就是对那些故事人物的应答。这种最隐秘的自我实现的需要曲曲折折地反映在人的外部行为方式中，成为自我筹划活动的根据。因此从根本上说，人的现实行动有意无意地受着所接受到的故事的影响，是对故事的模仿、响应、回答或反叛。①

这是从正面的规范引导角度而言的。另一方面，虽然某些叙事内容的人物和事件是负面的，其行为表现属于不正当的行为，是遭人唾弃的，但是也可以拿来为叙事者所使用。这是因为负面的形象经由正确的叙事引导可以起到一定的劝诫和警示作用，有助于净化受叙者的道德品质。叙事者分析和解释负面典型的故事事例，引导受叙者预见某些错误行为可能引发的消极后果，在受叙者产生对消极后果的担忧和惧怕情况下，就能更有效地劝诫他们在日常生活中自觉与这些错误行为分道扬镳。

> 人之所以总是要同故事中的邪恶疏离，就是因为它是本来就潜藏在心灵深处的阴影，疏离感便是使之投射到外部世界的条件。如果说阴影是社会道德的他律性质造成的压抑，那么疏离与投射则是

---

① 高小康：《人与故事——文学文化批判》，东方出版社1993年版，第18页。

从这种压抑状态中的逃逸。一个"坏人"看到故事中的恶行而流泪，未必会使他"不那么倾向于作恶"，但越是伤感，他的道德负担就会越减轻，似乎罪过可以用眼泪洗刷一样。人就用这样的分身术逃出了自己的阴影。①

如果新闻媒介叙述了有关道德滑坡行为的故事，如见死不救、虐待父母等等，自然会引起很多人的激愤，人们充当着道德法官的角色，批判这些不道德的行为，同时也与其自身行为对标，避免步入他们的后尘。

受叙者对叙事内容所暗含的意义作出不同的理解，并根据其自身的倾向性在脑海中形成不同的自我叙事意象。不论是正面示范的叙事意象还是错误反面警示的叙事意象，当叙事者情感表达与故事本身的意涵相一致，以及与受叙者生活经历相契合时，这种叙事意象会产生强烈的冲击力。如果这种叙事意象与受叙者原有的认知图式有类似之处，那么，这些叙事意象就会借助相似的结构进入人们的内心世界，进而转化为影响人们行为的意义事件。这些内容通过受叙者的知觉和觉悟融入其深层次的认知结构，不会被轻易淡忘，并在适宜的情境中外化出来。

思想政治教育叙事的观念建构过程实际上是其教育效果层面的体现。作为一种广泛存在的人类文化现象，叙事天然地具备认知、情感、行为三个层面的统合属性。因而，能够自然地消解知、情、行三者之间的张力。思想政治教育叙事既是明晰道德和政治认知、培育积极情感的重要途径，也是引导价值行为的重要方式。叙事者通过叙事媒介叙述故事内容，在潜移默化中从知、情、行三个层面推动受叙者将所叙内容内化于心、外化于行。

---

① 高小康：《人与故事——文学文化批判》，东方出版社1993年版，第229页。

第四章

思想政治教育叙事的现实实践

叙事作为一种人类社会的文化现象,在政治社会中的现实实践是十分广泛的。从叙事内容上可以将其分为国家叙事、社会叙事和个体叙事。国家叙事是书写国家发展之道的叙事,社会叙事是刻画社会生活样貌的叙事,个体叙事是描绘个体内在自我的叙事,这三类叙事基本上勾勒出政治社会中思想政治教育叙事实践的全貌。

第一节　国家叙事

国家叙事从国家、人民以及历史与现实的必然需求出发,浓墨重彩地书写国家发展之道,旨在塑造良好的国家形象,建构集体历史记忆,宣扬社会意识形态,具有正当性、权威性、统一性、合法性等特征。国家叙事的恢宏书写,也彰显出民众深厚的家国情怀和强烈的使命感。

一　构建话语体系,塑造良好的国家形象

国家形象建构的正确与否直接关系到民众对国家的认同程度及其在国际舞台上的影响力。一方面,国家形象影响民众对国家的认同。"每一个国家都有其自己的独特性,这种独特性可能是族群血缘或语言文化,也可能是社会与政治制度,当这种独特性被大多数国民所认同并进而构成国家认同的基础时,也就成为国家身份,其对外部世界的表现形态就是国家形象。"[①] 良

---

① 李正国:《国家形象建构》,中国传媒大学出版社2006年版,第6页。

好的国家形象可以获得民众对国家、政府的认同、忠诚和爱护，而不良的国家形象则会导致相反的结果。另一方面，国家形象影响着一个国家在国际舞台上的影响力。认同理论主张："国家只有在国际体系中确定了自我身份或自我认同以后，才能相对地确定其利益的范围、程度、数量，并且国家利益处于不断变化的过程中，它是通过与国际社会相互作用而建构的，与国际体系形成互动的关系。"[1] 提升国家形象不仅是国家权力深思的结果，而且是国家与国家之间互动的要求，只有国家的形象被认可和接受，国家的发展成就才能获得展示的平台，国家政治地位、经济地位以及参与国际事务的能力才能得到国际社会的认可。纵观国际关系史，国家追求的权力目标有了很大变化，从以往侧重军事、经济等硬实力到软实力与硬实力并举。在和平时代，软实力的作用不断凸显。正如约瑟夫·奈所认为的，作为国家的意识形态、文化、形象的软实力在国际关系中的作用日益突出，并展现出强大的感召力和同化力。

国家形象是一个综合体，"它是国家的外部公众和内部公众对国家本身、国家行为、国家的各项活动及其成果所给予的总的评价和认定，国家形象具有极大的影响力、凝聚力，是一个国家整体实力的体现"[2]。根据国家形象的内涵，可以把国家形象归结为以下几个要素。一是主体要素，即国家。由于国家形象是公众对一个国家的整体认知，因此国家本身是国家形象的首要因素。当然，国家并不是被动地、无所作为地接受公众的评价，而是主动地通过各种政治交往活动、宣传文化活动塑造其自身形象。二是物质要素，即国家经济发展水平。国家经济发展水平构成了国家形象建构和传播的物质基础，也在一定程度上影响着一个国家在国际社会中的地位。例如，互联网技术的运用可以助力国家形象的传播，包括互联网在内的各方面经济实力也为国家政治发展和对外交往奠定了基础。三是精神要素，即国家文化和国民心理，它是国家身份的核

---

[1] Martha Finnemore, *National Interests in International Society*, Ithaca：Cornel University Press，1996，p.2.

[2] 管文虎主编：《国家形象论》，电子科技大学出版社2000年版，第23页。

心象征。

国家形象作为个体或集体的一种认识，这种认识来源于主体自身的体会。而主体的这种认识并不是凭空出现的，是与所受到的教育有关，这就需要通过国家叙事，把国家的"所作所为"生动地展现出来，向民众呈现立体、真实、全面的国家形象，使国家在国际社会中获得认可与支持，不断增进民众的国家认同和政治认同。国家叙事的关键在于用话语表达社会事实。话语在社会意义建构中具有重要的作用。正如赛尔所言："要使我们承认这张纸是货币，我们就必须有某种语言的或符号方式来表征新创造出来的有关这些功能的事实，因为我们不可能从这些对象本身的物理属性中看出这些事实。要承认某种事物是货币这个事实就需要通过语言或符号把它表征出来。"[1] 由此可见，在呈现社会事实的过程中话语发挥着重要的作用。对于叙事话语场域的选择，官方主流媒体成为国家叙事的重要阵地。《人民日报》《光明日报》《新闻联播》《澎湃新闻》等是体现国家立场、传递政府声音、表达人民诉求的官方主流媒体，也是国家叙事开展的主阵地。对此，习近平总书记指出："人民日报是党中央的机关报。一张报纸，上连党心，下接民心。"[2] 《新闻联播》中的"国际联播快讯"板块，常常用讲解、影像等方式叙述中国在国际社会上所做的各种事务，展现出良好的中国形象。在2014年10月17日，"国际联播快讯"板块报道了《中国赴利维和官兵获联合国勋章》仪式的现场情况，该节目叙述了维和部队完成物资运输、工程建设、医疗保障，为利比里亚埃博拉疫情防控作出突出贡献的一系列事件，展现出中国致力于维护世界和平的形象。

在叙事话语内容的建构上，统一性、合法性是国家叙事的重要体现。无论是直接对国家理念作出阐释的政治话语叙事，还是通过间接人物事

---

[1] [美] 约翰·R. 赛尔：《社会实在的建构》，李步楼译，上海人民出版社2021年版，第73—74页。

[2] 《习近平在中共中央政治局第十二次集体学习时强调：推动媒体融合向纵深发展 巩固全党全国人民共同思想基础》，《人民日报》2019年1月26日第1版。

件讲述的生活话语叙事，都是在统一性和合法性原则下作出的国家叙事行为。例如，习近平主席在印度尼西亚国会发表的演讲，从古代中国郑和下西洋的故事，叙述到今天中国与东盟国家的发展，以建设21世纪海上丝绸之路的倡议为主题运用政治话语和生活话语展开国家叙事，表达出中国和平发展的治国理念，呈现出礼仪之邦的国家形象。此外，国家叙事通常还以重大事件为切入点展开。为处理重大危机事件而展开的国家叙事，可以化危为机，营造良好的国家形象。例如，2020年初一场新冠疫情席卷而来，面对重大疫情，中国果断打响疫情防控阻击战，并取得积极成效，主动向国际社会分享中国战疫经验，献出中国抗疫良方。[①]这一国家叙事客观地呈现了危难时刻党和国家以及全体中国人民展现出的中国精神、中国力量，以及中国政府强大的执行力和决策力，生动地刻画出中国负责任大国、文明大国的形象，激发民众众志成城战胜病毒的自信心和身为中国人的自豪感。为纪念重要历史事件而展开的国家叙事仪式，可以改变原有较差的国家形象，巩固并形成新的国家形象。例如，中华人民共和国成立以后的国庆活动，通常以大会报告、成就展示、历史溯源、阅兵仪式、升国旗仪式等方式，以及天安门、国旗、国歌、国徽等一系列象征符号叙述中国发展大势，培养国人对于"新中国"的认同，在"新气象"的体悟中增强国人对国家发展的自信心与自豪感。此外，在和平发展的国际环境下，体育赛事日益成为各国在竞技场上展示国家形象的一个重要方式。不仅代表国家出征的运动健将，努力在运动场上为国家和民族争夺荣誉，而且举办国的选择也成为国家实力和形象的彰显。2008年，中国北京成功举办了第29届奥运会，"在2008年北京奥运会、残奥会举办的40多天里，中国与世界共同分享了一届真正的无与伦比的奥运会和有史以来最伟大的残奥会。中国人民用汗水和智慧

---

① 2020年6月7日，国务院新闻办公室发布《抗击新冠肺炎疫情的中国行动》白皮书，分"中国抗击疫情的艰辛历程""防控和救治两个战场协同作战""凝聚抗击疫情的强大力量""共同构建人类卫生健康共同体"四个部分，系统梳理中国人民抗击疫情的伟大历程，全面总结中国抗疫的经验做法，深刻阐明全球抗疫的中国行动、中国理念、中国主张。

兑现了自己的庄严承诺，不仅增强了民族凝聚力和自信心，也赢得了世界的尊重"①。之后中国 APEC 会议、世博会、园博会等重大仪式活动的举办，向世界叙说了中国发展的精彩图景，展示出中国的良好形象和巨大实力，促使中国进一步走向世界舞台的中央。

二　勾勒历史脉络，形塑民族集体记忆

哈布瓦赫指出，群体存在的前提是拥有充分共享的集体记忆。

> 人们在记忆中唤醒，在认同中遗忘，无论是过去的诠释，还是今天的说明，人类共同体共享往事的过程无不打上了群体选择与集体建构的烙印。没有记忆就没有自我、没有社会，自然也就没有认同，正是这一意义的现实延伸。在共同体的集体场域中，记忆是认同实现的凭借和基点。②

共享集体记忆能够建立并加强群体成员的群体意识，增强群体成员对国家的认同。国家认同首先是一种集体意识，而集体记忆本身就是集体意识的一种体现。每个个体都有他自己的记忆，同样，每个社会也有属于自己的过去，个体可以决定选择自己记忆的内容，社会同样面对着"哪种过去应该被展现，哪种过去应该被遗忘"的选择。集体记忆不是单个个体记忆的总和，而是一个国家、一个民族价值取向、政治观念和社会文化的凝结，反映着共同体的利益追求。集体记忆的形成和建构代表了民众对历史发展的态度和立场，它的延续和发展奠定了民众认同和信仰国家的思想基础。从人类历史发展来看，对一个国家或民族的占领和统治需要消除他们关于原有的集体记忆，否则就会不断出现民众的反抗和叛乱。对于拥有中央集权的国家来说，共有的集体记忆尤为重要，它通过中央政权的各种符号得以延续，并以中央政权为核心，凝聚起全

---

① 《倍加珍惜北京奥运会留下的宝贵精神财富》，《人民日报》2008 年 11 月 12 日第 7 版。
② 詹小美:《集体记忆到政治认同的演进机制》，《哲学研究》2015 年第 1 期。

体民众的力量。一旦消灭国家唯一的中央政权，必然会扼杀这个国家集体记忆的符号和群体力量的核心。也就是说，共享集体记忆能够维系并不断强化群体凝聚力，而集体记忆的淡忘和遗失则会导致社会成员群体意识淡薄，相互间失去关联，丧失命运共同感，最终使群体失去凝聚力并面临解散的危机。

从一定意义上说，认同感的形成离不开记忆的建构，国家认同的形成离不开集体记忆的建构。集体记忆经由共同体成员长期实践活动的积累而形成，是一个群体对过往经验的总结。一个群体共享的元素包括过去的历史、当下的现实以及不断增加的经历等各个方面，集体记忆也包含这些丰富的内容，其本质是一个信息体系。群体可以通过集体记忆的建构来规训群体成员，其独特性在通常情况下也由群体特有的集体记忆来表征。

叙事与时间的关系是它与历史相联系的最为关键的契合点。"正是这种根据事件对书写着自己历史的文化或群体的意义来排列它们的需要和冲动，使得对实在事件的叙事性再现成为可能。"① 国家叙事是书写民族、国家历史的重要方式，能够建构并延续民族集体记忆。哈布瓦赫在《论集体记忆》一书中指出："在历史记忆里，个人并不是直接去回忆事件；只有通过阅读或听人讲述，或者在纪念活动和节日的场合中，人们聚在一块儿，共同回忆长期分离的群体成员的事迹和成就时，这种记忆才能被间接地激发出来。所以说，过去是由社会机制存储和解释的。"② 除了语言文字类的历史报告文学、历史小说等，把历史事实用图像或影像等艺术刻画形式进行生动、形象地阐述，也是国家叙事常用的方式。这样的叙事方式有利于把遥远的、冷冰冰的历史拉近到民众的面前，让民众以"面对面"的真实体验感触历史。历史

---

① ［美］海登·怀特：《形式的内容：叙事话语与历史再现》，董立河译，文津出版社2005年版，第13页。
② ［法］莫里斯·哈布瓦赫：《论集体记忆》，毕然、郭金华译，上海人民出版社2002年版，第43页。

剧往往把历史内容进行重新加工整理，借助演员的真实表演，叙述历史发展的脉络，受到人们的欢迎和喜爱。这是因为"历史不是由一组不连续的快照组成，而是一部连续的电影，在这部电影当中，即使常常会出现不同的影像，但镜头连贯一致，形成了一个持续不断的影像流"[①]。书写历史事实的历史剧作为一种国家叙事的方式，为观众打造了一个想象的"历史世界"，让观众以在场的真实感，获得对历史的认知，形成共享的集体记忆。

仪式活动也是不可缺少的一种国家叙事方式。仪式作为一种实践性话语，指涉历史人物、历史事件以及历史延续下来的节日，这些对象承载着厚重的历史记忆。在叙事中运用仪式操演的方式展现历史事实，可以借助现在时的仪式演绎过去时的故事，历史画面和历史原音的重现点醒了沉睡的记忆，历史人物和事件得到再现和复活。人们进入历史的时空，置身于历史的场景，去感受历史、触摸历史，因而仪式成为保留历史记忆的重要途径。在国家叙事中，场地和典型人物选择是建构集体记忆的关键。首先是对典型人物符号的塑造，如英雄人物符号。英雄是中国人民的杰出代表，他们身上浓缩着人们的共同记忆，凝聚着伟大的民族精神和立体的国家形象。也就是说，于民族历史中应运而生的英雄，其行为不仅仅代表着个体或群体意志，也体现了民族、国家共同的历史记忆，是民族精神的象征。叙述英雄人物的生动事迹、阐发英雄人物的鲜明品格，可以把群众思绪拉入当时的历史中，以一种在场感体悟中华民族创业、守业的艰辛与不易。其次是对国家共同体符号的化约，如作为国家象征的国旗。五星红旗是国家、民族和人民的代表，它承载着中华民族共同的历史记忆，其形成和确立见证了中华民族站起来的奋进历程。在叙事中加入国旗这类符号元素，可以有效地将个体注意力迅速集中到国家共同体上，在记忆深处形成尊重历史、认同国家的深刻认识。最后是利用红色资源开展国家叙事。党中央为纪念建立辉煌功勋的历史

---

① ［法］莫里斯·哈布瓦赫：《论集体记忆》，毕然、郭金华译，上海人民出版社2002年版，第46页。

人物和力挽狂澜的历史事件而建设了众多的烈士陵园、烈士墓、纪念堂等红色遗址。利用这些红色遗址进行国家叙事更具有说服力,"在充满象征符号的神圣空间中,在庄严肃穆的氛围中,人们会更为专注、虔诚地进行崇敬的想象与联想,更容易产生出对纪念对象的敬仰之情,促使人们在神圣的空间感中形成对空间符号与空间语言的深刻记忆"[①]。需要注意的是,不论用何种具体的形式开展国家叙事,建构民众共享的集体记忆,正确的历史观是一以贯之于整个叙事过程中的根本态度和立场。

三 铺陈宏大主题,书写主导意识形态

意识形态本质上是社会中占主导地位或统治地位阶级的指导思想。占主导地位的意识形态对国家建设发展起着至关重要的作用。首先,意识形态表达国家意志。"统治阶级的思想在每一时代都是占统治地位的思想。这就是说,一个阶级是社会上占统治地位的物质力量,同时也是社会上占统治地位的精神力量。支配着物质生产资料的阶级,同时也支配着精神生产资料。"[②] 也就是说,意识形态决定了国家何去何从,规定了国家经济制度、政治制度等一系列根本制度,代表着整体国家意志。意识形态一旦被破坏,那么一个国家共同坚守的思想阵地必然会崩塌,国家的发展道路也不可避免地会出现偏移。其次,意识形态表达社会共识。社会成员共同的价值追求凝聚在意识形态中,意识形态的确立为社会成员提供了统一的行动指向。如果一个国家没有一个统一的意识形态,那么势必会造成人们思想的极大混乱。坚固的意识形态对于增进民众的社会认同,维护社会的稳定与和谐具有重要意义。

在马克思看来,语言是意识形态的最佳载体。他指出:"'精神'从一开始就很倒霉,受到物质的'纠缠',物质在这里表现为振动着的

---

① 杨巧:《中国共产党思想政治教育仪式载体研究》,博士学位论文,中国人民大学,2004年,第93页。
② 《马克思恩格斯选集》第1卷,人民出版社2012年版,第178页。

空气层、声音，简言之，即语言。语言和意识具有同样长久的历史；语言是一种实践的、既为别人存在因而也为我自身而存在的、现实的意识。"① 意识形态总是与语言交织在一起的，并通过语言传递给人们。对于语言的使用规范，马克思提出用简单平实的语言阐述意识形态，批评了某些教授使用的"不必要的晦涩难懂的哲学语言"②。当然，通过语言传递的意识形态不是脱离现实生活的空中楼阁，而是与现实生活紧密相关的，其本身就是生活过程在人脑中的反映。马克思认为："我们的出发点是从事实际活动的人，而且从他们的现实生活过程中还可以描绘出这一生活过程在意识形态上的反射和反响的发展。"③ 抽象的甚至是模糊的意识形态需要借助日常生活中具体的事物形态反映在人的头脑中。而叙事正是通过建构人们在生活中触手可及的形象和意象来传递意识形态的。

国家叙事通常采用宏大主题叙事书写意识形态。宏大叙事概念伴随着后现代主义哲学思潮传入我国，随后在多领域得到广泛运用。宏大叙事是相较于微观叙事而言的，它"是指以其宏大的建制表现宏大的历史、现实内容，由此给定历史与现实存在的形式和内在意义，是一种追求完整性和目的性的现代性叙述方式"④。宏大主题叙事一般以意识形态议题、时代主题等为主要内容，往往反映政治、经济、文化历史变革进程，以及国家发展重大问题，聚焦于国家意识形态和价值观念的弘扬。例如中国梦、"十四五"规划纲要、人类命运共同体等都是目前重点的、关注度很高的宏大叙事的主题。习近平总书记在庆祝中国共产党成立95周年大会上的讲话，就是以庆祝中国共产党成立95周年为主题，基于中国共产党成立、发展、壮大的历史逻辑，中国共

---

① 《马克思恩格斯选集》第1卷，人民出版社2012年版，第161页。
② 《马克思恩格斯选集》第4卷，人民出版社2012年版，第233页。马克思指出："在这些教授后面，在他们的迂腐晦涩的言词后面，在他们的笨拙枯燥的语句里面竟能隐藏着革命吗？"
③ 《马克思恩格斯选集》第1卷，人民出版社2012年版，第152页。
④ 邵燕君：《"宏大叙事"解体后如何进行"宏大的叙事"？——近年长篇创作的"史诗化"追求及其困境》，《南方文坛》2006年第6期。

产党领导中国人民建立中国特色社会主义的实践逻辑，中国特色社会主义理论体系建构的理论逻辑进行的国家叙事。在叙事主体上，宏大主题叙事的叙事者一般是具有权威性的领袖，或是代表某一领域的发言人，被定位于马克思主义信仰和社会主义价值观念"代言人"的社会角色。具有权威性的代言人往往能够让人产生敬畏、崇拜、服膺，拥有动员、凝聚、维系社会或群体运作的能量。在叙事结构上，宏大主题叙事关键在于全景式叙述，具有叙事线索的清晰性、叙事情节的连贯性和叙事内容的系统性。它不是把碎片化内容串联起来，而是在对一个主题从整体上进行设计，形成完整、连贯的叙事结构。总而言之，宏大主题叙事具有宽广的时空格局和思想高度，与社会发展的当前形势联系在一起，随着时代主题的变迁而转移。所以宏大主题叙事往往是一种政治理想的构架，目的在于宣扬政治合法性，向民众传递社会主导意识形态。

第二节 社会叙事

社会叙事是涵盖社会公德、价值观念和风俗习惯等内容的叙事。它广泛存在于人们的日常生活之中，多以典型人物叙事、形象符号叙事、民俗文化叙事的方式呈现出来。丰富多彩的社会叙事勾勒出社会生活的基本样态，以及公共生活的基本方式，对于社会文化和秩序的建构具有重要意义。

一 宣传典型事迹，弘扬社会公共道德

社会公德作为上层建筑的一部分，是与社会经济基础相适应的。不同阶级、不同社会有不同的道德需要，用以维护其自身的社会关系，建立理想的社会秩序。从人类历史上看，一个社会的文明程度、道德风尚的好坏，在很大程度上取决于这个社会的公共道德建设情况。社会公德在社会大系统里属于社会调节这个子系统，它能够纠正人们的

行为活动，调整个人与社会之间的关系，使社会生活有序、协调地发展。这种在长期社会实践中形成的道德观念、道德情感和道德意志具有明显的内在自主性。"道德认识的结果表现为道德观念、道德准则、道德理想等形式的形成。"[1] 基于明确的道德认知，人们可以从社会现象、关系和行为中区分是非、对错、善恶，从对立、比较中理解现实。社会公德不仅使人们获得关于现实社会关系的认识，而且能帮助人们确定个体在社会价值体系中的位置，努力创造完美的社会关系。从根本上说，社会公德在人类的社会交往实践中形成，不同的实践关系层面形成了不同的社会公德内容。如人与人之间文明礼貌、诚实守信的道德；人与社会之间爱护公物、遵纪守法的道德；人与自然之间热爱自然、保护环境的道德。随着社会的发展和科技的进步，人类实践的领域和社会生活空间不断扩大，调整人与网络社会之间的网络公德也应运而生，它包括尊重和遵守网络运行的规则和传统，自觉抵制损害国家、社会和他人利益行为等内容。2020年，中共中央、国务院印发《新时代公民道德建设实施纲要》，提出"推动践行以文明礼貌、助人为乐、爱护公物、保护环境、遵纪守法为主要内容的社会公德，鼓励人们在社会上做一个好公民"[2]。

叙事内容与道德有着密切的关系，海登·怀特在《形式的内容：叙事话语与历史再现》一书中指出：

> 如果说每个充分实现了的故事都是一种比喻，暗示某种道德，或赋予事件某种仅仅作为一个事件序列所不具备的意义，那么，看起来就有可能断定：每一种历史叙事都把使它所论及的事件道德化的愿望作为其隐含的或明显的目的。主体被责成在社会制度中成就其全面的人性，而法律制度是主体最直接遭遇社会制度的形式，关于法律制度的地位存在模棱两可或相互矛盾的地方，一

---

[1] 石云霞主编：《当代中国价值观论纲》，武汉大学出版社1996年版，第166页。
[2] 《新时代公民道德建设实施纲要》，人民出版社2019年版，第5—6页。

个人希望讲述的有关过去的故事的结尾是缺乏根据的。这就暗示着，存在一种将实在道德化的冲动，即，将实在等同于作为我们能够想像到的一切道德源泉的社会制度的冲动，而叙事性如果不是这种冲动的功能，也肯定与之紧密相关。①

社会公德作为规范个体社会行为的具体道德准则，较为概念化，通过先进人物的叙事教育，抽象的社会公德就可以在榜样模范身上展现出来。正所谓典型是最直观的教材。先进道德典范勾画出社会公认并且共同遵守的价值镜像，引导人们追寻和效仿高尚的道德行为。以先进人物叙事弘扬社会公德包括两个方面：一方面，编写和讲演以先进人物故事为主的叙事活动。这类叙事一般借助语言文字媒介和影像艺术媒介展开，按照其主要特征可以分为三类：一是以真实故事叙事引发民众思考的先进人物事迹实录，包括根据道德模范口述和对其采访而撰写的"道德模范风采录"等，以道德模范的先进事迹为素材，以真人真事为表现对象，经由整理和加工在电视荧屏上播放的"道德模范纪录片"等。二是以宣传性叙事为主的先进人物评选、讲述活动，包括自2002年启动的年度"感动中国人物"评选，各地开展的"图说道德模范""画说道德模范"活动，以及"道德模范在身边""讲述道德故事，弘扬中国精神"等巡演活动。三是以艺术性创作为特征的影视叙事作品。这类叙事作品注重对先进人物的艺术加工，人物形象饱满、情感细腻丰富。如道德模范电影《杨善洲》，根据多位道德模范改编的电视剧《最美的青春》，还有依据地方优势，把模范故事编排成评书、西河大鼓、二人转、河南坠子等民众爱听爱看的曲艺叙事节目，等等。另一方面，以宣誓仪式为主的仪式叙事活动。宣誓仪式是一种庄重、严肃的入会仪式，能产生一种道德约束力，个体在仪式过程中许下的誓言可以视为他同所要加入的团体或组织之间达成的一种契约。

---

① [美]海登·怀特：《形式的内容：叙事话语与历史再现》，董立河译，文津出版社2005年版，第18—19页。

当个体在宣誓时，常常用第一人称的口吻表达作为一名正式成员所要承担的责任和义务，由"要我怎样做"转变为"我必须怎么样"，使得外在的规范要求转化为内在的自我道德驱动。在通常情况下，宣誓仪式与行业先进模范代表会一同开展，宣誓者在榜样的感召下铭记他们自己的誓言。如 2008 年在北京举行的"抗震救灾英模事迹报告会暨公务员宣誓活动"在宣誓活动开始之前请抗震救灾的英模代表报告先进事迹。

虽然以弘扬社会公德为内容的社会叙事在实践中主要表现为先进人物的叙事活动，但是正面典型的叙事往往也夹杂着揭露一些负面人物形象的叙事。这是因为有了对比和参照，先进人物叙事才能更具说服力和感染力。"在一个相对健康的文化中，人们需要以无功的批判来维系道德优越感，避免陷入偏执的不宽容态度。反派滑稽形象正是这种道德批判的靶子。"① 因此"新闻既要讴歌伟大的成就，也要对存在的问题展开批评；既要赞颂时代的壮举，也要对消极丑恶现象进行揭露。当然，正面宣传必须占主导地位，批评与揭露性的报道只能占次要位置，并且要十分注意把握分寸"②。中国共产党历来注重用对比叙事的手法，批判庸俗、错误行为，赞颂高尚道德榜样。1954 年《人民日报》刊登的社论就指出：

> 各地青年团组织根据本地区、本单位的情况，运用报纸揭露的典型事例，引导青年们进行必要的讨论（这不是说要青年们进行检讨），让青年们认识资产阶级思想的庸俗和丑恶，提高警惕；同时在这样的基础上对他们进行共产主义的道德教育，进行共产主义人生观的教育，启发他们为社会主义和共产主义的伟大事业而奋斗。③

---

① 高小康：《人与故事——文学文化批判》，东方出版社 1993 年版，第 220 页。
② 《中国共产党宣传工作文献选编（1957—1992）》，学习出版社 1996 年版，第 936 页。
③ 《中国共产党宣传工作文献选编（1949—1956）》，学习出版社 1996 年版，第 852 页。

二 运用形象符号，培育社会价值观念

社会价值观是社会中具有普遍意义，受到广泛认可的价值评价和判断标准，它体现了社会成员共同的价值期待和是非观念。在通常情况下，社会价值观的形成经历了一个相对长期的过程，在各种不同价值观的冲突中确立，在社会生活实践中形成和发展，在社会文化体系的影响下孕育出来，是对社会意识形态的体现和时代文化元素的综合。社会价值观对人类社会产生着重要的影响，是社会成员形成共同目标的价值基础。马克思指出："人们的社会历史始终只是他们的个体发展的历史，而不管他们是否意识到这一点。他们的物质关系形成他们的一切关系的基础。这种物质关系不过是他们的物质的和个体的活动所借以实现的必然形式罢了。"[①] 由于每个人都是独立的存在，都有着自己的利益诉求和目标追求，这就必须在个体之间达成利益共识。只有具备统一的价值评判标准，才能超越个体的差异和局限，把人们的思想、行为、活动规范统一在一定的社会秩序中，树立一致的公共生活目标，进而共筑和谐的社会关系。

社会主义核心价值观是现阶段我国人民价值观的"最大公约数"，它在社会层面勾勒出我国社会公共生活开展的基本方式和全体社会成员共同追求的社会价值目标。其中，自由是人类共同的价值追求，也是中华民族一向珍视的重要价值。社会主义所追求的自由，目标在于使人们在政治上摆脱压迫，实现自由全面发展，是更高、更真实的自由。社会主义自由以共同富裕为前提，通过生产力的提高以及一系列制度保障，促进人们自由的实现。平等是自由发展的前提，是中国特色社会主义社会不可或缺的价值追求。首先，平等是宪法和法律所规定的公民权利和义务，任何组织和个人不得僭越，其次，平等还具有人格内涵，人有贫富之分但无贵贱之别，中国公民在任何时间地点都普遍享有受人尊重的基本人身权利和发展权利。"大道之行也，天下为公"，是儒家对美好社

---

① 《马克思恩格斯选集》第 4 卷，人民出版社 2012 年版，第 409 页。

会概括性的表述。在儒家看来，修身为人不仅要公正，治理国家、维护社会秩序更需要以公正作为理性基础。作为人类孜孜以求的社会理性，公平正义一般包括权利、机会和规则公正，三者共同构成社会和谐的基本条件。法治是与人治相对的概念，它要求拥护法律至高无上的权威，使法律在全社会得到有效实施、普遍遵循和有力贯彻，形成尊法懂法守法用法的社会风气。

价值观具有高度的抽象性，只有运用特定符号将其物化，才能更好地促进价值观的认同和内化。叙事则借助象征符号成为价值观物化的有效方式，它使不能直接被感觉到的价值观念变得可见、可听、可触摸。象征符号是社会叙事的核心，社会叙事是象征符号的集合体。张开焱在《文化与叙事》中把人类依靠符号所建构的全部知识世界按照符号的阻隔程度分为叙事性符号系统和科学性符号系统。[1] 在符号与现实世界之间有个中间层，即人的心理，符号所物化的就是一种心理事实而非物理事实，其本身是一种心理的象征形式。符号的阻隔性就在于它所表达的是一种切分、区别和组合后的心理，而非自然心理状态的原貌。那么，符号化的叙事活动是"一种在虚幻世界中重构实在世界的活动。它与实在世界有着本质上的渊源联系，试图割断这种联系的任何努力都会使人类的符号世界以及由它所负载精神文化成为不可解释的现象"[2]。通过符号化的社会叙事活动，自由、平等、公正、法治这类社会层面的价值观念以一种物化了的形象在民众的头脑中建构起来。

具体而言，一是以常见的人物符号建构职业形象，叙述正确的社会价值观念。在通常意义下，法官是正义、惩恶扬善的化身。但是中国古代没有生成纯粹的法官职业，也就没有完整的、统一的法官形象。在中国的法律语境下，法官的形象曾一直处于模糊状态，最早的法官形象以獬豸（一种神兽）为标志。在两千多年的封建社会中，由于政法不分，各级官府的行政官员通过断案来维持一方秩序。从这个意义

---

[1] 张开焱：《文化与叙事》，中国三峡出版社1994年版，第91页。
[2] 张开焱：《文化与叙事》，中国三峡出版社1994年版，第94页。

上讲，中国的"官"最早就是"法官"。在百姓心中这些行政官员是坐大堂、打板子的法官。自新中国成立以来，特别是新时代以来，中国特色社会主义法律制度逐步建立，法官、检察官、警察等一系列职业也形成了明确的规范，这些职业已不再延续以往的专制印记，而成为社会公平正义的化身。在社会叙事中这类职业高大的、神圣的形象，通过不屈服于权威，致力于维护普通民众利益，坚守社会公平正义的具体事实而建构起来。民众在遇到困难时也敢于向法官、检察官、警察求助，拿起法律武器维护其自身利益。如此一来，不仅巩固了法律从业者的正面形象，而且公平正义、平等法治的社会价值观念进一步得以涵养。二是以可视化的器物符号呈现立体化的社会价值观。从文化的角度而言，器物符号可以分为功能型、精神型、仪式型、身份型以及混合型[①]。体现自由、平等、公正、法治的器物符号包括仪式活动中的和平鸽，司法系统中的天平、利剑、法槌，日常生活中的宣传画、标语等等。在社会叙事中不仅用话语的方式叙述这些符号的来龙去脉和现实意义，而且用身体语言和动作姿势来加深民众对这些符号的印记，让自由、平等、公正、法治价值观在社会中蔚然成风。此外，社会叙事还通常借助声音符号、行为符号等传递形象，建构社会价值观。如传遍大江南北，为人们广泛熟知的歌曲《春天的故事》。它虽然是歌曲，但已经成为一种耳熟能详的声音符号，以温和的叙述笔触和感人至深的音调，展现出深圳改革开放恢宏壮阔的场景。

三 演绎民间文化，传承民族风俗习惯

在社会中经由长时间积淀而形成的民间风俗，有着深厚的文化底蕴，它与民族精神、民族品格密切相关。黑格尔曾指出，包括史诗在内的民间文化是民族精神的博物馆。由于社会的文化基础不同，每个社会都有其代表的风俗习惯，例如中国社会注重人伦关系，西方社会尊重契约精

[①] 朱大可主编：《文化批评：文化哲学的理论与实践》，古吴轩出版社2011年版，第268—271页。

神。作为一种社会文化的民间风俗，是由社会通行的意义结构所组成的，"人们通过这些结构构成信号领会并相互联系，或者通过这些结构察觉侮辱性从而加以反驳"①。也就是说，社会中的每一个人都浸润在一定的民俗圈中，在他们身上烙印着这样或那样的民俗印记。民俗文化在潜移默化中影响着人们的一言一行。美国文化人类学家露丝·本尼迪克指出：

> 个体生活历史首先是适应由他的社区代代相传下来的生活模式和标准。从他出生之时起，他生于其中的风俗就在塑造着他的经验和行为。到他能说话时，他就成了自己文化的小小的创造物，而当他长大成人并能参与这种文化的活动时，其文化的习惯就是他的习惯，其文化信仰就是他的信仰，其文化的不可能性亦就是他的不可能性。②

民俗的文化意义往往淹没在生活化的潮流之中，消融于集体性的活动之中。人们浸润其中的民俗文化，通过日常生活的口耳相传、言传身教，规范着人们的语言、行为和心理，共筑起民众的民族共同体意识。

"民俗是人类成长的生态文化圈，在人类社会结构里，它处在经济基础和上层建筑的中间环节，以两栖型的形式，跨于经济基础和上层建筑之间。它以有形或无形的形式与人类相伴相生。"③ 民间风俗是民族共同的文化记忆，是人类文化意识的原型。"一般而言，民俗是指那些在民众群体中自行传承或流行的不成文的规矩，一种流行的模式化的活世态生活相。不过民俗生活又非一般日常生活，是一种已经被特定民众群体接受并长期传承延续的生活模式。"④ 中国民间风俗源远流

---

① ［美］克利福德·格尔兹：《文化的解释》，韩莉译，译林出版社1999年版，第16页。
② ［美］露丝·本尼迪克：《文化模式》，何锡章、黄欢译，华夏出版社1987年版，第2页。
③ 柯玲、邵荣等编著：《民俗文化的现代德育价值与实践》，上海人民出版社2016年版，第45页。
④ 柯玲、邵荣等编著：《民俗文化的现代德育价值与实践》，上海人民出版社2016年版，第43页。

长、广泛丰富，岁时节日、人生礼仪、文学艺术等等都包括在其中。岁时节日往往溯及数千年的中华文化传统，承载着厚重的历史积淀，其中蕴含着丰富、美好、宝贵的人情，人性传统以及人际关系规则。在特定时间节点举行的人生礼仪，传播着一定的文化和价值，意为人生某个新起点的开始。包括民间文学和民间艺术的文艺民俗，往往是特定地区民俗文化精华的集中呈现，它们体现了民众对日常生活的总结和期待。

　　传统的民间生产与生活是思想政治教育叙事生成的渊源，其所形成的民俗节庆文化是中华民族辉煌灿烂文明的重要部分，同时也是社会叙事的主要表现形式。民俗节庆文化凝聚着中华民族的情感与思想，熔铸了中华民族的集体记忆，是中国人认知天地人生的生动实践，传承了中华民族整体的、积极的价值观念。列斐伏尔认为，人的本质是人的日常生活节奏与自然节奏的和谐一致。这种和谐一致是人们将个体或群体的活动与所处的自然环境密切融合的结果。而主要由节庆构成的社会叙事则是二者结合的衔接点和基本表现。例如，以春节为主题的社会叙事。春节源于先民们的农耕实践，由农业社会庆贺丰收的"腊祭"演变而来。围绕春节这一重要节日，在几千年的历史发展进程中形成了一些较为固定的风俗习惯和传说故事，如以扫尘、忙年、生肖纪年等习俗为载体的岁时故事。此外还有以感恩上年农事庇佑，期盼来年丰收为主旨的感恩故事，以祭祖、祭灶等习俗为载体的祭祀故事，以庆贺丰收、团圆相聚为主题展开的各种喜庆活动。在这个新旧时间交替之际，人们以送灶神、打蜡鼓、挑桃符、贴春联、放鞭炮、拜新年、祭祀祖先等完成一系列表演型叙事，以感恩、祭祀、团聚、喜庆等为内容叙述了一系列故事。这些社会叙事强化了自尊、自爱、自信、自强的民族精神及其所蕴含的积极社会价值理念。不宁唯是，中华民族在漫长的历史长河中还孕育了许多富有人文色彩的其他节日，元宵节、清明节、端午节、七夕节、中秋节、重阳节等节日成为汉族和众多少数民族共享的节日盛宴。此外，还有京族哈节、藏族雪顿节、傣族泼水节等隆重的少数民族节日。这些绚丽多彩的节日既是厚重的社会记忆,又是鲜活的文化方式,让每个人都能体验到自身是集体的一部分,都能沐浴社会叙事的文化欢愉,并深味人性的关怀。这便悄然将民族积极的价值观念植入不同个体,传承着民族文化的内核,构筑民族自我认同和持续繁衍的核心因素。

一个人从呱呱落地伊始到垂暮之年,人生的每一阶段都经受着某种礼仪,这些礼仪传承着内容不一的传统文化和风俗习惯,在赋予个体以社会属性,使之获得新的社会角色认可的同时,也将传统或者新生的价值观念内化于其思想当中,成为社会叙事展演的重要方式。虽然人生礼仪直接指向个体,但"从古至今,这部分生活仪式都是执政者移风易俗、以新的仪式形态倡导社会新风的重要切入点。作为古老的礼仪之邦,中国社会在儒释道文化的影响下结合不同的地域特征形成了丰富多样的礼仪风俗,这些礼仪在不断演练中传播着一定的文化和价值,影响和塑造着一方民众的思想"[1]。人生礼仪分为成人礼、毕业仪式、婚礼和葬礼等多个阶段,进入每个新阶段都意味着个体向新的角色过渡,并完成社会、家庭、自我所赋予的某种目标,正是在这一过程中特定的风俗习惯得以传递和内化。在日常生活的人生礼仪中,比较常见的是成人礼、婚礼和葬礼。由少年进入成年不仅体貌特征不断发生变化,个体心理和思想观念也迅速地更新,成人礼则于人生阶段的更替之际注入社会主流的价值观念。古代男子的冠礼和女子的笄礼对价值的传承作用十分明显。年满 18 周岁的公民对国旗宣誓的成人仪式,不仅强化了爱国主义和法律责任,也很好地进行了价值观教育。现代婚礼则于获得社会公众、国家认可之外,也起到了价值教化作用。新婚夫妻在庄严的国旗下,许下爱的誓约,接受国家工作人员所颁发的结婚证书。这一仪式赋予新人以珍惜爱情、家庭和睦与勤劳致富等价值观念。当葬礼属于一些在功绩、道德方面突出的公众人物时,它

---

[1] 杨巧:《中国共产党思想政治教育仪式载体研究》,博士学位论文,中国人民大学,2014 年,第 204 页。

具有了重大的社会意义。为革命先烈或者社会主义建设英模召开的追悼会，可以弘扬伟大精神，传导高尚情操。①

民间的文学艺术叙事也是借以传递民风民俗的社会叙事之一。民间文学艺术经过民族群体几代人在长期的共同生活中创造而形成，它反映了整个群体的历史文化、内心情感、社会价值与民俗风情，是群体智慧的结晶。民间文学艺术实质上是社会群体生活方式的展现。作为一种群体社会文化，它将社会群体凝结在一起，在一代又一代民众的传承中共塑民族记忆，延续国家文脉。中华民族在漫长的历史过程中，创造了丰富多样的民间文学艺术。《诗经》是我国古代重要的诗歌总集，其中与民间叙事诗相关的是国风。国风是当时民众"饥者歌其食，劳者歌其事"，有感于社会现实而吟唱的口头歌谣。《陌上桑》《孔雀东南飞》《木兰诗》等叙事长诗，也反映了不同时期、不同群体对自由的向往、对美好生活的渴望。《山海经》是中国上古神话的代表性典籍，体现了原始先民与自然界斗争而产生的最初认识。鲁迅指出："于所叙说之神，之事，又从而信仰敬畏之，于是歌颂其威灵，致美于坛庙，久而愈进，文物遂繁。"② 神话叙事表达了民族心理，整理和表现了群体经验，在时间循环和人物再生、情节复现的过程中，过去现在未来共时同在。不宁唯是，剪纸贴画、故事连环画等等民间艺术形式，也通过图像叙事、书面叙事抑或口头叙事、展演叙事的方式在社会中实施，反映了民众的生活状态，表达了民众的真实情感，传递着民间文化的精髓。

第三节 个体叙事

个体叙事是一种微观层面的叙事，它的兴起与社会历史文化条件

---

① 蒋雪莲：《日常生活仪式涵养社会主义核心价值观教育的路径探析》，《思想理论教育导刊》2017 年第 2 期。
② 《鲁迅全集》第 9 卷，人民文学出版社 2005 年版，第 19 页。

密切相关。丹尼尔·贝尔认为，人类历史上经历了三个时代：

> 第一个时代是野蛮人跟空旷的自然作斗争的时代，他们害怕主宰他们命运的神灵，主要通过宗教来理解自己的命运。第二个时代是氏族时代，也就是家族之间结盟的时代，此时奉守的价值是战争、荣誉和军威。第三个是平民的时代，即平等与民主的时代，一个由欲望而不是由自然需要控制的时代。在维柯看来，这三个时代分别是神、英雄和人的时代。①

由宗教控制的第一个时代，形成了与低生产力相适应的神话叙事样式。崇拜英雄、集体的第二个时代，出现了历史叙事、政治叙事等宏观叙事形态。第三个时代是现实的人的时代，也是个体觉醒的时代。科学为我们开启了认识自然世界和人类社会的大门，"它意味着我们摒弃神话、童话和梦的世界。它还意味着拒绝接受那些完全不可能的、纯偶然的和极不寻常的事件和情节"②。个体开始认识自我、关注自身，书写自己的生命故事。在通常情况下，个体叙事以现代社会中个体的日常生活为基本表现对象，是个体根据其自身生活经验的有意识书写和审美性观照。

一 阐释经典文献，构造自我世界图式

婴儿自出生之后，在与外界的交互中逐渐建构形成自我的世界图式，这对于其今后的认知形成影响重大。德国古典哲学家康德最早提出图式理论，他认为，概念只有与人们已有的认知世界构建起某种联系，才能彰显意义。心理学上的图式是"对过去的反应或经验的积极的组合，是一些相关联的事件或经验的功能性编组，它能在阅读、理解或交际中起

---

① ［美］丹尼尔·贝尔：《资本主义文化矛盾》，赵一凡、蒲隆、任晓晋译，生活·读书·新知三联书店1989年版，第216页。
② ［美］R. 韦勒克著，刘象愚选编：《文学思潮和文学运动的概念》，中国社会科学出版社1989年版，第235页。

作用。图式形成之后，就成为人们认识相关事物的一个认知框架；新事物只有与已有的图式建立起一定的联系才能被理解"①。"图式作为一种经过抽象和概括了的背景知识或认知结构，对人类的认知和交际非常重要。"② 对于图式，库克将其分为世界、文本和语言图式。其中，世界图式起着统领作用，它是指人们在他们自己的头脑中构筑的关于整个世界以及人与世界关系的基本认知。世界图式在人们的思想行为中起着总开关的作用，一般而言，有什么样的世界图式，就有什么样的行为活动。需要指出的是，世界观以图式和概念反映是相区别的，图式是感性而具体的形象，概念则是抽象的理性表达。

中国人的自我世界图式随着社会变迁而转变。在古代社会里，中国的世界观从四方到五行的转变发生在青铜时代的霸权王国到铁器时代的统一帝国的历史转折中。"这一历史变革产生了两个经久不衰的中华文明传统：一个是阴阳五行宇宙观这一文化遗产，史华慈称之为'中国式思维'之原始与本质性表达，或'中国式思维结构'；另一传统则是统一帝国这一政治遗产，两千多年来一直被当作中国政治制度的理想模式。"③ 在现代社会里，马克思主义世界观成为中国人民的"新世界观"，绘就了中国人精神世界自我图式的鲜亮底色。马克思主义认为，世界是物质的，物质决定意识，意识反作用于物质。不仅在自然领域，而且在历史领域，马克思、恩格斯坚持将唯物主义贯彻到底，创立了"关于现实的人及其历史发展的科学"④，提出了唯物史观。《路德维希·费尔巴哈和德国古典哲学的终结》一文，以人类历史变迁发展的一般图景论证了历史唯物主义的深刻内涵和重要意义，并在此基础上进一步阐明了社会发展动力的"合力"。恩格斯指出："人们总是通过每一个人追求他自己的、自觉预期的目的来创造他们的历史，而这许多按不同方向活动的

---

① 邵志芳、高旭辰：《社会认知》，上海人民出版社 2009 年版，第 130—131 页。
② 邵志芳、高旭辰：《社会认知》，上海人民出版社 2009 年版，第 132 页。
③ 王爱和：《中国古代宇宙观与政治文化》，[美]金蕾等译，上海古籍出版社 2011 年版，第 1 页。
④ 恩格斯：《路德维希·费尔巴哈和德国古典哲学的终结》，人民出版社 2014 年版，第 36 页。

愿望及其对外部世界的各种各样作用的合力，就是历史。"① 也就是说，要从广大人民群众而不是从个别英雄人物的实践中探索构成历史真正的、最后的动力，从而揭示出社会历史发展规律。

语言文本是建构自我世界图式的个体叙事的重要媒介。古代的许多叙事作品阐述了五行的内容，从各个方面引导人们形成自我世界图式。最为经典的是纪传体叙事文本《汉书》，它包括本纪、表、志、列传四部分，其中"志"是在汉朝出现的，是有关典章制度和自然、社会各方面的历史。以"五行"为标题，《汉书·五行志》旨在阐明"天人之道"，即用自然界的灾异现象来推演和证实天人感应以及宇宙—社会秩序的存在。当然，"五行志"并非某个叙事者提供的一套统一的理论，而是反映了一个复杂世界观的发展演变过程（见表4.1）。

表 4.1　　　　　　　　二十五史之《五行志》

史籍	志名	位置	志之结构
《汉书》	五行志	十志之第七	五行之地、五事、天
《后汉书》	五行志	八志之第五	五行分别与五事、天相结合
《宋书》	五行志	八志之第六	五行之一行与五事之一事相结合
《南齐书》	五行志	八志之第八	五行之一行与五事之一事相结合
《魏书》	灵征志	九志之第七	按种类划分灾异
《晋书》	五行志	十志之第九	五行，五事
《隋书》	五行志	十志之第五	五行，五事
《新唐书》	五行志	十三志之第六	五行
《金史》	五行志	十四志之第三	按年代顺序将灾异分类
《宋史》	五行志	十四志之第二	五行
《元史》	五行志	十三志之第二	五行
《明史》	五行志	十六志之第二	五行
《清史稿》	灾异志	十六志之第二	五行

---

① 恩格斯：《路德维希·费尔巴哈和德国古典哲学的终结》，人民出版社2014年版，第44页。

第四章 思想政治教育叙事的现实实践

不宁唯是，五行还被用于讨论国家政治事务。《左传》以编年纪事体记载了前5—4世纪的历史大事，后来被附于《春秋》作为传。

《左传》昭、定、哀公时期都有运用五行的记录。虽然《左传》并非反映春秋时期的一部精确的历史，但它展现了当时的历史风貌。它零星地描绘了"分野"系统用于政治讨论的情况——"分野"是基于天文地理关联相应的原理，用以预测事件过程的一种星占系统。这一星占系统利用火、水、金将地上的政体与宇宙中的天体关联起来。①

此外，还有各种叙事类文献从历史进程、政治运行等角度阐释五行内容，为民众理解社会日常事务，以及开展农事、政治活动提供基本遵循。当中国由封建社会走向社会主义社会之后，这些叙事文献并没有湮灭，而是被作为中国传统文化的经典资源珍藏起来。在当代中国，马克思主义世界观成为中国人民"新的世界观"，诠释马克思主义世界观的叙事文献也随之大量出版。其中最为引人注目的是描写中国共产党百年实践的历史叙事作品，如《中国共产党的九十年》《苦难辉煌》等等。事实上，中国共产党推动中国崛起的百年历史活动，其本身也是一种遵循物质决定意识、一切从实际出发，尊重并发挥人民群众创造伟力的叙事。从中国人民所亲历的历史角度阐述抽象的马克思主义世界观，更加有利于民众在内心深处体认它，进而认知和建构自我世界图式。

仪式活动也是建构民众自我世界图式的媒介。吉田帧吾在《宗教人类学》一书中指出仪式活动与世界观的密切关系："仪礼以世界观为基点，世界观的种种观念通过仪礼形式表现出来。因此透过仪礼的分

---

① 王爱和：《中国古代宇宙观与政治文化》，金蕾等译，上海古籍出版社2011年版，第104页。

析，至少可以捕捉住世界观的一部分。"① 作为坚定的唯物主义者，马克思、恩格斯对宗教的本质和危害作了深刻的分析和批判，在领导共产主义运动中也坚决抵制任何带有唯心主义世界观色彩的宗教活动。他们在《共产主义者同盟》第二次修改稿中特意加上了"不信仰一切宗教，不参加任何宗教团体和一切仪式（民法要求遵守的仪式除外）"② 这一内容，作为加入同盟的必要条件，充分表明了革命导师对唯物主义世界观的坚守。除了宗教仪式外，以个人崇拜为目的的庆祝仪式、祝寿仪式也是马克思、恩格斯所反对的宣扬错误世界观的仪式。虽然他们在工人群众中享有极高的威望，但是始终不愿意接受来自工人群众以及其他领导者的过度歌颂，认为仅仅颂扬个人的功绩而忽视人民群众在推动历史进程中的重要作用，会导致个人崇拜甚至个人迷信。在 70 岁生日之际，恩格斯推辞了各国社会主义举办的生日会，他说，"我一向厌恶这类场面"，多少次"都顺利地避开了"③。列宁在俄共（布）莫斯科委员会为其准备的 50 岁生日庆祝会上，拿出一幅画着围了一桌子的民粹派分子赞颂领袖的漫画，指出"我拿这幅漫画来给大家看，是为了让我们今后根本免去这类祝贺活动"④。中国共产党汲取革命导师在领导共产主义运动过程中所积累的经验和教训，积极开展各类反映正确世界观的仪式活动。如庆祝中华人民共和国成立、抗日战争胜利等仪式活动，纷纷展现出人民群众在推动历史进程中发挥的重要作用。春节、二十四节气等民俗仪式活动，也体现出人们对自然世界的尊重。

二 叙述革命传统，形构自我生命意义

生命意义是人们在实践中形成的对人生价值、目的的基本认知。对

---

① ［日］吉田帧吾：《宗教人类学》，王子今、周苏平译，陕西人民教育出版社 1991 年版，第 52 页。
② 《马克思恩格斯全集》第 10 卷，人民出版社 1998 年版，第 744 页。
③ 《马克思恩格斯全集》第 38 卷，人民出版社 1972 年版，第 231 页。
④ 《列宁全集》第 38 卷，人民出版社 2017 年版，第 360 页。

自我生命意义的理解和把握，决定着人生态度、人生目标，以及人生道路的选择。是追求吃喝玩乐的人生目标，还是选择奉献奋斗的人生道路，最终会形成不同的生命意义。谢觉斋弟弟在信中写道："弟株守乡园，与木石鹿豕同居游，除鸡鸣犬吠以外，别无闻见，加以发疏齿落，衰惫不堪，为社会寄生虫，于人生意义毫无趣味，其愧故友何如。"① 表达出对庸庸无为的人生的悲叹。那么，什么样的人生是有价值的，能够留存于历史文化长河之中？这一追问一直被人们思索着。在中国传统文化中，关于生命意义的探讨主要集中在如何使人生不朽这个关键问题上。《左传》记载了鲁襄公关于人生三不朽的讨论：

>　　二十四年春，穆叔如晋。范宣子逆之，问焉，曰："古人有言曰，'死而不朽'，何谓也？"穆叔未对。宣子曰："昔匄之祖，自虞以上为陶唐氏，在夏为御龙氏，在商为豕韦氏，在周为唐杜氏，晋主夏盟为范氏，其是之谓乎！"穆叔曰："以豹所闻，此之谓世禄，非不朽也。鲁有先大夫曰臧文仲，既没，其言立。其是之谓乎！"豹闻之："大上有立德，其次有立功，其次有立言。"虽久不废，此之谓不朽。若夫保姓受氏，以守宗祊，世不绝祀，无国无之。禄之大者。不可谓不朽。

中国传统的自我生命意义包括两个方面：一是低一层的生命意义。对于普通民众而言，将子孙后代的繁衍昌盛视为自我生命的延续，即家族传袭的世禄不朽。随着这一观念的扩展，家族传袭的不朽由家族爵禄世袭，变到家族血统世袭。"只要血统传袭，儿女的生命里便保留了父母生命之传统，子孙的生命里便保留了祖先生命之传统。如此则无论何人，在此世界，皆有永生不朽之实在生命，不必以短促的百年为憾。"② 二是高一层的生命意义。士人阶层要"立德立功立言"以实

---

① 《谢觉斋日记》（上卷），人民出版社1984年版，第539页。
② 钱穆：《灵魂与心》，广西师范大学出版社2004年版，第6—7页。

现人生之不朽。在人的身生命①逝去之后，他的道德事功言论依然留在世上，具有延续性的价值，能长久地对社会和他人发展起到作用，这便是不朽。无论是从较低层次还是从较高层次来看，东方人所追求的生命意义是希望死后他的生平事迹以及主要思想留在家属子孙或后代他人的心里而得到不朽。

马克思主义对于生命意义最根本的指向是为人类解放奋斗终身。马克思主义认为，人具有自然属性，更重要的是具有社会属性，作为处于一定社会关系之中的社会存在物而立足。谈到生命意义，必然存在主体和客体两个方面，这样就要求将人的生命意义置于社会环境中考量。也就是说，只有对社会作出重要的贡献，这样的生命才是最有意义的。马克思本人就是追求这一人生意义的践行者。作为坚定的唯物主义者，他坚守"役物而非役于物"的人生目标，不仅不沉迷于物欲横流的世界之中，而且坚决批判商品拜物教。在职业选择上马克思不是基于经济、物质利益的考虑，而是从人类社会发展的角度，作出立志为人类的幸福和解放而奋斗终身的选择。延续马克思主义关于生命意义的思想，在我国社会主义现代化建设中，自我生命的意义更多的是建立在对社会的贡献之上。从根本上看，社会主义社会中个体利益与集体利益是一致的，个人脱离集体是无法存在和生活的，只有投身于社会建设的生动实践中，个人的价值才能得到生动的展现。钱穆在《灵魂与心》一书中指出："生命最具体，然亦最抽象。因其最具体，故最易认识。亦因其最抽象，故亦最不易认识。"② 生命意义是抽象的且十分重要的，借助具有具象性和教育意义的个体叙事活动，有助于实现自我生命意义的形构。

首先，个体叙事通过语言文本清晰地传递正确的人生观，促进个体认知生命意义。关于这方面的语言文本种类较多，一是红色小说类

---

① 钱穆在《灵魂与心》一书中，将生命分为心生命和身生命，认为身生命极短暂，仅限于各自的百年之寿；心生命可悠久，常存天地间，永生不灭。
② 钱穆：《灵魂与心》，广西师范大学出版社2004年版，第110页。

叙事文本，如叙述抗美援朝战士英勇反击侵略军事迹的报告文学《谁是最可爱的人》，叙述共产党人视死如归、献身革命的英雄主义气概的文学作品《红岩》，等等。它们对真实的历史做了艺术加工，刻画出英雄人物的鲜活形象，传承和弘扬了革命精神，赓续中国共产党人的红色基因。二是领导人著作类叙事文本，如毛泽东为缅怀国际主义战士白求恩，赞扬他为中国人民抗日战争作出突出贡献而写作的《纪念白求恩》[①]；为纪念八路军战士张思德，在其追悼会上所作的演讲《为人民服务》[②]，等等。领导人针对时局的重要讲话和文章，从较高的政治站位上叙述了典型人物身上所体现的人生价值，这些"历史文化中正面有名人物之心生命，乃是在心生命中发展到最高阶层而由后人精选出来作为人生最高榜样，最上样品的。我们该仿照此标榜与样品来各自制造各自的心生命"[③]。三是通俗读物类叙事，如以历史故事为题材的《长征的故事》《列宁的故事》，以通俗哲学为题材的《大众哲学》《新哲学的人生观》，这些通俗类叙事作品从不同视角解读了生命意义，以人民群众所能理解和接受的历史叙事、比较叙事的方式，向民众传递马克思主义人生观哲理。

其次，个体叙事通过影视艺术鲜活地传递正确的人生观，促进个体在审美体验中探索生命意义。这类叙事活跃在荧屏和舞台上，例如电视剧《钢铁是怎样炼成的》，讲述了主人公保尔·柯察金从一个不经世事

[①] 毛泽东在《纪念白求恩》一文中高度赞扬了白求恩的共产主义精神："白求恩同志毫不利己专门利人的精神，表现在他对工作的极端的负责任，对同志对人民的极端的热忱。每个共产党员都要学习他。不少的人对工作不负责任，拈轻怕重，把重担子推给人家，自己挑轻的。一事当前，先替自己打算，然后再替别人打算。出了一点力就觉得了不起，喜欢自吹，生怕人家不知道。对同志对人民不是满腔热忱，而是冷冷清清，漠不关心，麻木不仁。这种人其实不是共产党员，至少不能算一个纯粹的共产党员。从前线回来的人说到白求恩，没有一个不佩服，没有一个不为他的精神所感动。晋察冀边区的军民，凡亲身受过白求恩医生的治疗和亲眼看过白求恩医生的工作的，无不为之感动。每一个共产党员，一定要学习白求恩同志的这种真正共产主义者的精神。"

[②] 毛泽东在《为人民服务》一文中倡导为人民服务的人生价值选择："人总是要死的，但死的意义有不同。中国古时候有个文学家叫作司马迁的说过：'人固有一死，或重于泰山，或轻于鸿毛。'为人民利益而死，就比泰山还重；替法西斯卖力，替剥削人民和压迫人民的人去死，就比鸿毛还轻。张思德同志是为人民利益而死的，他的死是比泰山还要重的。"

[③] 钱穆：《灵魂与心》，广西师范大学出版社2004年版，第112页。

的少年成长为一名具有钢铁般意志的布尔什维克战士的人生故事,剧中一幕幕保尔忠于革命、坚强不屈的画面,一场场保尔同命运作斗争的情景,凝结为片尾的那一段话:

> 人最宝贵的东西是生命,生命属于我们只有一次。人的一生应当这样度过,当他回首往事的时候,不因虚度年华而悔恨,也不因碌碌无为而羞耻——这样,在临死的时候,他就能够说:"我的这个生命和全部精力,都已经献给世界上最壮丽的事业——为人类的解放而斗争。"

舞台话剧和歌剧《女英雄刘胡兰》,演员通过入情的表演向观众呈现出刘胡兰不畏强暴、英勇就义的革命精神。在越剧版中,刘胡兰(简称兰)在奔赴刑场时,与匪军某连徐连长(简称徐)的一段对话表演感人至深:

> 徐:你要是反悔自白还来得及,否则——
> 兰:(唱)我不用反悔不自白,
> 我不怕流血与牺牲!
> 徐:你年纪还轻,死了就不能享福了啊。
> 兰:(唱)共产党最有骨气,
> 一心只知要斗争,
> 铲除恶霸刽子手,
> 岂顾自己死与生!
> 徐:(止住了气)我看你年纪还小,可能是受了坏人的利用,我给你五分钟的考虑时间,嘻嘻,可是只有五分钟,五分钟哪。
> 兰:(大怒)呸!
> (唱)我不要你多给五分钟,
> 今天的事情已摆明,
> 不要脸的贼强盗,

你仗恶势欺负人。
你杀了看庙的老公公，
你又杀害六好民兵，
你替阎锡山当走狗，
处处剥削穷百姓。
谁是好，谁是坏，
大家有眼看得清，
要杀我，不后悔，
要铡要杀快执行！
徐：（大怒）不识抬举的东西，铡了她！
兰：（唱）你杀我一人不要紧，
共产党人杀不尽，
黄河巨浪汹涌起。
千百万人在后跟，
地主恶霸要消灭，
总有一天要你命，
杀你们，剐你们，
要为人民报仇恨，
剥你皮来抽你筋，
千年血债一日清。
（大呼口号）共产党万岁！毛主席万岁！
（冲过去举手打徐）。
徐：（大怒）杀！杀！杀！①

以影视艺术为媒介的个体叙事还活跃在画纸上，如连环画《渡江侦察记》《新儿女英雄传》《铁道游击队》等等，革命精神被一笔一笔地在

---

① 汪培、左弦改编：《女英雄刘胡兰（越剧）》，劳动出版社1950年版，第86—87页。

纸上勾勒出来，从表层形象审美的故事进入民众深层的精神世界之中，自我生命意义在这里实现了对个体的"召唤"。抽象的生命意义经由影像和图像叙事得到具象性的呈现和表达。

最后，个体叙事还借助人生礼仪对民众开展人生观教育。成人礼作为人生礼仪的一种，在传统礼仪教化体系中占据着重要地位，是培养自我生命意义、增强公民意识的重要仪式活动。成人礼以18岁作为时间点，这主要依据《中华人民共和国宪法》和《民法典》对于18周岁以上的公民是具有政治权利的成年人的规定。18岁标志着青年以一个拥有权利和义务的成年公民的身份贡献社会、服务国家的起始。1996年，团中央为成人礼规定了统一标志和主题歌，《青春的宣言》《十八岁的节日》《长大成人》等歌曲被作为成人礼的主题曲，其标志造型"由阿拉伯数字'18'"组成，形似一只飞鸟。[1]《人民日报》曾刊登了成人礼的叙事歌，其中的一段歌词是："我知道，作为一个中华人民共和国的公民对祖国的责任，对人民的责任。因而，我必须在中国共产党领导下努力学习，不断充实自己，提高自己，并严格地要求自己。——一个肩负大任的人必须是一个大写的人"[2]。公民意识和生命意义教育在吟唱叙事歌的成人仪式操演中体现出来。

三 内化共同体意识，形成自我身份认同

个体内在地具有对于秩序、结构和可预测等需求，回答"我是谁""我该怎么做"，就成为个体的内在需要。人是社会性动物。人一出生就被置于社会范畴之中，上述内在需要只有归属于某一个群体，获得社会认同，才能获得归属感、自尊心和安全感。因为个人之归属于他的基本群体，"就是他在那儿不是孤立的，而除了极少数的人，孤立正是所有人都最感到害怕的"[3]。社会范畴由种族、国家、阶级、职业、性别、宗教

---

[1] 罗先勇：《成人仪式有了统一标志和主题歌》，《人民日报》1996年4月18日第3版。
[2] 曾卓：《为18岁人而歌》，《人民日报》1995年7月28日第12版。
[3] [美]哈罗德·伊罗生：《群氓之族：群体认同与政治变迁》，邓伯宸译，广西师范大学出版社2015年版，第86页。

第四章 | 思想政治教育叙事的现实实践

等组成。社会认同是"个体知晓他/她归属于特定的社会群体,而且他/她所获得的群体资格会赋予其某种情感和价值意义"①。社会认同的本质是自我的范畴化,即自我将种族、国家、阶级、职业、性别、宗教等所内含的意义、秩序、结构等不断加以内化,一方面,它使"某人认为自己与该范畴的其他成员是'相似的',而且他们具有相同的社会认同,也就是说,自我范畴化将某人自身放置在相关的社会范畴里,或者将群体植入他/她的头脑当中;另一方面,自我范畴化会让个体在某些维度上做出与范畴相符的行为,这些维度就是划分范畴的那些刻板化维度"②。社会认同"帮助我们在这些选项中进行选择。采取一种认同,让它成为我的,就是让认同去构造我的生活方式"③。对"我的生活方式"的构造,最核心的是自我身份的获得,它不仅为个体提供了意义、方向感,回答了"我是谁"的问题,也编织了个体的生活方式,回答了"该怎么做"的问题,同时也因此使个体获得了归属感、自尊心、安全感。在自我的故事中,个体维度和集体维度都起到了作用,但"只有集体认同有剧本,而且只有它们才能算作伊恩·哈金所说的'人格类型'"④。因而,思想政治教育叙事语境下的社会认同多与集体认同有关。

思想政治教育叙事是塑造自我身份认同的重要方式。查尔斯·泰勒认为,我们从叙事方式中把握自己的生活,这是形成自我意识的一个基本条件,因此叙事不是可有可无的。⑤ 阿皮亚认为:"对现代人来说,叙事的形式就像将一个人的生活看作一段特定的弧,每个人通过

---

① [澳]迈克尔·A. 豪格、[英]多米尼克·阿布拉姆斯:《社会认同过程》,高明华译,中国人民大学出版社 2011 年版,第 9 页。
② [澳]迈克尔·A. 豪格、[英]多米尼克·阿布拉姆斯:《社会认同过程》,高明华译,中国人民大学出版社 2011 年版,第 28 页。
③ [美]夸梅·安东尼·阿皮亚:《认同伦理学》,张容南译,译林出版社 2013 年版,第 42 页。
④ [美]夸梅·安东尼·阿皮亚:《认同伦理学》,张容南译,译林出版社 2013 年版,第 41 页。
⑤ 参见[美]夸梅·安东尼·阿皮亚《认同伦理学》,张容南译,译林出版社 2013 年版,第 40 页。

自我塑造来表达他是谁，正是这样的生活故事使我们的生活变得有意义。"① 思想政治教育叙事所编织的生活故事不仅为个体提供了意义和方向感，也为其提供了日常生活的框架，并满足了个体在归属、自尊、安全方面的内在需要。阿拉斯代尔·麦金太尔认为，正是因为我们以叙事的方式来理解我们自己的生活，所以以叙事方式来理解他人的生活也是一个适当的方式。每个人的短期意向只有通过一些长期意向才能得以说明，因此，只有当我们知道长期和最长远的意向是什么，这些短期意向如何与长期意向相关联的时候，我们才能举止适当。② 当个体的短期意向通过长期意向得以表达的时候，我们实质上卷入了叙事史的写作。思想政治教育叙事所提供的意义和方向，使个体的短期意向得以表达。个体卷入这一叙事的过程中，不仅获得了意义和方向，还获得了归属感与自尊心以及生活的框架。正如阿皮亚所言："与基本群体认同的功能最密切相关的，是每个人的人格与生活经验中两个关键性的成分，亦即他的归属感与自尊心。归属感与自尊心的建立有多种途径，并因各自情况的不同，以不同程度的正面手段与负面手段满足其需求，进而塑造群体成员大部分的行为模式。"③ 因而，思想政治教育叙事是建构自我身份认同的重要方式。

格罗塞认为："无论是主动追求还是被迫塑造，有限制的身份认同几乎总是建立在一种对'集体记忆'的呼唤之上。"④ 历史、神话、民间故事、艺术、文学、社会信仰与习俗等是集体记忆的承载者，它们在塑造政治认同的同时，也建构了自我的身份认同。它们本质上是观念的集合，向人们提供了宽松的规范和模型，人们据此塑造其生活计划。简言之，

---

① ［美］夸梅·安东尼·阿皮亚：《认同伦理学》，张容南译，译林出版社2013年版，第41页。

② 参见［美］阿皮亚《认同伦理学》，张容南译，译林出版社2013年版，第40页。

③ ［美］伊罗生：《群氓之族：群体认同与政治变迁》，邓伯宸译，广西师范大学出版社2015年版，第84—85页。

④ ［法］阿尔弗雷德·格罗塞：《身份认同的困境》，王鲲译，社会科学文献出版社2010年版，第二版序言第3页。

"集体认同提供的是我们所说的剧本：人们用剧本里的叙事来塑造他们的生活计划，讲述他们的生活故事"①。正是在这种剧本的叙事里，个体形成了我是中国人、我如何更好地与这个世界打交道以及我与政府、社会、家庭的关系等自我身份意识。不同族群、国家、文化等之间的对比，更容易激起自我身份的认同。格罗塞认为："从那种排他性记忆中所产生出来的过度敏感也会导致过于倾向自我身份定义。"② 在抗日战争、抗美援朝战争、中印边境自卫反击战等战争中，中国与外部冲突的历史记忆，从客观上强化了中国人的民族意识，进而强化了个体自我身份认同意识。随着信息时代的发展，对国外的政治、文化、历史、社会等信息的接触越来越多，也越来越及时，这些信息尤其是部分反华言论和行动，进一步激起了个体的民族意识、国家意识，强化了自我的身份认同。

集体的记忆以及来自外部的信息是通过文学、影视、民间故事以及仪式活动传递给受叙者的。阿皮亚认为：

> 我们的个人历史，有关我们到过哪里、要去哪里的故事，有多少是在像小说和电影、短篇小说和民间故事那样的叙事传统里被建构起来的。事实上，流行叙事（不管是电影还是电视，是说出来的还是写出来的）为我们做的一件事就是向我们提供讲述生活的范式。与此同时，我们的集体认同——一个社会向其成员提供的整个剧目——的部分功能是去构造个体自我的可能叙事。③

在古代，三皇五帝的传说以及中华文明的精神、道德、信仰等，通过诗歌、散文、小说等一代一代地传递下来，形塑着每一个中国人的自

---

① [美] 夸梅·安东尼·阿皮亚：《认同伦理学》，张容南译，译林出版社2013年版，第39页。
② [法] 阿尔弗雷德·格罗塞：《身份认同的困境》，王鲲译，社会科学文献出版社2010年版，第二版序言第5页。
③ [美] 夸梅·安东尼·阿皮亚：《认同伦理学》，张容南译，译林出版社2013年版，第40—41页。

我身份认同。在反击日本侵略、反对美国霸权、开展社会主义建设以及改革开放以后不断融入世界的过程中,涌现出了许多展现中国共产党和人民群众坚毅不屈、奋勇前进、勤劳勇敢、热爱和平的影视、文学、纪念活动等,它们所建构起来的叙事不仅传递了中国人的精神风貌、价值观念、行为方式,也传递了中国人对待家庭、社会、国家、民族、国际的态度和思维方式,为个体提供了意义和生活方式,塑造了个体的自我身份认同。进入新时代以后,中国在经济、科技、文化等方面的巨大成就,也通过文学、影视、故事以及宣传工作中的报道一一呈现出来,强化了作为中国人的自豪感和中华文明的优越感,进而强化了自我的身份认同。费丽莫和辛金克提出了一种经验理论层面的陈述。她们在讨论国际规范形成的时候,借用了一个规范的"生命周期"的说法,认为国际规范的形成要经过一个发展过程,这个发展过程有着三个阶段:兴起阶段、普及阶段和内化阶段。规范兴起阶段主要靠规范倡导者的宣传鼓动和规范倡导机构的促进并得到国家的支持,将规范推至临界点;规范普及阶段主要是广大行动者对规范的接受,一旦规范超越了临界点,就会迅速扩展;规范内化阶段是行动者对规范的内化,使之成为自我身份认同的一部分。[1] 这里的规范包括了国际关系交往准则、一个文明的世界图式、对不同国家和地区的态度等等。叙事者对"规范"的倡导和宣传是所在文明的价值理念的一部分,也是彰显其文明特色的重要环节,因而,"规范"的内化有助于建构自我的身份认同。中国共产党成立以来,一直致力于实现人类的自由解放,为了人类的和平发展,中国共产党先后提出了坚持和平共处五项原则、构建国际政治经济新秩序、构建人类命运共同体等,这凸显了中国共产党和中国人民对和平、发展的向往,对世界贫困、南北差距、地区冲突等问题的基本态度,与单边主义、霸权主义、贸易保护主义等形成了鲜明对比,有助于增强个体的自我身份认同。

---

[1] 参见秦亚青《权力·制度·文化:国际关系理论与方法研究文集》,北京大学出版社2005年版,第178页。

第五章

思想政治教育叙事的成效与问题

国家叙事、社会叙事和个体叙事在实践中的展开取得显著的效果，不仅建构了价值体系，而且形塑了社会秩序和政治秩序，但与此同时，由于现实中叙事者自身以及叙事环境和媒介还存在一些问题和挑战，在某种程度上也阻碍了思想政治教育叙事实践的顺利展开和功效的实现。以下从成效和问题两个方面对思想政治教育叙事现实实践的开展进行分析。

第一节 思想政治教育叙事的显著成效

思想政治教育叙事的价值旨归并不在于呈现故事，而是在于对个体价值观念、社会和政治秩序的塑造。国家叙事、社会叙事和个体叙事在现实中的实践，将个人体验、意义赋予和现实建构交汇于其中，通过调节个体思想情感、引导社会价值方向、凝聚集体共识，产生着重要的思想政治教育功用。

一 生成价值秩序

人们通过故事塑造着他们的生活，而故事围绕着"他们是谁"和"其他人是谁"而展开，人们就是用这些故事解释着自己的过去。在现代的术语之中，"故事"被看作一扇门户。通过它，个人进入世界，并且解释其在世界之中的经验，使其对于个人来说具有意义。①

从这个意义上看，叙事活动本身就包含着自我意识的觉醒，并在叙事内容信息传递的过程中塑造着人们的世界观以及价值体系。

（一）促进"意义之网"的建构

与单纯地讲故事、看电影等众享的娱乐活动不同，思想政治教育叙事虽然有着明快活泼的形式，但它并不是以享受与消遣为目的的，而是仅仅将其作为手段。它在让个体获得丰富教育体验的同时，也寓理于事，用符号传递社会价值观念，教育与引导个体朝着既定的方向发展。在生活世界里，思想政治教育叙事用语言、文字、图像等多种载体承载精神文化符号、行为文化符号、物质文化符号等具有多层意义的象征符号，搭建了一张庞大的"意义之网"，实现了事实呈现与意义表达的统一。这些符号表达了两种不同指向，即能指与所指。所指反映事物的概念，"能指是符号的可感知部分"②，符号的所指与能指使得符号具有表意功能，有着"言于此，意在彼"的意味，成为意义存贮、转换和承担者，可以让抽象的理论具象化，深奥的道理浅显化。这种用图像化、形象化方式来传递意义，比单纯地讲道理更能让人记忆深刻。思想政治教育叙事正是通过叙述由一套丰富而强大符号体系所建构的事，使空洞、难懂的政治概念、价值信仰易于被个体感知和接受，从而实现个体的价值认同。正所谓"一个故事胜过一打道理"，一次叙事教育超越多次强制灌输。蕴含着改革发展之道、大国外交之道、修身为人之道的思想政治教育叙事构建起巨大的象征体系，用说事的方式来说理，以潜移默化的温润形式，将其所传达的象征符号转变为个体"意义之网"的一部分。③

---

① Clandinin, D. J., "Narrative Inquiry: A Methodology for Studying Lived Experience", *Research Studies in Music Education*, 2006, p. 375.
② 赵毅衡：《符号学》，南京大学出版社2012年版，第91页。
③ 参见蒋雪莲《思想政治教育叙事的基本功能及其策略优化》，《理论导刊》2020年第9期。

第五章 思想政治教育叙事的成效与问题

在传统社会里,"意义之网"的核心是信仰,而信仰的核心又是生命的终极意义。这一意义由儒教、道教、佛教共同构成。在儒家看来,人性和天道是相通的,通过在日常生活中践行以孝悌为核心的家庭伦理,可以体察人性,通过体察人性可以领悟天道。在这一过程中实现天人合一。实现了天人合一,生命便可以由短暂走向永恒。这种思想在不断的大众化、世俗化。这一变化的结果是家庭成为一个大生命,自我成为一个小生命,自我作为小生命融入大生命之中,自我的小生命便得到了延续,也就是说,子孙后代的繁衍昌盛便是自我生命的延续。中国民间的信仰是一种半来世、半现世的信仰。所谓来世,是希望死以后,能进入一个没有生老病死、没有旦夕祸福、生命无限延续的美好世界,所谓现世,是子孙后代的繁衍昌盛被视为自我生命的延续,只要子孙后代的记忆里还有我,我的生命就是存在的。随着世界的祛魅化,民间信仰中来世的观念逐渐淡化,愈来愈将生命的意义寄托于家庭之上。因而,在传统社会里,无论是中国的社会精英,还是平民百姓,都将子孙后代的繁衍昌盛作为自我生命的延续,都将家庭本身视为一种生命意义的寄托。

这一"意义之网"多由儒家的典籍、风俗习惯、民间宗教等叙事内容建构而成。由儒家典籍的文本所形成的思想政治教育叙事,是信仰体系建构的重要途径。经典文本为学习者提供了天地万物有机统一的世界图式,阐述了这一图式下的人性观、天道观。在经典学习中,学习者不自觉地在这一框架下建构其自身的世界图式和认知框架,并最终形成了以天人合一为终极追求、以家庭伦理践履为方式的信仰体系。这一体系不断地被儒家知识分子的阐释、私塾先生的教育所强化着。风俗习惯所内含的叙事则构成了这一信仰体系大众化的重要因素。一套在社会上广为沿袭的礼仪、社会公约、乡规民约等,如尊老爱幼、祖先崇拜、孝顺父母等,以其不证自明性、神圣性以及由此所形成的社会压力,被一代又一代中国人所遵循。风俗传统的背后是一系列关于世界、社会、人生、家庭等的价值观念,当其被遵循或者被操演时,价值观念所内含的"意义之网"也被传承和内化着。

中国共产党成立以后,马克思主义成为党员干部信仰的世界观、人生观、价值观,它们建构了马克思主义的"意义之网"。之所以成为"意义之网",是因为马克思主义不仅指出了中国共产党为之奋斗的最低纲领和最高纲领——实现新民主主义革命的胜利、实现社会主义和共产主义,也指出了中国共产党为人民服务、热爱祖国、不怕牺牲的家国情怀和高尚精神。新中国成立以后,马克思主义世界观、人生观、价值观不仅成为党员干部的信仰,还被逐渐树立为整个社会的信仰、观念和理想。改革开放以后,在政治建设、经济改革、社会发展、文化创新等基础上,逐步形成了社会主义核心价值体系,党的十八大将之进一步提炼、精简,提出了社会主义核心价值观。社会主义核心价值观既是新时代经济社会发展的现实反映,又反映了进一步推动其变革发展的价值诉求,也同样构成了新时代的"意义之网"。

在"意义之网"中,最核心的是自我生命的意义。社会主义核心价值观将个体对国家、对社会、对人民、对民族的奉献视为自我生命的价值所在。这意味着个体通过国家、社会、人民、民族这样的"大生命"的延续,实现了自我"小生命"的延续,自我生命的意义得以实现。因而培育和践行社会主义核心价值观,是构建新时代"意义之网"的重要内容,而叙事则是培育和践行社会主义核心价值观,并以之建构"意义之网"的重要促成因素。叙事的促成作用是个体在对叙事内容正反两方面的接受和体悟的过程中逐渐实现的。正如《三国志通俗演义序》中指教读者说:"若读到古人忠处,便思自己忠与不忠;孝处,便思自己孝与不孝。至于善恶可否,皆当如此,方是有益。若只读过,而不身体力行,又未为读书也。"[①] "读者通常都相信故事中的社会关系与行动方式可以用来指称自己所处的现实社会中人与人的关系以及人的行为方式。对于自古以来的绝大多数普通民众来说,道德与智慧都不是抽象的概念,而

---

① 朱一玄、刘毓忱编:《三国演义资料汇编》,百花文艺出版社1983年版,第270页。

是故事及故事中人物所指称的现实。比如用道义、人心的向背来解释兴亡之道，就是《左传》中的战争故事教给人们的；而鞠躬尽瘁不计成败的人格价值则是《三国演义》中诸葛亮形象显示出来的；困难当头，人们便想到岳飞、杨家将；政治昏暗，便想到秦桧、西太后。人们要褒扬一种高尚行为，必然要用故事人物及其行为来指称；反之，要贬斥恶人劣迹，也自然而然地将之同故事中的恶人恶行联系起来。这一切都表明故事决不仅仅是过去的事，它作为一种符号或符号系统指示着人们身边的现实，给现实赋予意义。"① 上述作用体现在以下几个方面。一是在国民教育体系中，思想政治教育叙事对社会主义核心价值观的传播。对于青年学生，思想政治教育叙事的主要文本重点讲解了社会主义核心价值观的内容、来源、意义等，使其能入耳、入脑、入心。同时，让青年学生参观思想政治教育实践基地、参与公益活动等等，在具体的实践、丰富的场景中，让他们立体地感受社会主义核心价值观。此外，通过学校报刊、广播电视、校园网络，将体现社会主义核心价值观的故事、案例、人物等，鲜活地展现给青年学生，使之与青年学生的日常生活经验、认识特点、价值观特点等相结合，更好地实现社会主义核心价值观的内化。这实质上在国民教育体系中构建了一个涵括教材文本、课堂教学、教师展示、实践平台、校园文化的思想政治教育叙事体系，既有叙事内容，又有叙事手段，既有外在的灌输，又有内在的启发，既有理论学习，又有实践感悟。正是在这一叙事中，社会主义核心价值观得以不断地内化于心、外化于行。

二是以哲学社会科学、新闻媒体、互联网、文化产品等为代表的叙事体系对社会主义核心价值观的宣传。哲学社会科学能够对社会主义核心价值观进行理论阐释，指出其背景、意义、逻辑等，以阐释的理论性、体系性、深刻性，促进党员干部、青年学生和人民大众对社会主义核心价值观的认识、理解与内化。其中，社团、讲座、论坛、研讨会、报告

---

① 高小康：《人与故事——文学文化批判》，东方出版社1993年版，第17页。

会等以鲜活的叙事形式,严谨的叙事手段,吸引参加者在深度的参与中内化核心价值观。报纸、杂志、电视以及以互联网为依托的新媒体等,以广泛的渗透力、适合不同群体的内容、富有吸引力的表现形式等等,寓教于乐,使受众在多种符号交织的视觉冲击下、在多种故事所展现的想象力的吸引下,理解、认知、内化社会主义核心价值观。影视作品、经典书目、红色文化等文化产品,以其生动性、学理性、历史性等吸引着受众、阅读者或者参观者,在欣赏、理解、模仿整体的故事叙事中,潜移默化地接受其中内含的价值观念。

三是社会实践中的思想政治教育叙事体系对社会主义核心价值观的传播。先进人物表彰或者纪念大会、英雄人物陈列馆、历史博物馆等,使人民大众在具体接触、参与承载了社会主义核心价值观的人物活动、物件所折射出来的历史记忆、先进人物的活动中,具体感受社会主义核心价值观的魅力。春节、国庆节、中秋节等重大节日,在新的节日文化塑造过程中,不断地与社会主义核心价值观相结合。与这些节日相关的庆祝活动的开展,可以让参与者在热烈的气氛、丰富的情感中,内化社会主义核心价值观。

(二) 促成现代自我意识的形成

叙事是人类社会的普遍现象,跨地域、跨历史而广泛流传的戏剧、小说、歌剧、电影等等都有叙事的身影,它有着难以细数的形式。由于,每一个人都是相对独立的个体。每一个人作为相对独立的个体都存在着如何认识自我、自我与他人、自我与社会、自我与世界的内在需要和外在要求。自身意识主要包括自我的身份认同、自我对自身与他者、与世界关系的认知等等。对这些关系的认识既是自我不断学习、模仿、反思、调适的结果,也是外部环境、文化传统、社会结构等影响的结果。而贯穿于社会互动和自我表达之间,涵括了历史、文艺、习俗、仪式等内容的叙事既是塑造社会生活秩序以及形成自我意识的重要途径,又是二者在话语上的动态展示。特别是,叙事活动中故事的插入使直接的生存活动被延宕的同时得到了意义,这是人要讲故事的根本原因。人需要理解和评价他自己，这是自古希腊以来对人的精神需要的基本认识，用古希腊德尔斐阿波罗神庙的神谕来说，就是"认识你自己"。这种精神需要"在古典哲学观念中被理解为人的'镜式本质'，即把作为认识主体的自我同生存状态中的自我分离开来，前者象镜子般映照出后者的形象。哲学家们相信这是哲学的使命，其实这是故事的使命：故事在插入生存活动中时使人同物质世界拉开了距离，由直接的操作应对转换为对生活'形象'的关注（用哲学术语来讲就是'观照'）。故事虚构的是与己无关的生存状态，但却对与己直接相关的生存状态产生了作用，使故事的接受者得以将自己的生存状态与故事虚构的其它人、其它时空中的生存状态加以比较，从而构造出了自己生存状态的形象，而对自身形象的反观正是人的最基本的精神需要"[1]。

叙事对个体自我意识的塑造从传统社会一直延续到现代社会。传统社会以家庭为本位，自我被融入集体之中，其独立性、自主性让位于父权的权威性、家庭的集体性。将家庭视为生命意义的寄托，意味着自我履行家庭伦理是为了自我的实现，家庭构成自我的核心。而在家庭之中，父子关系、夫妇关系则是自我实现的"媒介"。在这种认识下，自我在与父亲、与妻子、与兄长等的关系中，履行儒家的恭顺性伦理，同样是自我实现的需要。同理，自我与朋友、与老师、与君主等的关系亦如此。儒家的这一自我意识散置于《论语》《大学》《中庸》《孟子》等儒家经典中。在经典建构的叙事体系下，自我愈是沿循儒家设定的世界图式、终极意义，愈是被自觉地纳入儒家设定的自我与他者、与社会、与世界的关系框架中。内含了儒家伦理道德的一些故事，如孔融让梨、卧冰求鲤、黄香温席等，同样向个体灌输上述思想观念。这一意识在民间信仰所构建的叙事中深入社会的各个角落，促成了宗法社会、家国同构。在民国时期的新文化运动中，自主、权利、共和、科学等思想观念，建构了新的自我意识，使自我对与他者、与社会、与世界关系的认知发生了

---

[1] 高小康：《人与故事——文学文化批判》，东方出版社1993年版，第21页。

本质转变。这些思想观念以不同的叙事方式在社会上传播，对社会整体思想观念的变迁起到了重要的推动作用。鲁迅的《狂人日记》、茅盾的《子夜》、巴金的《激流三部曲》等文学作品，以优美的语言、丰富的内容、富有吸引力的表达方式向青年学生传播了上述思想观念。《民族文学》《小说月报》《文学旬刊》等文艺类刊物，则为这些文学作品的传播提供了载体。

马克思主义的最终目的是消灭阶级、消除压迫，实现人的解放、实现人的自由、全面发展。实现这一目的也是中国共产党人奋斗的目标。建党以来尤其是新中国成立以后，中国共产党在人民群众中广泛宣传教育人民群众是历史的主人、人民群众是国家的主人、劳动光荣、婚姻自由、男女平等、人人平等等思想观念。这些思想观念经过前述语言文本、影视艺术、仪式活动等叙事，被潜移默化地传递到党员干部和人民群众的思想观念中。无论是农业学大寨、工业学大庆、学习雷锋等先进典型的叙事，还是《小二黑结婚》《白毛女》《青春之歌》等戏剧艺术所展现的叙事，以及《人民日报》《光明日报》《解放军报》等对人人平等观念的宣传，都以叙述精彩的故事，寓教于乐，以喜闻乐见的形式向党员干部和人民群众传递上述思想观念。这些思想观念的背后是自我逐渐作为一个相对独立的个体被更为广泛地加以认知，并在法律中被中国共产党加以确认。这些思想观念相对于传统社会时期的缺乏自我、突出家庭的思想观念，更强调了个体的独立性、主体性。在个体与家庭、与社会、与国家的关系中，都强调了个体与它们关系的主体性。因而，五四运动和新文化运动所提倡的个体意识，在新中国成立以后被进一步凸显。民国时期对这些观念的提倡尽管也运用了多种叙事，产生了深刻影响，但由于经济水平、政治环境、教育水平等的限制，并没有非常广泛地深入社会之中，尤其是广大农村。新中国成立以后，中国共产党通过上述叙事方式，使这些思想观念深入社会的各个角落，真正深刻、广泛地促进了人民群众现代自我意识的发展，因而深刻地改变了中国社会。虽然由于政治、经济、文化、教育等原因，还存在一些不足，但为改革开放以后自由、平等、法治、民主等理念在广大党员干部和人民群众中的生根发芽奠定了重要基础。

改革开放以后，随着社会主义市场经济的发展，个体作为市场主体，自由参加买卖、公平竞争、等价交换，这些基础性因素的改变进一步增强了自由、民主、平等、权利等思想观念的发展。中国共产党结合新的社会变化，同样通过语言文本、影视艺术、仪式活动等叙事形式，使这些观念进一步增强。中国共产党不仅在宪法层面进一步明确了人民群众应该享有的权利，还制定了保护个人私有财产、促进婚姻自由、保障男女平等、建设和谐家庭的法律法规。同时，还通过学校教育、社会宣传来传播这一观念。在这一过程中，以《金婚》《裸婚时代》《家有儿女》等为代表的影视作品对爱情、婚姻、家庭展开的叙事，使上述观念在潜移默化中被接受和内化；以改革开放以后的伤痕文学、先锋派、新写实主义等为代表的文学叙事，更是进一步倡导了自我意识、主体意识。这些观念的传播不仅在父母与孩子、妻子与丈夫、老师与学生等关系之间，也在个体与家庭、与社会、与国家等关系之间，进一步彰显了个体的独立性、自主性。个体成为一个人格、思想、尊严独立并享有法律保护的各种权利的个体。人民群众的法律意识、权利意识、主人翁意识的增强即是这种独立的自我意识不断强化的表现。

二 形塑社会秩序

"人类自从能够交谈开始就一直生活和讲述着我们的生活故事。我们讲述的故事和我们存在的时间一样源远流长。这些生活和讲述过的故事，以及关于这些故事的讨论，是我们赋予我们生存的世界以意义的方式之一，也是彼此互助交织，共同建设生活和社区的方式之一。"[①] 叙事通过对人们在共同生活中产生并且依赖的社会文化的传承和延续来规范社会

---

① Atkinson, R., "The Life Story Interview as a Bridge in Narrative Inquiry", In D. J. Clandinin, *Handbook of Narrative Inquiry: Mapping a Methodology*, Thousand Oaks, CA: Sage Publications, 2007, p. 35.

秩序，施展教育功能。

（一）促成家庭秩序的内在规范

家庭是政治和社会的基础。家庭秩序由家庭关系而来，不同的家庭关系形成不同的家庭秩序。在古代中国，家庭秩序是儒家伦理道德影响下的家父长制以及男尊女卑的秩序结构。儒家强调父为子纲、夫为妻纲，在家庭中，家庭财产的分配、家庭活动的开展以及家庭关系的处理等，都以父亲为主。父亲支配着整个家庭的关系和活动。自父系社会以来，随着家庭经济私有化，父亲逐渐获得了家庭的支配权，形成了家父长制。儒家将家父长制下形成的一些伦理道德加以强化，逐渐建构了一个适应并维护这一秩序的伦理道德。通过多种叙事方式，这些伦理道德成为支配家庭关系的基础性规范。在家父长制下，子女要孝顺、孝敬父母，父母也要对儿女仁慈，弟弟要尊重和服从兄长，兄长要谦让弟弟。婚姻是家庭的核心，男女关系是家庭秩序的重要内容。在家父长制下，男性占据家庭主导地位，女性处于从属地位。儒家通过强调男尊女卑将这一秩序进一步巩固。传统中国的家庭是以宗族为单位的大家庭，在族内强调尊老爱幼、相互帮助、长者为尊等等，将具有尊卑、等级的家庭秩序进一步向外围延伸。

在社会意义上，"话语是建构性的（批判的语言学，佩奇尤克斯，波特和韦瑟雷尔），建构社会主体，建构社会关系，建构知识和信仰体系"[①]。叙事对社会的影响，本质上是通过话语建构社会主体、社会关系和信仰体系。作为社会基础单位的家庭秩序，正是通过不同的叙事方式建构而来的。儒家的知识分子和封建统治者通过多种叙事方式，将塑造家庭秩序的伦理道德一代又一代地传递下去。礼仪是塑造这一秩序的重要叙事方式。在祭祀祖先的仪式中，以家族的长者为主导，在许多重要的环节都由男性来进行，不仅昭示了宗族血缘的同源性，还以等级性的安排宣示着长幼有别、亲疏有别、男女有别的家庭秩序。在婚礼中，祭

[①] ［英］诺曼·费尔克拉夫：《话语与社会变迁》，殷晓蓉译，华夏出版社2003年版，第35页。

拜天地、叩拜父母的仪式，凸显了家长的支配地位。此外，在日常生活中，在吃饭、睡觉、家庭相处等方面，处处有着礼仪的规定，这些规定都彰显着家父长制下的家庭秩序结构。这些仪式本身成了神圣的、不可违逆的风俗传统的一部分，形塑着不同时代的家庭成员。在儒家影响下的社会教育，将上述伦理道德记述在《论语》《三字经》《孝经》等儒家经典中，通过私塾教育不断地加以灌输。此外，儒家编纂的孔融让梨、卧冰求鲤、黄香温席等传承伦理道德的故事，以不同方式广为流传。在民间信仰中，儒家的伦理规范与宗教的神话传说相结合，进一步将内含着传统家庭伦理道德的内容加以传播。在道教思想中，将违背传统家庭伦理的行为视为恶，遵守这一伦理规范的行为视为善，善者可以成仙，恶者受到下地狱的宗教性惩罚。佛教也将违背传统家庭伦理的行为视为恶，它将使人陷入生死轮回的痛苦之中。这些伦理性宗教教义通过民间常见的《金刚经》《佛说父母恩重难报经》《太平经》等等，以神圣性的宗教叙事向人民大众传递着传统家庭伦理。在民间信仰中，在寺庙、道观或者家庭中，对道教、佛教神仙体系的祭拜，同样是宗教性叙事，强化着对传统家庭伦理的遵循。在民国时期，传统家庭伦理在新思想、新观念的传播下开始受到冲击。婚姻自由、男女平等等思想观念逐渐传播，等级性的家庭秩序结构受到冲击。《家》《金粉世家》《啼笑因缘》对婚姻自由的提倡，鼓励着年轻男女冲破封建牢笼、摆脱包办婚姻的陋俗，实现婚姻自主。这些文学叙事还鼓励男女青年在职业选择、人生选择等方面的自主性、独立性。这无疑是对传统家庭秩序结构的巨大冲击。民国时期的进步报刊也不断传播着婚姻自由、年轻人的自主性等思想观念，推动了家庭进步思想的传播。

马克思主义家庭观主张男女婚姻自由、家庭成员平等以及婚姻建立在纯洁的爱情之上。中国共产党一直努力推动合理家庭关系的构建。新中国成立以后，婚姻自主、个性自由等思想观念进一步被传播，在党和国家掌握的媒体中被反复提倡，并以法律的形式加以固定。改革开放以来，中国传统家庭秩序结构发生了本质上的变化，一方面，父母和子女之间关系的平等性大大增加，子女在婚姻、上学、就业等方面的自主性逐步增加，一方面，核心家庭成为主流，大家庭衰落，同时，兄弟、宗族之间的血缘、亲缘关系逐步衰落。中国家庭的秩序结构已经由原来的传统家庭秩序结构转向现代型家庭秩序结构。独立、自主、平等等观念的传播是促成这些变化的重要因素，而观念的传播正是依托不同的叙事方式进行的。报刊、书籍以及专家的访谈构成了新时期的重要叙事方式，它们提倡在学习、就业、婚姻等事情中，尊重孩子的个性、保护孩子的基本权益、尊重孩子的选择意愿等等。《人生》等影视作品，在讲述家庭观念、婚姻观念变迁的基础上，反思其中的问题，在以间接方式提倡婚姻自主、恋爱自由、离婚自由的基础上，更加注重婚姻中双方的权利。在互联网与自媒体不断融合的背景下，叙事的方式也随之被革新，上述思想观念通过微博、帖子、段子、评论等进一步传播，使其对人民大众的影响日益广泛而深入。

在努力构建平等、自由、和谐的家庭关系的基础上，也要注重家庭、家教、家风建设。习近平总书记指出："广大家庭都要重言传、重身教，教知识、育品德，身体力行、耳濡目染，帮助孩子扣好人生的第一粒扣子，迈好人生的第一个台阶。"[①] 因而，在新的时代，家庭关系的建设不仅要提倡尊老爱幼、男女平等、夫妻和睦、勤俭持家、邻里团结等观念，并倡导忠诚、责任、亲情、学习、公益等理念，还要在家庭中培育社会主义核心价值观，教育下一代热爱党、热爱祖国、热爱人民、热爱中华。在文学、影视艺术、仪式活动等叙事中，对社会主义核心价值观、马克思主义意识形态以及自我观念意识等的传播和建构，都内在地推动了上述观念在人民群众中的内化。

（二）奠定社会关系的观念支撑

良好的社会秩序是社会赖以发展、国家赖以存在的基础。社会秩序由个体与个体、家庭与家庭、家庭与社会等多种关系交织而成。人

---

① 习近平：《在会见第一届全国文明家庭代表时的讲话》，《人民日报》2016年12月16日第2版。

类社会的发展多由家庭、村落、城市一步一步演变而来,社会的秩序结构由家共同体到村落共同体,再到城市共同体,最后演变成社会共同体。家庭、村落、城市的秩序结构影响着整体社会的秩序结构。而叙事正是建构社会关系的重要方式。叙事中的"这些故事是社会对个人的内心生活、对他们的环境,以及独特的个人历史施加影响的汇集。这些故事通常被当作社会探究的附带现象——反映重要社会现实,但并不是现实本身"①。

传统中国以家庭为本位,以伦理代宗教,由家庭扩展至村落,由村落扩展至城市,血缘、姻缘、地缘关系交织在一起。在家庭中,父子、兄弟、夫妇遵循着孝悌、恭顺、尊卑的家庭伦理规范,在社会中,师生、朋友、君臣则遵循忠诚、诚信、仁义、道义等伦理规范,而后者是前者的变化,并以前者为基础。因而,社会秩序是家庭秩序的延伸、扩大。这决定了中国的社会秩序是一种"差序格局",以每一个个体为中心,随着血缘关系的亲疏而逐渐向外延伸,血缘、姻缘、地缘关系编织成一个熟人社会网络。随着社会经济的变化,这种社会秩序逐步变革,在较大的城市中,超越血缘、姻缘、地缘之上的陌生人社会逐步形成。在熟人社会中,社会秩序是由家庭伦理延伸出来的公共伦理道德塑造的社会秩序结构,在陌生人社会中,法律、市场规则、契约等决定着社会秩序结构。这一转变的背后是叙事内容、叙事方式的重大变化,其变化推动着社会秩序结构由熟人社会向陌生人社会转变。在熟人社会中,儒家的经典书籍、民间宗教信仰、世俗故事、文学艺术等叙事方式在强调以孝悌、尊卑、恭顺为内容的家庭伦理时,也将忠诚、诚信、仁义、道义等伦理道德广为传播,支撑着熟人社会的秩序结构。《封神演义》《水浒传》《三国演义》等著作对忠义进行了强调,民间信仰中所立的寺庙强调了关公、岳飞的忠义精神。季布一诺千金、商鞅立木为信、周幽王烽火戏诸侯等历史故事都强调了诚信的伦理规范。戏曲、相声、快板、评

---

① 参见[加]D. 瑾·克兰迪宁《进行叙事探究》,徐泉、[加]李易译,重庆大学出版社2015年版,第11页。

书通过对故事人物行为与命运的联系，对忠诚、诚信、仁义、道义等起到了强化作用。在熟人社会中，建立在古老习俗基础上的村规民约、乡规民约是维系社会关系的重要因素，这些因素也是通过上述叙事方式不断地流传着，成为建构社会关系的基础。

陌生人社会的发展是社会现代化的必然结果。在陌生人社会里，维系社会秩序的是契约精神、市场规则、法律意识等，它们超越于血缘、亲缘、地缘关系之上，形构了新的社会秩序。契约精神是契约双方以合同为依据，各自确定其自身的权利和义务，并努力保障其权利，履行其义务。市场规则遵循等价交换、公平买卖、自由竞争等等规则，其内核是经济理性，相较于熟人社会的价值理性，发生了实质性变化。法律是维系陌生人社会关系的基础，它强调对违背法律的惩罚。契约精神、市场规则、法律意识等是在不同的叙事方式推动下逐步确立起来的。报纸杂志、互联网、影视电视等媒体，不仅大力提倡契约精神、市场规则、法律准则，还对违反这些精神和准则的行为进行谴责，形成了正向激励和负向激励。影视剧里对童叟无欺、诚信买卖、公平竞争等商业行为的强调，冲击了沿袭下来的托关系、走后门、讲人情等传统性商业观念。

（三）孕育民族共同体意识的纽带

叙事对于一个民族文化传统与精神的生成、积累与发展所起的作用是普遍存在的。

> 例如，当人们在谈论中国传统文化精神时，往往喜欢用"儒家"、"道家"之类的思想史概念来描述，似乎认为一种文化精神可以归结为一套学说或观念体系。但人们有时忽略了这样一个一般的社会学常识：任何一种学说或观念体系本身都不足以代表整个社会文化形态。社会文化的基本形态是人的活动以及支配活动的一般准则与习惯，而不是抽象的学说或观念体系。社会文化的"精神"与其说是某种学说、观念，不如说是一代代人的活动方式积累形成的习惯。这种积累的主要意识形态途径是传播历史的活动，包括正史、

野史、轶闻、演义、艺术乃至炉边的闲谈等等，说到底其实就是以不同方式讲故事。有人喜欢把中国的传统道德说成是"儒家"道德，但对一代代社会中的大多数人来说，三纲五常之类的观念主要是从二十四史以及其他种种故事（如二十四孝图、列女传等等）中获得的。①

庄子"濠梁之上"的故事，孔子"发愤忘食，乐以忘忧"的故事，都是其学说的体现。"学说转换成了故事，转换成了人格与行动。一个民族、一个时代、一个社会，乃至一个阶层、一个文化圈，都会通过讲述自己的故事来构建出一种文化传统和人格精神。"②

一个民族只有形成共同的信念、共同的精神、共同的梦想，才能将族内不同的个体凝聚在一起，才能为个体提供身份感、认同感、归属感，进而才能确保整个民族在人类历史长河中生生不息地繁衍下去。中华民族在五千年的漫长过程中，形成了共同的民族信念、民族精神、民族梦想，这些构成了与其他民族有着显著差别的民族特征。坚强刚毅、勤劳勇敢、讲信修睦、礼尚往来、崇尚和平等等，是中华民族所呈现出来的独特而伟大的精神，深深地铭刻于每一个中国人的思想观念中。新中国成立以后，经过革命洗礼的中国人，形成了长征精神、红岩精神等等，使中华民族的精神面貌焕然一新，塑造着新的时代条件下中国人的性格和思想。在与大自然、与外族斗争以及化解内部纷争的历史过程中，对外，中华民族形成了"天下大同""四海之内皆兄弟""美美与共"等有关人类命运的美好理想，对内，中华民族形成了"小康""无处不均匀、无处不饱暖""天人合一"等美好的社会理想。近代以来，中华民族由于国家衰落而面临外族入侵的时候，又形成了"富强""共和""民主""科学"等民族梦想。新中国的建立，社会主义现代化的追求为中华民族的梦想注入了新的内容。党的十八大以来，以习近平同志为核心的党

---

① 高小康：《人与故事——文学文化批判》，东方出版社1993年版，第14页。
② 高小康：《人与故事——文学文化批判》，东方出版社1993年版，第14页。

中央提出了"全面建成小康社会""实现中华民族伟大复兴""构建人类命运共同体""高质量发展""新质生产力"等等，构成了新时代中华民族的共同追求。这些民族精神、民族梦想的产生和延续，建构了中国人的身份认同感、归属感和意义感，使无数的个体凝聚在一起，构成了中国人之所以是中国人的最关键的前提。而民族精神、民族梦想之所以能够不断地延续、塑造并激励着一代又一代的中国人，正是前述不同的思想政治教育叙事实践，将其传递给人民大众，使大众在不同群体、不同阶层、不同性别等差异的基础上形成共同的信念和理想。

民族历史。共同的历史记忆是一个民族生成共同的民族情感、民族梦想、民族信念的关键支撑因素。齐、楚、燕、韩、赵、魏、秦的杀伐征掳，秦汉封建专制的建立，唐宋元明清的分分合合，五千年的历史，演绎了无数个杀伐征掳、爱恨情仇、悲欢离合的历史活动和历史故事。围魏救赵、卧薪尝胆、十面埋伏等历史故事所蕴含的智慧和感情激励着一代又一代中国人民族自豪感的产生，秦皇汉武、唐宗宋祖的雄才大略以及孙武、鬼谷子、孙膑、诸葛亮等历史人物的锦囊妙计，呈现了中华民族在漫长历史过程中所积累的经验和智慧，今天仍然为无数的中国人所学习和借鉴。这些历史活动和历史故事通过书画、诗词、民间曲艺、口口相传等形式，建构了中华民族特定的历史记忆。这一过程也是民族思维、民族智慧、民族传统等不断传播的过程。正是这些共同的历史记忆在不同时代人群中的传播，不断唤起无数个体的民族意识、民族信念以及民族身份归属感，使中华民族在漫长的历史长河中虽分置不同地区、不同群体、不同年代，却能形成巨大的向心力，团结一致、共御外侮，成为全球为数不多的文化绵延不断的古老文明。

中国共产党成立100年的新征程铸就了新的民族历史。在革命时期，中国共产党领导下的人民军队赢得了史诗般的土地革命、抗日战争、解放战争的胜利，涌现了无数可歌可泣的英雄事迹。在社会主义建设时期，我国建立了相对完整的现代工业体系，建立了社会主义制度，医疗、教育、住房等相对于新中国成立前都取得了重大进展。改革开放以后，我国的经济、科技实现了飞跃。党的十八大以来，我国各个方面的发展都取得了新的突破。如前所述，这些历史变迁通过文学、电影、报刊、书籍、展览以及可视化的变化等，被编织成无数令人鼓舞的历史叙事，形成了新的历史记忆，为民族精神和民族梦想注入了新的内容和活力，唤起无数中国人的民族自豪感。如《建国大业》《我和我的祖国》《建党伟业》等电影，讲述了中国共产党成立一百年来，在实现国家统一、保卫国家安全、改善人民群众生活水平等方面的历史故事，不仅展现了中国共产党进行革命、建设、改革和开启社会主义现代化的历史进程，也展现了中国人民在中国共产党领导下在实现民族复兴的历史进程中所展现出的新的精神风貌、共同理想，激起人民群众的自豪感、爱国精神和奉献精神，进而形成新的民族身份认同。

民族文化。五千年的中华文明孕育了灿烂的民族文化。这些文化或者以名胜古迹的形式，或者以文学作品的形式，或者以曲艺的形式，叙述着中华民族的精神、信念、情趣和梦想。长城、故宫、天坛、地坛等历史古迹，既是建筑艺术的瑰宝，也承载着中华民族对天地万物的理解、人类社会的秩序以及民族关系和对外关系的观念和态度。当人们置身其中的时候，就会勾连起人们对民族历史的自豪感，潜移默化地传递着民族的精神、信念和梦想。《三国演义》《西游记》《红楼梦》《水浒传》等文学名著，更是以喜闻乐见的形式，向大众传递着忠诚、勇武、智慧、刚毅、勤劳等民族精神，一代又一代的孩子沉浸在书中的时候，也同时浸染了民族精神和民族信念所蕴含的气质和性格。唐诗、宋词、汉赋所展现的孔雀东南飞的凄美、昭君出塞的幽怨、大漠孤烟直的寂寥和悲壮等等，以优美的叙事形式为人们呈现了中华民族对爱情、对家庭、对国家等的情怀和信念。

在中国共产党带领人民群众进行革命、建设、改革和开启社会主义现代化新征程的历史进程中，不仅涌现出了长征精神、两弹一星精神、载人航天精神、抗疫精神等等，还逐步形成了以民主、自由、法治等为内容的社会主义核心价值观，它们是上述民族精神在新的历史条件下的结晶，是中国人在新的历史条件下呈现的精神风貌，形成了新的民族文化。新的民族文化不仅通过井冈山、延安、西柏坡等革命圣地以及诸多革命博物馆的历史叙事展现出来，也通过新的文学、影视艺术所编织的精彩故事展现出来。例如，通过《八月的乡村》和《生死场》的精彩叙事，人们在艺术作品中看到了"东北民众抗战的英雄的光景，人民的力量，'理智的战术'"①。

> 两位作者都是生长在失去了的土地上，他们亲身地经历了亡国的痛苦，所以他们的作品表现出在过去一切反帝作品中从不曾这么强烈地表现过的民族的感情，而这种感情又并非狭义的爱国主义的，而是和勤苦大众为救亡求生的日常斗争密切地联系着。这两篇作品的出现，恰恰是华北事变以后，民族革命战争的新的全国规模的高潮中，民众抗敌的情绪分外昂扬的时候，它们的很快获得了广大读者的拥护，正说明了目前中国大众所需要的是甚么样的作品。②

除此之外，新的民俗也通过与人民大众的日常生活密切相关的戏曲、快板、相声、评书等，以大众所乐于接受的叙事形式展现出来，不仅向人民群众传递着上述精神，还传递着忠与奸、对与错、是与非、善良与邪恶等价值观念。这些新的民族文化，既凝聚着中华民族五千年的灿烂文化，也凝聚着中国人在中国共产党领导下所展现出的新的精神风貌、价值取向、民族理想等等，它们构成不同群体、不同区域、不同阶层的文化纽带，把人们紧紧联系在一起，赋予人们共同的族群身份、共同的民族愿景、共同的精神风貌。

三 塑造政治秩序

黑格尔认为，真正的历史记述不仅必须展现某种形式，即叙事，而

---

① 《中国共产党宣传工作文献选编（1915—1937）》，学习出版社1996年版，第1227页。
② 《中国共产党宣传工作文献选编（1915—1937）》，学习出版社1996年版，第1227页。

且还必须展现某种内容,即政治秩序。黑格尔在《历史哲学》导言中写道:

> 在我们德国语言文字里,历史这一名词联合了客观的和主观的两方面,而且意思是指拉丁文所谓"发生的事情"本身,又指那"发生的事情的历史";同时,这一名词固然包括发生的事情,也并没有不包括历史的叙述。我们对于这种双层意义的联合,必须看做是高出于偶然的外部事变之上的;我们必须假定历史的记载与历史的行动和事变同时出现。这样,使它们同时出现的基础,是一个内在的、共通的基础。①

简而言之,在需要我们去提供一个实在事件的叙事时,我们必须假定,为记录它的行为提供驱动力的那个主体的肯定存在。"黑格尔坚持认为,这样一种记录的正当主体是国家,然而国家对他来说是一种抽象物。适于叙事再现的实在是欲望与法律之间的冲突。在不存在法律条例的地方,就不可能存在主体和适于叙事再现的那种事件。"② 思想政治教育叙事有助于解决矛盾与冲突,塑造政治秩序,不仅建构政治合法性,促进人们的政治认同,而且进一步确定社会公认的政治规范。

(一) 建构政治合法性

政治合法性是对政治权威的自觉服从。政治合法性决定着政治权力在行使过程中被认同、被自觉尊崇的程度,是政治秩序的重要根源。在传统社会,传统伦理道德建构了深层的文化结构、对公权力的认知观念,奠定了政治合法性的基础。中国古代的宇宙观是四方——中心的宇宙观,东西南北分为四方,王所在的都城为中心。因为上帝是主宰宇宙的神,

---

① [德] 黑格尔:《历史哲学》,王造时译,生活·读书·新知三联书店1957年版,第101页。
② [美] 海登·怀特:《形式的内容:叙事话语与历史再现》,董立河译,文津出版社2005年版,第17页。

凡人无法与上帝直接沟通交流，只有具有非凡力量的王才可以与上帝直接交流。夏商周的王具有上帝所赋予的神秘的力量，主宰人类世界。因而，王所在的都城为中心，东南西北为四方，四方臣服于中心。《韩非子·扬权》言：事在四方，要在中央。圣人执要，四方来效。在君主专制确立以后，这一思想观念便发展成了"君权神授"。这一思想确立了中国传统文化的深层结构，即在中央的人，是能力、品德超出众人的人，也是值得敬畏、信赖的人。无论是谁处在中央的权力位置上，在老百姓的心目中，他便被赋予了超凡的能力和品德，便会获得老百姓的信任。在中国古代，巫吏这两个字经常是一起用的，也就是说，吏被认为像巫师一样，具有神秘的力量，能够影响人的命运。后来逐渐变迁，吏变成了对一些懂得书写、熟悉历法、掌管文书礼仪的人的称呼，再到后来便成了对官吏的称呼。隋唐以后的官员大多来源于科举取士，他们熟悉文字、历史和其他一些知识。在中国老百姓的心目中，那些认识文字、熟悉历法、礼仪、历史等知识，又通过严格的官员选拔考试的人，不仅是能力出众，也是品德出众的人。这里面其实暗含了这样一层意思，就是公权力被那些能力出众、品德出众的人掌握着，因而，公权力是善的。这些思想观念的传播构成了政治合法性的重要来源，也是中国政治秩序的重要来源。

晚清时期，随着民权、立宪、共和等思想以不同的叙事方式传播，帝制的合法性受到冲击，政治动荡不断。康有为、梁启超等晚清进步知识分子兴办学会、报纸加强变法思想的宣传，与此同时，革命派也通过学会、报纸、小册子等宣传革命思想。改革派建构了一个君主立宪的政治叙事，革命派则建构了一个民主共和的政治叙事，这些叙事从根基上冲击了传统社会延续下来的君权神授的政治合法性，是晚清垮台的重要因素。中国早期的马克思主义者，通过办报纸、设定党的纲领章程、翻译马克思主义书籍等形式，促进了共产主义、社会主义政治叙事的发展，是马克思主义广泛传播以及革命胜利的重要保障。新中国成立以后，设立了人民代表大会制度，将权力由人民授予写入宪法，确保人民群众参政议政的基本权利，不断改善人民群众的生活水平等等，以此建构了新时期的政治合法性。报刊、书籍、影视、文学等叙事方式，不仅反复向大众传递着中国共产党是人民群众的代表，始终坚持为人民服务，人民群众是国家的主人，马克思主义以及马克思主义中国化最新成果的科学性、合理性等等，还突出宣传了党的领导下经济科技发展的巨大成就、人民生活水平的大幅改善、社会文化的繁荣发展等等，以此建构人民大众对政治合法性的认知。例如，党十分注重表彰英雄人物的先进事迹：

> 在抗战中，从我们八路军、新四军的干部与战士中涌现出许多民族英雄。表扬这些英雄及其英勇行为，对外宣传与对内教育均有重大意义，各政治机关应注意收集这些英雄的事迹，除在各部队报纸上发表外，择其最重要者电告此间及广播。军政杂志今后专设八路军、新四军抗战英雄一栏，望各级政治部供给材料。①

对八路军、新四军群体中民族英雄的人物叙事，实际上也是从某种意义上宣告中国共产党的政治合法性。

党的十八大以来，以习近平同志为核心的党中央提出了实现中华民族伟大复兴的中国梦和"两个一百年"奋斗目标，在这一目标的激励下，中国在政治、经济、社会、生态、文化等方面取得了突出成就，经济总量进一步提升，全面建成小康社会，科技创新成果累累，文化产业取得了突破性发展等等，这些成果通过展览、影视、报纸等叙事形式，被编译成中国共产党带领中国人民开启社会主义现代化进程、实现中华民族伟大复兴的精彩"故事"，使广大人民群众知晓了党的领导是中国取得这些发展成就的关键以及中国共产党不忘初心、以人民为中心的基本路线、方针和政策。正是在此叙事背景下，中国共产党的政治合法性增加了，人民群众更相信党的领导、更愿意在党的领导下为中华民族的

---

① 《中国共产党宣传工作文献选编（1937—1949）》，学习出版社1996年版，第37页。

伟大复兴、为无数个家庭命运的改变而不断努力。新冠疫情是中国"非典"以来遇到的重大公共事件。在抗击新冠疫情的过程中，涌现出许多感人的事迹，钟南山、张定宇等抗疫模范人物，在抗疫过程中，展现了爱国主义精神、奉献精神，坚定支持党战疫的各种措施。在脱贫攻坚战中，同样涌现出为扶贫工作努力奉献、不怕牺牲的模范人物，如张桂梅、黄文秀、史湘林等，他们展现了一个党员为了扶贫工作而英勇奋斗的高尚的奉献精神、牺牲精神。这些模范人物被媒体不断报道、被拍成电影、被制作成歌曲等等，在不同的叙事方式中，为人民群众所认识、学习或者怀念。人民群众也在向他们学习、向他们表示感谢的过程中，知晓了党的伟大、知道了中国共产党为领导抗疫、为脱贫攻坚工作所作出的巨大努力，这也增加了中国共产党的政治合法性。

（二）促进政治认同

近代以来，民族国家逐步形成，每一个个体都置身于自身所在的国家之中。国家由政府、领土、人民、文化等要素构成。人民对政府及其所主导的价值观念和所构建的制度的认同，以及对领土和文化的热爱，是国家赖以存在的基础。国家认同为不同群体、不同阶层和生活在同一个国家的不同民族提供了一种身份认同感、归属感。近代以来，在帝国主义侵略、新式教育发展、民族意识觉醒的背景下，中国现代国家观念逐步形成。新中国的建立，使中国告别殖民地和半殖民地社会，形成了一个统一现代和相对稳定的国家。中国共产党及其领导下的政府、社会主义制度、马克思主义意识形态等，在中国特定历史传统和政治环境中成了国家的象征。对党和政府、社会主义制度和马克思主义意识形态的政治认同是国家认同的重要内容。政治认同在日常实践中具体体现为对党的理论、路线、方针、政策的支持，对党的组织、党的领导的肯认，以及对社会主义制度和马克思主义意识形态的认同。除此之外，还有对超越于党和政府之上的领土、主权、文化等的热爱和认同。

国家认同正是通过一系列符号构成的叙事所建构出来的。国旗、国歌、历史记忆、纪念活动、英雄人物、报刊媒体、文学艺术等，以不同的叙事内容、叙事方式，向大众传递着与国家密切相关的符号，促成了国家认同。1949年新中国成立前，确定了中国的国旗、国徽、国歌等，它们构成了国家的象征。它们被不断地通过重大纪念活动、重大历史活动、重要的书籍、文艺、影视以及报刊、电视、广播、互联网等媒体不断地展现着，不断唤起人们对国家的情感、记忆和认同。抗日战争、抗美援朝战争、原子弹爆炸、改革开放等历史事件，既是民族的历史记忆，也是以国家对外的重大胜利、国家发展的重大成就展现给人民大众的，历史事件本身构成了一种叙事，形成国家自豪感、唤起国家认同，并通过与书籍、媒体、影视等叙事方式结合在一起，反复强化认同感。

重大的国家纪念活动以特定的仪式、标志性符号、特定的参与人物等，不仅使一些表征国家的符号在特定时间内得以凸显，也使得某些能够唤起国家自豪感的历史事件、历史人物获得重现。在中国古代，端午节以吃粽子、划龙舟等形式对屈原进行纪念，这是通过以节日为内容的叙事将忠诚爱国的精神传递给无数的个体。皇帝祭天、祭地、祭拜山神等活动，虽然是为了凸显皇帝与上天沟通的能力和权力，但它是代表着整个中华民族进行的，在家国天下的封建制度下，皇帝的纪念活动在一定程度上传递了共同的国家观念。新中国成立以后，有了国庆节、建党节、建军节、阅兵典礼等盛大的节日纪念活动。在这些活动中，国旗、党旗、国徽以及体现国家、军队现代化重大成就的代表性事物，通过媒体传遍海内外。在阅兵典礼上，军人们的伟岸英姿、现代化军事武器、代表了多种成就的花车、欢呼的人群等等，幻化成了国家强盛、人民团结的政治符号。这些元素综合成宏大的叙事，向人民传递着爱国、爱党的情怀、态度和观念，唤起人们的家国情怀。

英雄人物是一个国家的人群中作出重大贡献、突出事迹，展现了与众不同的能力和超凡的品德的人，他们的事迹、言行、观念不仅展现了国家、民族、社会所提倡的价值追求、伦理道德、高尚情操等等，还是某一特定历史时期、历史事件、历史活动的参与者、见证者。由于英雄人物往往更接近人民大众的日常生活经验，因此更容易引起人们的仿效与学习，所以英雄人物本身也构成了叙事的一种方式。在英雄人物的事迹、言行、观念通过媒体、文学、广播影视等传播开来的时候，多种叙事方式叠加其中，叙事的感染力、影响力更为强烈。在革命、建设、改革开放和党的十八大以来的现代化新征程中，涌现出无数的英雄人物，他们成了爱国主义、集体主义传播的重要促成因素。新中国成立前，杨靖宇、赵一曼、张自忠等英雄人物展现了抗日救国、不怕牺牲、英勇无畏的爱国主义精神、革命精神、斗争精神。新中国成立后，黄继光、董存瑞、冰雕连等英雄人物和英雄集体同样展现了高尚的奉献精神、爱国主义精神。改革开放后，孔繁森、钟南山、孙家栋等作出突出贡献的人物，是爱国主义、集体主义的践行者。经过媒体、纪念活动、文艺等叙事方式传播以后，人民大众将自觉学习他们的先进事迹、言行、观念，成为爱国主义、集体主义的重要传播者和推动者。

文学艺术是接近大众生活的重要叙事方式，由于其表现形式生动活泼，为大众喜闻乐见，在宣传爱国主义、集体主义的过程中起着重要的作用。在纪念抗日战争胜利20周年时，中共中央印发通知指出：

> 重新出版反映抗日战争的优秀小说、诗歌和其他文艺作品。上映和演唱反映抗日战争的优秀影片和戏剧、歌曲。由美术家协会负责举办反映抗日战争的优秀美术作品展览。革命博物馆、军事博物馆举办抗日战争到全国解放的展览。由文化部负责编辑一部《从抗日战争到全中国解放》的大型纪录影片，在全国上映。①

屈原的《离骚》、岳飞的《满江红》、文天祥的《过零丁洋》等等，以富有感染力的表达形式，呈现了高尚的爱国主义精神，为一代又一代仁人志士所怀念和学习。新中国成立以后，《林海雪原》《红旗谱》《青

---

① 《中国共产党宣传工作文献选编（1957—1992）》，学习出版社1996年版，第402页。

春之歌》等文学作品所渲染的家国情怀，浸润着无数的青年学生。随着影视尤其是互联网与影视的结合，那些展现了爱国主义、集体主义的电影，如《金刚川》《集结号》等电影，以轻松的方式，潜移默化地向人们传递着爱国主义、集体主义。影视、文艺、曲艺等叙事方式，与以互联网为代表的新媒体的融合，在叙事内容、叙事方式上更具有时代性，更富有感染力。

（三）确立政治规范

叙事还与社会政治规范的确立有着密切的关系。

> 社会制度只是一种由法律支配的人类关系制度，对它的兴趣使人们有可能觉察到种种张力、冲突、斗争及其各种不同的解决办法。我们习惯于在对作为一个故事向我们呈现其自身的实在的每一再现中寻找这些解决办法。这就促使我们思考：历史意识的成长和发展，伴随着继之而来的叙事才能（在编年史中的那种与年代记形式中的相反的才能）的成长和发展，它与法律系统作为一种相关主体发生作用的程度有一定关系。①

政治规范是建构和维护政治秩序的重要保障。政治规范包括法律性规范和伦理道德性规范。在传统社会，政治融于社会之中，礼法互用，以礼代法。村规民约、乡规民约调节着诸多的政治活动，忠孝、忠勇、仁慈、仁爱等伦理规范，在客观上起到了政治规范的作用。在传统社会，礼法并用，二者互相影响，成为中国传统政治秩序的重要保障。而它们之所以能起到这种保障作用，则是因为二者为多种叙事方式所传播和强化。不仅在家庭内部，通过家庭礼仪、口头传说、风俗习惯等叙事方式，潜移默化地传递着伦理道德与法律规范，也在儒家经典的研读中，通过私塾先生的讲解与阐述，为学生所学习。这些伦理规范在金榜题名、光

---

① ［美］海登·怀特：《形式的内容：叙事话语与历史再现》，董立河译，文津出版社2005年版，第18页。

耀门楣、位极人臣的激励下，逐步内化为人们的行为。

当前，法律和伦理道德仍然是形塑政治规范的重要因素。相较于封建社会，中国共产党积极推进依法治国，法律成为规范政治行为的主要因素。同时，伦理道德也是规范政治行为的重要因素。社会主义下的政治伦理，对于党员干部，要求他们清正廉洁、大公无私、德才兼备，强调的是对党的忠诚、对国家的热爱、对人民群众的奉献。对青年学生强调的是爱党爱国、学习专业技能、奉献国家等等，对人民大众强调的是热爱祖国、拥护党的领导、遵守法律和社会公德等等。叙事在法律和伦理道德转化为党员干部、青年学生和人民大众的政治行为过程中起到了重要作用。

就党员干部而言，各级党委通过党校、行政学院、干部会议等途径，加强党员干部的培训教育。在这一过程中，干部培训教材、革命历史故事、革命影视等叙事方式，不仅向党员干部传播了依法治国、以德治国的基本要求、法律法规，还向其讲述了党在新时代的理论、路线、方针、政策，对党员干部动之以情、晓之以理，使其逐步树立依法治国、以德治国的观念意识，自觉履行党的路线、方针和政策。就青年学生而言，通过语言文字、影视艺术以及仪式活动等叙事方式，为其生动地讲述了讲公德、遵守法律、爱党爱国等故事，使其在这些故事所展现出的高尚的精神、英勇的行为中，被鼓舞、被感染，从而自觉地讲公德、遵守法律、爱党爱国等等。比如，通过宣传中印对峙牺牲的陈红军、陈祥榕、肖思远、王焯冉以及受重伤的祁发宝等英雄人物，使青年学生深切地感受到中国人民解放军为了保护祖国的领土主权奋不顾身、不惜牺牲的高尚精神，鼓舞和引导青年学生爱党爱国。

第二节 思想政治教育叙事的主要问题

国家叙事、社会叙事和个体叙事的广泛实施，在生成和建构价值秩序、社会秩序和政治秩序，产生重要教育功用的同时，囿于受叙者自身的局限、叙事媒介和环境出现的新情况和新变化,还存在叙事者能力不足、叙事环境多元化、叙事媒介网络化,这些亟待解决的问题。

一 叙事者能力不足的风险

思想政治教育叙事者是思想政治教育叙事活动的实施者,承担着重要的职能。他们能力的高低直接影响着思想政治教育叙事效果的好坏。而囿于其自身的局限、时代的变化以及党和国家提出的新要求,思想政治教育叙事者存在着能力不足的风险,具体表现在以下几个方面。

运用现代叙事媒介的能力不足。媒体技术的快速发展给信息传播方式和途径带来了巨大变革,叙事媒介形态随之也发生了深刻的变化。"从全球范围看,媒体智能化进入快速发展阶段。"[1] 但是,就目前来看,新兴媒介在思想政治教育叙事领域还未得到普遍、大规模地运用,叙事者运用现代叙事媒介的能力较弱。首先表现在思想观念上叙事者对新兴媒体认识不到位。口头叙事或书面叙事等传统的叙事教育方式开展起来简单、便捷,不受制于技术条件的制约,一直以来受到叙事者的青睐。在全媒体时代,各种新兴的叙事方式层出不穷,如短视频叙事、VR 虚拟与现实叙事等等,但它们并未受到叙事者的高度重视,传统的叙事方式依旧为叙事者广泛使用。叙事者或把新兴叙事方式当作"侵入者",认为它们冲击了传统的叙事方式,或认为传统叙事方式足够应对教育目标和任务,不需要再更新,或认为新媒体、自媒体等这些方式只是"时髦的玩意",不能将其纳入具有"正统血脉的"思想政治教育叙事中,等等。这些错误的认识导致了叙事者在运用新兴叙事媒介上存在固化或僵化的思想观念。其次,在知识能力上叙事者对新媒体技术掌握不深入。"新媒体传播具有信息量大、使用方便、检索快速便捷、图文声像并茂、互动性强,信息通过计算机网络高速传播,具有信息获取快、传播快、更新快等特征。"[2] 要想运用好新媒体开展思想政治教育叙事,需要具备图像

---

[1] 习近平:《加快推动媒体融合发展 构建全媒体传播格局》,《求是》2019 年第 6 期。
[2] 尚恒志主编:《新媒体技术》,华中科技大学出版社 2017 年版,第 9 页。

处理技术、虚拟现实技术、计算机网络技术、数字技术等等一系列技术。这些技术涉及跨学科的问题，其种类繁多，学习起来难度较大，时间较长，并且在实际应用中也存在一些复杂的问题。目前，很多叙事者对新媒体技术掌握得不够深入，拥有高水平新媒体技术的叙事者更是少之又少，思想政治教育叙事与新媒体融合的深度和广度还不尽如人意。最后，叙事者把握叙事媒介发展趋势和规律存在不足。随着现代科学技术的发展和网络的普及，叙事媒介经历了从口头叙事、书面叙事、多媒体化叙事、智能化叙事到虚拟化叙事形态的演变。但是，一些叙事者认识不到叙事媒介发展趋势，更不能把握它们之间更迭的规律，存在单一使用某一叙事媒介、不接纳新的叙事媒介，或者纯粹用新的叙事媒介取代旧的叙事媒介等等问题。习近平总书记指出："传统媒体和新兴媒体不是取代关系，而是迭代关系；不是谁主谁次，而是此长彼长；不是谁强谁弱，而是优势互补。"① 对各种叙事媒介资源实施有效的整合，实现信息内容、技术应用、平台终端、管理手段共融互通，是摆在叙事者面前的一道难题。

增强叙事内容吸引力的能力不足。由于叙事者对于历史故事与时代故事的关系处理不当，没有扎根到受众生活的现实世界中，深入了解受众的喜好等原因，当前，很多叙事者编排的思想政治教育叙事内容对受众的吸引力较弱。一方面与时代相脱节。叙事者常常拿着"旧内容"，想讲好新时代思想政治教育的"新故事"，企图懒惰地用惯性守旧的"过去时"，讲出生动形象的"未来时"。这种"新瓶装旧酒"的做法是不可取的。叙事者既要把历史故事讲出新意、讲出时代特色，又要讲好当代中国人民生动实践的故事。恩格斯指出："每一个时代的理论思维，包括我们这个时代的理论思维，都是一种历史的产物，它在不同的时代具有完全不同的形式，同时具有完全不同的内容。"② 永远紧跟时代的变化和发展是叙事者必备的能力之一。另一方面与现实脱轨。很多叙事者

---

① 习近平：《加快推动媒体融合发展 构建全媒体传播格局》，《求是》2019 年第 6 期。
② 《马克思恩格斯选集》第 3 卷，人民出版社 2012 年版，第 873 页。

的注意力过多地集中于社会制度和政治秩序，而忽视生活世界中人的个性发展和切实需求，叙事内容也逐步疏离生活世界，慢慢地被"高大上的"理论内容所覆盖，"接地气"的生活内容越来越没有依存的空间。脱离受众生存的生活世界，思想政治教育叙事内容就会成为隔离政治、学术与生活、现实的高墙，只叙述那些不与实际相联系难懂的、晦涩的大道理。而事实上，思想政治教育叙事所要传递的内容不仅是由理论家、思想家提出的，并经验证的深刻道理，而且包括普通人在日常生活中感同身受的经验性道理。当把二者相分离时，思想政治教育叙事内容就成了"圈子"中的内容，与生活之间形成一道巨大的鸿沟。

认识和把握受叙者思想品德形成规律的能力不足。规律是事物的本质联系和必然趋势，是对事物本质的集中反映。受叙者思想品德形成规律是其思想品德形成发展过程中的本质性联系和必然性趋势。认识和把握受叙者思想品德形成规律是顺利开展思想政治教育叙事实践，并取得预期效果的根本所在。如同自然规律是一种客观存在一样，包括受叙者思想品德形成规律在内的社会规律也具有客观性，叙事者不仅要认识这一客观规律，还要善于运用它。马克思认为，人是历史发展的唯一主体，人的主体性发挥在于"认识自身，使自己成为衡量一切生活关系的尺度，按照自己的本质去评价这些关系，根据人的本性的要求，真正依照人的方式来安排世界"[①]。但是，目前叙事者存在认识和把握受叙者思想品德形成规律能力不足的问题，主要表现在以下方面。第一，尊重规律，树立规律意识的能力不足。一些叙事者仗着他们自己拥有的权威，不依照内因外因协同推动叙事动力产生、受叙者知情意信行的内化和外化过程，以及受叙者保持思想品德状态内部外部平衡联系的要求开展叙事活动，而是将主观能动性置于客观规律之上，以"我认为可以这样""过去都这样，现在也一定行"的态度代替实事求是、尊重规律的立场开展叙事活动，使思想政治教育叙事效果大打折扣。这是必须避免和抵制的错误倾向。第二，理性转化，善于

---

① 《马克思恩格斯全集》第 3 卷，人民出版社 2002 年版，第 521 页。

运用规律的能力不足。仅仅尊重和认识规律是不够的，最根本的还在于运用规律。时代的更替、世事的变化、受叙者出现的新需求以及新特点都给规律的运用带来了许多难题，需要叙事者因人叙事，做到用"不变"的规律应对"多变"的境遇。但是很多叙事者面对新的问题会存在措手不及的情况，甚至认识不到新问题的存在，还是用原有的一套叙事方式进行教育，无法解决现实中新出现的问题。

洞察和改变叙事环境问题的能力不足。改革开放以来，在多元开放、包容并蓄的大环境下，各类社会思潮也随之进入我国精神文化生活之中。"社会思潮作为反映社会变动的重要社会精神现象，内隐着极强的意识形态因素，其集阶级性、多样性、复杂性和渗透性于一身。"[①] 面对多元文化环境，部分叙事者不深入探究社会思潮背后的社会、文化和经济原因，而是片面地、有局限地乃至主观地臆断社会思潮，缺少批判精神和怀疑精神。例如，在叙事时不抽丝剥茧地分析错误思潮产生的根源、表现和危害，而是直接全盘否定各类社会思潮。事实上，在认识当前各种社会思潮的影响时，应当坚持辩证分析的立场，既要看到它们对于我国意识形态的腐蚀性和冲击性，又要认识到其中的一些观点和主张的借鉴性和启发性。加之，部分叙事者缺少对社会环境现状、存在问题、发展趋势的广泛调查和深入分析，不能对不良环境提出有影响力的对策，也无法通过有针对性的叙事行为拔出受叙者头脑中的思想毒草。再者，很多叙事者的学科背景单一，无法综合运用政治学、教育学、哲学、传播学等相关学科的方法和理论来认识和解读社会环境，也无法在各种意识形态乱象存在的社会环境中将国家叙事、社会叙事和个体叙事统一结合起来，壮大并弘扬主导意识形态。

二　叙事环境多元化的影响

新世纪以来，随着政治多极化、经济全球化、信息网络化的推进，

---

① 郝保权：《多元开放条件下中国社会主义意识形态安全研究》，人民出版社2018年版，第133页。

文化多元化也日益加强,全球各文化体系相互开放、相互交流与融合呈现出前所未有的深度和广度。置身于多元化的文化环境中,人们不仅在相互比较中重新审视本土文化,而且不断吸收异质文化之所长来补充和发展本土文化。但是,"由于话语习惯、思维方式和价值观念的不同,多元文化的相互激荡在增加各种不同文化之间交流和融通机会的同时,也必然会引发不同文化之间的巨大张力。"① 新的思想流派和社会思潮不断涌现,人们的思想意识、价值取向和道德观念呈现出多样化的状况。亨廷顿指出:"在冷战后的世界中,全球政治在历史上第一次成为多极的和多文化的。"② "文明是终极的人类部落,文明的冲突则是世界范围内的部落冲突。"③ 多元文化的冲突已经成为一个全球性的问题。文化冲突不仅影响着我国文化的安全,而且对思想政治教育叙事提出了重大挑战。其中,以消费主义、历史虚无主义为代表的社会思潮,对思想政治教育叙事的影响颇深。

消费主义浪潮冲击着思想政治教育叙事。现代意义上的消费主义起源于19世纪末的美国,它是指"这样一种生活方式:消费的目的不是实际需要的满足,而是不断追求被制造出来、被刺激起来的欲望的满足。换句话说,人们所消费的,不是商品和服务的使用价值,而是它们的符号象征意义"④。20世纪80年代中国改革开放后,消费主义随之逐渐涌入我国,冲击着我国社会各类群体的生活方式。人们沉迷于消费主义的生活方式,吃新奇、穿名牌,超前消费、负债消费成为人群中的消费时尚,同时,也在无声无息中把消费主义从一种生活方式上升到被人们奉为圭臬的价值理念。理想信念、价值追求让位于享乐主义幸福观,精神

---

① 刘明君、郑来春、陈少岚:《多元文化冲突与主流意识形态建构》,中国社会科学出版社2008年版,第165页。
② [美] 塞缪尔·亨廷顿:《文明的冲突与世界秩序的重建》,周琪等译,新华出版社1998年版,第5页。
③ [美] 塞缪尔·亨廷顿:《文明的冲突与世界秩序的重建》,周琪等译,新华出版社1998年版,第228页。
④ 陈昕:《救赎与消费——当代中国日常生活中的消费主义》,江苏人民出版社2003年版,第7页。

补给、人文关怀让位于消费欲求、物质享受，满足感官需求，追求个人私欲的价值取向逐渐占据上风。加之各方媒体大力宣传和造势，人们轻易地被裹挟在一张巨幅享乐主义、娱乐至上的网格之中。同样，叙事也不可避免地被卷入消费主义的浪潮之中，甚至在某种程度上沦为娱乐大众、宣泄情感的工具。"庸俗""低俗""媚俗"的叙事表达层出不穷，其主要表现是在叙事中讲述一些"歪歪理""小道理"、假道理，加入某些"黄""灰""黑"信息，甚至某些叙事者穿上奇装异服追求"轰动"的表达。戏谑式的叙事表达也是惯用手法，用调侃戏谑的网络话语，带有歧义、异义、晦涩的词汇，表达含糊不清、逻辑混乱但却很"吸引"眼球的话题，歪曲事件真相甚至颠覆人们的科学信仰。这些三俗式叙事表达和戏谑式表达导致了虚假信息、社会谣言的泛滥，产生了政治认同虚化、信仰迷失、价值观混乱的严重后果。

历史虚无主义侵蚀思想政治教育叙事。虚无主义是一个西方的舶来品，尼采将之理解为"最高价值自行贬值。没有目的。没有对目的的回答"[①]。也就是以一种绝对否定的态度看待事物和现象。历史虚无主义是对历史的否定，在中国语境下的历史虚无主义意指对中华民族历史、中国共产党历史的虚无化。"历史虚无主义是一种与马克思主义唯物史观根本对立、以唯心史观为哲学基础的典型的实用主义思潮，是国内外一定经济、政治关系的思想反映，旨在否定马克思主义的指导地位，否定党的领导和社会主义制度。"[②]改革开放以来，在西方后现代思潮和资产阶级自由化倾向的冲击下，"全盘西化论""马克思主义失败论""重评历史论"等唱衰中国、褒扬西方的论调逐渐兴起，形成一股波及甚广的历史虚无主义思潮。历史虚无主义在政治上否认中国共产党领导人民革命、建设、改革的伟大功勋，否定中国走社会主义道路的历史必然性和马克思主义的科学性，推崇西方政治制度和思

[①] [德]弗里德里希·尼采：《权力意志：重估一切价值的尝试》，张念东、凌素心译，商务印书馆1991年版，第280页。

[②] 郭彦林：《历史虚无主义思潮评析》，中国社会科学出版社2018年版，第36页。

想观念；在经济上主张消灭社会主义公有制的经济基础，支持全面私有化；在文化上意图摧毁博大精深的中华文化和中华民族伟大的民族精神，极力宣扬西方文化。究其实质，历史虚无主义是反动的政治思潮，是一种唯心主义历史观，目的在于造成人们思想认识上的混乱，动摇党执政的合法性。当前，历史虚无主义甚嚣尘上，弥漫至学术领域、文学创作领域、艺术领域等众多与人民群众生活、学习、工作息息相关的领域，同样，也波及思想政治教育叙事领域。历史虚无主义叙事避而不叙历史观的根本问题，借助局部的、片段的、碎片化的"历史事实"进行微观历史叙事，试图解构宣扬主导意识形态的宏大叙事。它通常表现为用一些断章取义的"历史细节"和歪曲事实的"解密故事"，设置理论陷阱，采用戏说、恶搞的方式肆意否定丑化中国共产党一切进步、革命的历史。例如，对邱少云、黄继光、狼牙山五壮士等革命英雄的虚无性叙事，这些叙事站在所谓的"常识""客观"的角度和立场上，质疑英雄事迹的真实性，刻意编造虚假历史事实，丑化、诋毁革命领袖和革命英烈。

此外，新自由主义、民主社会主义等思潮也给思想政治教育叙事带来很大的负面影响。多元文化冲突使我国社会思想更趋向多元化，处于文化和价值取向日益多元化的社会环境之中，思想政治教育叙事应该正本清源，防止错误思潮的种子在叙事中生根发芽，牢固确立马克思主义意识形态的主导地位。

三　叙事媒介网络化的挑战

在当今时代，科学技术日新月异，电脑、智能手机等智能设备的普及和网络技术的更新迭代，推动人们进入网络化和智能化时代。网络空间已成为人们表达观点和意见，进行沟通与交流的重要场域。"截至2023年12月，我国网民规模达10.92亿……互联网普及率达77.5%。"[①]

[①] 中国互联网络信息中心（CNNIC），第53次《中国互联网络发展状况统计报告》，https://www.cnnic.cn/n4/2024/0322/c88-10964.html，2024年3月26日。

信息科技的飞速发展助推网络社会的迅速崛起，在改变人们现实生活的同时，为思想政治教育叙事媒介创新带来了新的发展机遇，但与此同时也带来了一定的挑战。习近平总书记指出："网络是一把双刃剑，一张图、一段视频经由全媒体几个小时就能形成爆发式传播，对舆论场造成很大影响。"① 特别是"全媒体不断发展，出现了全程媒体、全息媒体、全员媒体、全效媒体，信息无处不在、无所不及、无人不用，导致舆论生态、媒体格局、传播方式发生深刻变化，新闻舆论工作面临新的挑战"②。具体来说，传播媒介的新变化给思想政治教育叙事带来了碎片化叙事、泛机器化叙事和去中心化叙事的问题。

叙事的碎片化。所谓碎片化意指完整的东西被拆分成诸多零块。由于以云计算、人工智能、大数据、智能移动终端等为核心的新一代信息技术将计算机强大的存储和计算优势表现得淋漓尽致，实现了叙事空间的转移，填补了日常的空余时间，为叙事按下了便捷键，实现了思想理论热点难点问题不受时间地点限制的无障碍共享与实时更新，满足了人们在信息高速传播、爆炸式增长的时代利用碎片化时间学习思想理论的需求。但是利用碎片化时间和碎片化内容进行叙事会使原有强化国家认同、建构思想理论体系的宏大叙事和整体叙事被肢解，并进一步消解主流价值观念和国家意识形态。具体来看，碎片化叙事内容结构松散，有效期短暂，存在一定的泛娱乐化倾向。虽然互联网给大众营造了发声的平台，"推动网络信息的生产从高度集中向分散集中转变，而内容则由知识密集型向泛娱乐化方向发展"，但是"只言片语饱含调侃与幽默，颠覆了传统完整的叙事式信息结构，原有知识体系分崩离析，然后经过重新排列组合形成相互间弱联系或无联系的信息碎片，以碎片化、非线性的形态散落在网络的各个角落"③。网络碎片化的叙事追求故事内容的流

---

① 习近平：《论党的宣传思想工作》，中央文献出版社 2020 年版，第 356 页。
② 《习近平在中共中央政治局第十二次集体学习时强调：推动媒体融合向纵深发展 巩固全党全国人民共同思想基础》，《人民日报》2019 年 1 月 26 日第 1 版。
③ 张克永、李宇佳、杨雪：《网络碎片化学习中的认知障碍问题研究》，《现代教育技术》2015 年第 2 期。

传度和新鲜感，强调为用户持续不断地提供具有强大吸引力的内容，在这样的价值导向下，叙事内容的更新速度会越来越快，最终会导致叙事内容的生命周期逐渐缩短。由于马克思主义基本原理、中国特色社会主义理论体系等思想理论是系统的科学理论，内涵丰富而深刻。碎片化叙事会把原本具有静态层级结构的理论知识拆分成碎片、零散的内容，使理论知识很难呈现其系统性、逻辑性、完整性，在一定程度上减弱受叙者对理论知识本身的理解和建构，造成学习的浅表化。长此以往，浮光掠影般的"知道分子"越来越多，而真正有思想深度的"知识分子"则越来越少。

叙事的泛机器化。人工智能领军人杰瑞·卡普兰认为，与人相比，人工智能在自动化作业、智能合成、行动能力等方面具有明显长处。凭借着这些显著优势，人工智能在众多行业里被广泛应用，不仅那些使用体力的职业可能都会被机器臂、智能机器人所取代，甚至连一些包含脑力劳动的工作也面临风险，结构性失业的情况随之发生。尤瓦尔·赫拉利曾发出"无用阶级"的担忧。[①] 人工智能虽然在一些领域表现得比人类更出色，但是它并不具备真正的反思、创新、情感能力，也就无法从根本上替代有情感温度、思想高度、理论深度的思想政治教育叙事者对个体理想信念、人格修养和道德情操的塑造。如果过度依赖人工智能，会使叙事"泛机器化"。完全依靠智能机器开展叙事教育，不仅会加深叙事者对机器的依赖感，逐渐放弃亲力亲为的叙事，而且会消解受叙者的自主学习和独立思考能力。一方面，泛机器化叙事缺乏应有的引导和交流。智能机器不具备创造性、批判性思维，只能解决问题，不能发现问题，它只会按照原先经由程序设定的内容开展叙事，而不会结合受叙者的切身实际以及叙事过程中的突发状况安排叙事内容，调整叙事进度。另一方面，泛机器化叙事固化受叙者的喜好。美国学者桑斯坦在《信息乌托邦》中指出："核心问题涉及信息

---

① 尤瓦尔·赫拉利在《未来简史》中提出了人工智能将全面替代人类，从而让绝大多数人沦为"无用阶级"的预测。

茧房：我们只听我们选择的东西和愉悦我们的东西的通讯领域。"[1] 算法根据受叙者的喜好，推荐其感兴趣的同质化信息，长时间以来受叙者就会逐渐失去接触其他思想政治教育信息的能力和机会，在算法间接控制下陷入信息的"茧房"之中。沉溺于人工智能带来的轻松、愉悦的学习氛围，受叙者深度阅读、比较分析、自主探索和独立思考的能力会逐渐减弱，无法深刻地理解和掌握思想理论、建立理论知识体系，更无法把理论武装转化为他们自身真正的信仰。

叙事的去中心化。自媒体是"一个普通市民经过数字科技与全球知识体系相联，提供并分享他们真实看法、自身新闻的途径"[2]。随着电子信息技术以及移动终端技术的进步，以微信、微博、抖音等为代表的自媒体迅速进入人们的生活。自媒体模糊了叙事者与受叙者的界限，用多方互动的传播模式代替传统的线性传播模式，打造了人人可叙的发声平台。但与此同时，自媒体也消解了传统媒体信息控制和把持的地位，呈现出一定的去中心化趋势。利用自媒体展开叙事具有较强的自发自主性，自媒体叙事内容制作、编辑以及传播均可由一人承担，他不受制于任何媒介组织，只要不违背基本的法律底线和道德原则，想要"叙什么"以及"怎么叙"完全凭借其自己的意愿。例如，在不完全占有客观资料的情况下对某些社会事件进行叙述，基于他自己的某些人生体悟作出叙事表达等等，这种自发的叙事行为很难完全与主导意识形态相贴切、相促进。与自媒体叙事自主性相关联是宽松的监管模式。

> 传统媒体的新闻生产流程有严格的制度规定，需经过层层筛选、把关、编辑后才会到达受众。在自媒体时代，新闻发布的技术门槛和"准入"条件降低，不需要成立专业媒体机构来运作，也不需要相关部门审批，新闻生产流程更没有规章制度约束，任何人都可以

---

[1] [美] 凯斯·R. 桑斯坦：《信息乌托邦：众人如何生产知识》，毕竞悦译，法律出版社2008年版，第8页。
[2] 转引自邓新民《自媒体：新媒体发展的最新阶段及其特点》，《探索》2006年第2期。

在博客、微博、论坛、MSN、QQ 上发布新闻,信息会很快在这些载体之间互播。①

这样一来,自媒体叙事更容易以参差不齐却吸人眼球的内容赢得话语权,造成主流媒体叙事的失语。

---

① 周晓虹:《自媒体时代:从传播到互播的转变》,《新闻界》2011 年第 4 期。

第六章

思想政治教育叙事的发展路径

思想政治教育叙事凝聚了古代中华儿女的智慧和当今时代的活力，至今仍然焕发着鲜活的生命力。在今天，提高思想政治教育实效性，关键是要认清"谁来叙""叙什么""怎么叙"的核心点，针对叙事教育存在的现实问题，聚焦思想政治教育叙事理论、叙事体系、叙事艺术的建构和优化，推动新时代思想政治教育叙事的创新发展。

第一节 建构思想政治教育叙事理论

叙事理论的建构是思想政治教育叙事创新发展的起点。科学的指导思想、合理的目标任务、正确的方针原则和良好的学理基础构筑起完善的叙事理论系统，进而为思想政治教育叙事实践提供科学的理论指南。

一 确立科学的指导思想

作为长时间以来在各类政治社会中广泛运用的教育方式，科学的指导思想和建立在其上的良好政治文化是叙事的根基，这也是与其他不同政治社会中叙事教育相区别的根本特征。可以说，有什么样的社会制度就有什么样的国家叙事，确立了什么样的指导思想就会推行什么样的叙事教育。与此同时，叙事不仅是一种重要的传播政治文化的方式，而且成为建构政治秩序的四梁八柱。开展与主导意识形态相呼应的叙事能够有效推动政治思想的传播，而偏离了主导意识形态的叙事则可能在很大程度上引发国家制度和政治文化大厦的倾塌。自1978年实行改革开放，坚持走中国特色社会主义发展道路以来，在学术探究、网络空间、文艺作品中不时会出现带有"马克思主义过时论""社会主义失败论""历史终结论"等错误论调的叙事，动摇人们的思想基础。这样的叙事与中国特色社会主义政治发展道路相背离，是建立在虚构和解构某些片面化事实基础上的。但它们最终在与中国改革开放40多年以来政治、经济、文化、社会建设飞速发展以及人民生活水平大幅度提高的无可争辩的事实交锋中败下阵来。马克思主义是历史和人民选择的推动中国发展进步的强大思想武器，在当代中国，坚持以马克思主义为指导，以中国共产党为引领是思想政治教育叙事发展的题中应有之义。这也是中国语境下的叙事教育与其他国家叙事教育相区别的重要之处。为此，我们要把思想政治教育叙事打造成为既坚持又传播马克思主义的实践活动，书写马克思主义在中国特色社会主义大地上的生动实践。

确立马克思主义指导思想，一方面要坚持辩证唯物主义和历史唯物主义，以马克思主义世界观为统摄。马克思主义认为，人们在实践活动中相互交往，并结成一定的社会关系。对有目的的实践者而言，"这个目的是他所知道的，是作为规律决定着他的活动的方式和方法的"[①]。这也就说明了实践内在地包含着人与自身意识、自然和社会的关系，它们构成了现存世界的基本关系。马克思主义以科学的实践观为基础，在把唯物论与辩证法、唯物主义与人的主体性结合起来的同时，实现了唯物主义自然观与历史观的统一。从这个角度而言，马克思主义在本质上划定了"可叙"与"不可叙"的界限，即符合自然规律、人类社会发展规律和人类认知发展规律的内容是"可叙"的，背离自然规律、人类社会发展规律和人类认知发展规律的内容是"不可叙"的。无论是真实的记事还是虚构的神话，无论是官方的主流式叙事还是民间的艺术式叙事，只有正确对待历史事实和历史人物，符合社会发展规律，才能够被纳入思

[①] 《马克思恩格斯选集》第2卷，人民出版社2012年版，第170页。

想政治教育叙事的范围之内，而那些具有封建迷信色彩，歪曲历史、诋毁英雄人物内容的则应该被毫不犹豫地排除在外。

另一方面确立马克思主义指导思想，还要坚持实事求是、具体问题具体分析的马克思主义方法。"对具体情况作具体分析"是马克思主义辩证法的精髓。毛泽东在《中国革命战争中的战略问题》中指出："马克思主义的最本质的东西，马克思主义的活的灵魂，就在于具体地分析具体的情况。"① 虽然思想政治教育叙事具有重复性但不能机械地生搬硬套，不能为"叙"而"叙"、为"讲"而"讲"，否则叙事就成为一种"复读机"式的存在。时机的不同、场合的不同、内容的不同、对象的不同、主题的不同，叙事的方式也是不同的，日常生活叙事平和而稳进，危急时刻的叙事快速而态度鲜明。选择恰当的叙事方式，适时地切换宏大叙事与微小叙事，促进网络媒介叙事与传统媒介叙事相结合，在坚持叙事程式性的同时把握其灵活性和适用性，是具体问题具体分析的方法论在思想政治教育叙事中运用的必然要求。在新时代，随着文化环境的变迁，思想政治教育叙事也不能仅仅沿用老传统和老方式，如何在统一的叙事教育方向下，结合地方民情、民俗，受众的特征与实际，以及传播媒介的特色，选择适当的叙事方式，科学合理地安排叙事的具体呈现形式，开展具有针对性、时效性的叙事教育活动，而不是千篇一律地套用既定的模板，成为当下加强和改进思想政治教育叙事的关键点。

质言之，马克思主义是思想政治教育叙事始终不变并一以贯之的思想主线，在未来的思想政治教育叙事实践中，我们应当不断用马克思主义来审视和修正叙事教育的内容和方式，以理性的态度将思想政治教育叙事实践保持在适当的范围之内，推动思想政治教育叙事向着科学、正确的方向发展。

二　坚持正确的方针原则

指导思想是从"战略"上对思想政治教育叙事的总体把握，确保其

---

① 《毛泽东选集》第 1 卷，人民出版社 1991 年版，第 187 页。

"不跑偏",方针原则则是从"战术"上对思想政治教育叙事的具体安排,决定其在具体实施层面的价值取向。主体间性是思想政治教育叙事首要坚持的方针原则。从本质上看,思想政治教育叙事是一种文化交往活动,它发生于同为主体的叙事者与受叙者的交流互动之间,体现为二者在平等基础上的沟通和对话。否则,极端地把受叙者当成没有主动性、能动性的"物",片面追求意识形态灌输的目的,计算其中的得失,叙事话语就变成了控制人的工具。同时,受叙者自主自为、创造创新的主体特征在这一过程中被扼杀,异化为被动接受教育加工的"原材料",叙事者与受叙者之间的关系也就被降级为劝导与被劝导、灌输与被灌输的关系。以主体间性提纲挈领,思想政治教育叙事还要把握好以下几对关系。

政治性与学理性相统一。思想政治教育叙事从来都不是脱离政治因素的独自居处,而是始终处在时代政治条件的影响和制约下。不仅如此,以政治为导向的叙事也无法脱离学理性。所谓学理性,是指叙事以理论体系和知识体系为依托。叙事中的知识理论是其政治立场的外在形式,而具有政治倾向的叙事内容离不开学理性的论证,一个现实的政治叙事只有从理论上给予令人信服的说明和论证,才能够为人们所理解和接受。为此,要坚决反对任何"去政治化"和"学术独立"的错误倾向,用政治方向来统合所叙述的知识理论内容,用学术知识论证政治叙事的合理性,把学理性与政治性统一于叙事实践中。例如,在古代社会,为了维护自上而下的封建专制统治,统治阶级多采用"正史"的方式编写朝代历史,包括纪传体、编年体在内的《史记》《春秋》等。《左传》以历史叙事的方式,宣扬封建统治阶级的合法性和正当性,强调封建等级秩序与宗法伦理。[①] 近代以来,随着时代主题的变迁,叙事的政治性内容和学术性论证也发生了变化。在抗日战争时期,叙事多以歌颂革命导师和领袖,弘扬革命精神为主,呈现出"抗日化"的倾向。遵照历史规律编

---

① 从《左传》的叙事开始,就形成了用"人事"解释"天命"即历史发展规律的方式。

写的历史课本多以抗日叙事为主：

> 从'九·一八'事变讲起，然后依次是"一·二八"抗战、察北抗战、"八一"宣言、"西安事变"……，一直讲下去。地理则是把敌人对东北、华北资源的掠夺，各省的军事要地等内容，讲得比较详细。国语课本，更是"三句不离抗日"，一切飞禽走兽、猫儿狗儿，都被用来编写抗日故事。讲钢铁、棉花、汽车、轮船时，也都与抗日联系在一起。①

宏观性与微观性相统一。以宏大建制呈现庞大历史和现实内容的叙事是宏大叙事。宏大叙事勾勒出国家历史发展的脉络，论证国家治理理念和社会价值共识，具有整体性和政治性，对于构建国家形象、强化民族认同具有重要的作用。微小叙事意指对个体生活现实和具体实践细节深描的叙事。它扎根于社会个体所理解和关注的生活，尊重每个个体的生活意义，是局部的、事件中心和个体化的。这两类叙事各有优势和局限。融入历史大视角、政治大语境中的宏大叙事具有一定的局限性，易忽略历史进程中活生生的人物及其能动作用。注重个体内在世界和经验意义的微小叙事，在一定程度上也会出现与社会意识形态和大历史之间的张力，易造成宏大主题教育的式微。而个体与集体是密不可分的，个体的生存被编织在集体中，"我们对自我生存的叙事离不开对社会历史的叙事，因为，正是在后者之中，个体自我的生存才是有位置的、有方向的、有意义的"②。并且思想政治教育叙事本身既是现实的、具体的、微观和个体的，同时也必须是宏观的和集体的。基于此，思想政治教育叙事要实现创新发展，就要做到宏大叙事与微小叙事的统一。既重视抽象理论与具体实践，也关注群体导向与个人体验，做到理论话语与生活话语融会贯通，国家历史、政治的大书写与具体实践细节的深描述相结

---

① 辛安亭：《教材编写琐忆》，陕西人民出版社1981年版，第16页。
② 陈然兴：《叙事与意识形态》，人民出版社2013年版，第130页。

合，在实现中国梦大时代的滚滚洪流之中，叙个人之事，把国家和世界发展大事"小说"，也在日常生活的细小描述中，追寻国家发展的足迹，把个体的成长发展小事"大写"，以此来构建既顶天立地又铺天盖地的思想政治教育叙事立体框架。

严谨性与趣味性相统一。思想政治教育叙事是在严谨、认真的态度下展开的，不等同于"床头讲故事""讲个冷笑话"这样随意性、戏谑性的表达。整个思想政治教育叙事的过程是准确、严谨的，具体表现在用词准确严谨上，必须与"十四年抗战""新中国成立以来"这类官方规定的用法保持一致；内容引用准确严谨，对于"两个维护""四个自信"等的简称，在阐述其具体内容时必须准确无误；具体阐释准确严谨，在叙述历史事件、人物经历时表述应遵照其原貌和原型。当然，叙事的严谨性与趣味性并不是对立的。所谓趣味性，是指叙事表达有幽默感。幽默是智慧的充溢，它丰富了叙事话语的内涵，让话语表达更具有美感。趣味性还体现在叙事的形象化表达，即运用形象思维把抽象的道理化为生动的形象。我国古代常常以观物比德的方式，化育人们的思想道德观念。如以松、竹、梅、兰、菊这类植物象征喻称君子人格，"岁寒然后知松柏之后凋也""梅花香自苦寒来"，通过借物喻志的叙事方式涵养民众的精神品格。思想政治教育叙事的严谨性与趣味性是相统一的，趣味表达既要遵循严谨性，同时，严谨表达也要增添趣味的色彩，如此，才能增强思想政治教育叙事的吸引力，让人爱听爱看爱读。

三 明确合理的目标任务

教育活动具有明显的目的性，并最终指向教育效果的达成。思想政治教育叙事活动也不例外，其目标任务在于培养人、塑造人，不仅表现为服务政治发展、经济建设的"外在性"，而且凸显为寻求主体人的自我发展的"内在性"，在引导受叙者养成思想政治素质的过程中探求人的本质力量的实现。

正如艺术虽然也可以用于其他目的（如政治宣传、商业广告、知识普及等等），但它本身的目的只是创造美一样，教育虽然也可以附属于其他考虑（如教育为什么服务、或教育立国、教育救国之类），但它本身的目的只是"成人"。所谓"成人"，也就是人的本质力量的全面实现，它不是附属于任何其他目的的手段，相反，在一个趋向于合理的社会中，人类和社会的其他任何目的都必须成为这一目的的手段。①

从这个角度上说，思想政治教育叙事是立德树人的"暖心教育"。

寓理于事，提高民众认知。思想政治教育叙事用故事传递思想，聚焦于民众认知水平的提高，其重要任务是宣传党的政策主张，传播社会主流价值观念，"不光要使领导者知道，干部知道，还要使广大的群众知道"②，进而增强民众的国家认同和社会认同。当然，党的政策主张和社会价值规范不是一成不变的，它们随着时代的变迁和社会的进步而循序地发生蜕变，这就要求思想政治教育叙事跟上它们的脚步，坚持长效性与实效性相结合，集中力量叙述当下党中央提出的新理念新思想和社会倡导的核心价值观。虽然思想政治教育叙事具有明快活泼的形式，但是与单纯的讲故事、看电影等众享的娱乐活动不同，它并不是以享受与消遣为目的，而是仅仅将其作为手段，如果过于强调叙事技巧而忽略对叙事内容的阐发，将注意力过多地集中于叙事外显的操作性，就会陷入技术主义的误区之中。例如，戏剧叙事是以艺术的形式传播思想，解除人们的思想困惑。抗日战争时期，"老百姓在危险之下看我们的戏，他们来，不但是因为苦难压抑着，为了来找点快乐，更要紧的，是为了来听点什么看点什么，让'八路军和共产党告诉我们，这日子怎样过'"③。

---

① 刘铁芳：《回到原点——时代冲突中的教育理念》，华东师范大学出版社 2006 年版，第 183—184 页。
② 《毛泽东选集》第 4 卷，人民出版社 1991 年版，第 1318 页。
③ 张学新、刘宗武编：《晋察冀文学史料》，天津社会科学出版社 1989 年版，第 249 页。

因此，我们要着重强调对叙事内容所蕴含意义的阐发，用主流声音遮蔽杂音、噪音，使民众清晰地了解思想理论的缘起、过程、内容，自觉同错误思想割裂开来。

寓情于理，关怀民众精神世界。"叙事改变了人的存在时间和空间的感觉。当人们感觉自己的生命若有若无时，当一个人觉得自己的生活变得破碎不堪时，当我们的生活想象遭到挫伤时，叙事让人重新找回自己的生命感觉，重返自己的生活想象的空间，甚至重新拾回被生活中的无常抹去的自我。"[1] 也就是说，叙事注重对人类自身的关怀，开辟了通达人类精神世界的道路。具有教育功能的叙事可以帮助人们抒发和安放情感，它既关怀受叙者的情感需要，又尊重其在叙事教育过程中的主体地位，以激发受叙者的情感为手段来培养积极的政治情感。在具体实施时，饱含深厚情感的叙事者通过多样的叙事媒介，与受叙者共享具有思想政治教育意义的故事内容，这是一个价值视域交融的过程，也是一个叙事者与受叙者深层交往的共同体的形成过程。受叙者理解和体验到叙事内容所传递的重要意义，并在内心深处认同它们。但是，对工具理性的过分迷恋，会导致叙事者只看重眼前的利益，忽略受叙者的精神需要，把受叙者当作被控制、被劝导的对象。那么思想政治教育叙事便会沦落为追逐世俗功利的工具，而受叙者思想境界的精神追求、政治定力的持续增强和道德成长的主体性也随之被遮蔽。最终，思想政治教育叙事会处于"人性空场"之境，失去最重要的人文意蕴和价值关怀。这是我们要坚决避免的错误倾向。

四 奠定良好的学理基础

在生动丰富的叙事实践基础上加强对叙事教育的研究，为其打牢坚实的学理基础，是进一步推动叙事教育工作科学化的重要前提。自人类产生之初，就开始了朦胧的叙事教育实践，随着社会文明程度的提高和

---

[1] 刘小枫：《沉重的肉身》，华夏出版社2015年版，第3页。

社会文化的发展，叙事教育的方式也越来越多样。但是与叙事教育实践的丰富多样性相比，思想政治教育领域中叙事的研究还未正式起步。这在很大程度上源于人们对叙事存在着根深蒂固的误解，在潜意识层面将其归为"讲故事""说笑话"的娱乐化活动，很难从理论认知层面将其纳入马克思主义的麾下。事实上，正如我们在实际的思想政治工作中因为叙事所产生的重要教育功能而无法离开它一样，在研究中我们也要积极地直面这一重要的教育实践，以科学的研究和分析，挖掘叙事的本质、特征、要素、规律和机制，奠定良好的思想政治教育叙事学理基础，回应现实中提出的具体问题。

　　从总体上说，思想政治教育叙事是在思想政治教育领域引入叙事的分析框架，为解决思想政治教育现存问题的症结提供了"手术刀"，而不是把思想政治教育学科与叙事学科相结合，形成一个新的交叉学科。首先，叙事理论作为最先入场的理论，确立了思想政治教育叙事的分析视域。为此，一方面要深入研究和总结马克思主义关于叙事的理论。马克思主义以现实的人的实践活动为研究前提，以主体间性的理念为支撑，观照个体在现实中的生活，强调要广泛搜集和整理真实、客观的历史材料，有针对性地运用微观或宏观的叙述方式对社会历史现象进行分析。这些与叙事相关的思想为思想政治教育叙事奠定了坚实的理论基础。另一方面，学习和借鉴以叙事学理论为统摄，包含文学叙事理论、历史叙事理论、教育叙事理论、叙事心理学理论分支学科在内的相关叙事理论，搞清楚叙事的内涵、要素、结构等问题以及叙事在具体领域的运用方式。对叙事基本问题的研究是十分必要的，只有对它的来龙去脉、各个方面都保持清晰的认识，才能打牢思想政治教育叙事这座大厦的根基，为后续的添砖加瓦提供坚实的支撑。此外，思想政治教育叙事还借鉴了修辞学理论、政治传播学理论、文化符号学理论、现象学理论、交往行为理论等理论知识。其中，亚里士多德的政治修辞术从语用学的角度分析了如何在演说中运用论证技巧实现对民众的说服，对思想政治教育叙事话语表达力的提升大有裨益。政治传播学理论是对政治共同体内政治传播现象的总结和规律的探索，强调如何利用各种媒介传播政治思想，促进政治民主化、社会化进程，对思想政治教育叙事媒介的选择和运用作出了典型示范。这些相关理论都为思想政治教育叙事理论建构提供了丰富的滋养。

理论的建构还需要实践研究的加持，否则就会导致理论脱离实践，出现二者不一致的情况。这就要求我们加强对古今中外叙事教育实践的研究，特别是要搜集整理中国古代叙事资源，吸收总结中国共产党思想政治教育叙事实践经验。中国自古以来就有运用叙事开展教育的传统，在传统社会，由于社会发展程度和民众文化素质水平相对较低，统治者用诗歌传唱、戏曲表演等通俗易懂、喜闻乐见的民俗叙事教育方式教化民众，传递社会价值观。这些民俗叙事在舞台上通过鲜活的人物形象刻画、生动活泼的故事表演来反映人生百态、上下历史，在日常生活中通过传唱将生活伦理、行为标准印刻在人们心中。中国共产党是中国优秀叙事传统的继承者，在革命、建设和改革的实践中不断依据时代主题、现实国情和民众需要的变化，创新政治宣传方式，利用官方媒体、自媒体、融媒体等多种媒介进行叙事，为传统的叙事注入时代活力，同时，也积极地把叙事的触角伸向国外，向世界讲好中国故事，传递中国形象。不仅如此，西方的叙事实践也为思想政治教育叙事研究提供了借鉴。虽然西方没有直接命名为思想政治教育叙事的实践，但是它们在社会文明发展中孕育出的民间叙事、政治传播叙事、公民叙事教育等等相关叙事实践，具有重要的政治教育意义，可供我们借鉴和学习。

第二节　完善思想政治教育叙事体系

在思想政治教育叙事理论建构基础之上，还应积极回应现实的新问题、新需要和新挑战，进一步从叙事者队伍建设、叙事内容生成、传播方式健全、反馈评估系统构建四个维度搭建思想政治教育叙事体系，促进思想政治教育叙事从无到有、从单一到多元、从薄弱到优质的转变，进而更好地实现立德树人的教育目标。

一 培育优秀的叙事者队伍

叙事者作为思想政治教育叙事活动的实施者，承担着重要的职责和使命。在新时代，建设一支优秀的叙事者队伍事关受叙者的健康成长、事关先进思想文化的传播、事关中国共产党思想主张的推广。因此，必须壮大叙事者队伍，把从事叙事工作的专职群体和兼职群体纳入其中，锤炼一支具有敏锐思维和发展眼光，有志于扎根社会、热爱群众，并且善于学习，熟悉叙事规律的优秀叙事者队伍。

专职的叙事者是叙事者队伍的主体，包括宣传工作者、理论工作者和文艺工作者。当前，宣传工作者的主要职能就在于高举马克思主义旗帜，用群众喜闻乐见的叙事等宣传方式，传播习近平新时代中国特色社会主义思想。宣传推广和理论研究是密切结合在一起的，很多宣传工作者同时也是理论工作者。理论工作者的主要任务是推动先进思想文化进入哲学社会科学的理论体系和学术体系之中，推出更多有影响力的理论读物，并通过叙事的方式增强理论的可读性和通俗化。文艺工作者可以为理论阐释提供丰富多彩的艺术形式。他们创设的文艺节目、文艺表演，以及出版的文艺作品，内含着社会推崇的价值观念，以具有艺术色彩的叙事方式化育人心。其中，对外讲述中国故事的新闻传播者，对内宣传社会先进思想和文化的党政干部、思政课以及哲学社会科学课程的教师、新闻媒体人是主要构成。兼职的叙事者是叙事者队伍的辅助。事实上，人人都可以成为叙事者，当然，这种叙事多是微观的，目的在于传递个体的生活经验。在媒体融合发展的时代背景下，涌现出越来越多的自媒体人，他们在日常工作之余，常常以第一人称的口吻向公众分享亲历和体验到的故事，在潜移默化中传递着人生观、世界观和价值观。无论是专职还是兼职的叙事者，都应当把他们纳入叙事者的队伍建设中，提高他们的综合素质，形成叙事的自觉意识。

为了建设一支优秀的叙事者队伍，叙事者需要不断提高其自身的能力素质、情感素养和学习素养。首先，叙事者要具有敏锐思维和发展眼光，发出正确的叙事声音。社会思潮风起云涌，一些错误思潮往往披着民主、理性的外衣，借助学术交流、艺术表演的幌子进行传播，具有较大的隐秘性和欺骗性，民众极易被其误导。这就需要叙事者用发展的眼光对待现实问题，不迷惑在暂时的利益中，始终保持政治定力。同时，敏锐地察觉是非、辨别真伪，开展否定、批驳、立证的叙事批判，直击错误思潮的痛点，向民众澄清理论问题，拨开民众头脑中的思想迷雾。其次，叙事者要扎根社会，热爱群众。叙事者不仅承担着解疑释惑的使命，还肩负着身体力行、报效祖国的担当，以叙事教育的实际行动践行育人使命，这就要求叙事者心系国家和民族，自觉融入时代大潮流和社会大趋势中，从党带领人民进行的伟大实践中汲取养分，不断提升其自身本领。亚里士多德指出："演说者，只要他愿意，可以采用任何办法使听众听话，办法之一是表现自己的善良品质，因为具有这种品质的人更能吸引听众的注意。"[①] 叙事者要葆有一颗善良的仁爱之心，在叙事教育过程中做到尊重和理解受叙者，用真情、真心、真诚拉近与受叙者的距离，用饱满的情感来感化受叙者，滋润受叙者的心田。最后，叙事者要善于学习，运用叙事规律，这是思想政治教育叙事现实实践科学发展的关键所在。在叙事实践中运用规律，首先要认识和把握叙事规律，而要了解叙事规律，就要进一步深化学习，研究叙事的本质、要素、结构，探究叙事的生成、展开和效用产生的过程规律，研判不同层次、不同群体受叙者的需求。要始终坚持实事求是的工作态度，结合现实境遇，用好叙事规律，发挥出叙事教育的最大功用。

二 完善叙事内容生成机制

思想政治教育叙事内容是叙事者向受叙者实施教育的具体要素。这些要素不是随意确定的，而是根据思想政治教育叙事的任务和特征以及

---

① ［古希腊］亚里斯多德：《修辞学》，罗念生译，上海人民出版社2006年版，第212页。

受叙者的思想实际组织和安排的。思想政治教育叙事任务的内在规定性，叙事内容的情节性、形象性和真实性的特征，以及受叙者精神世界的多样性，决定了思想政治教育叙事内容的广泛性。我们需要搜集和整理党的历史、中国文化、中国成绩以及中国精神等等展现国家形象、传递社会价值、关怀个体精神世界的丰富素材，并结合受叙者的认知规律和兴趣所在，加工整合成喜闻乐见、通俗易懂的叙事内容。

中国是具有厚重文化的文明古国，在儒释道文化的土壤中，孕育了多种多样的叙事内容，遗留了浩如烟海的叙事作品，祛除其迷信封建的部分，吸收其合理有效的成分，可以为思想政治教育叙事提供丰富的文化养料和实践案例。在民间广泛流传的具有浓厚幻想性的童话、神话、寓言，经由人们的艺术想象加工而形成，所反映的内容十分广泛，往往具有明确的教育目的，如《狼外婆》《愚公移山》《刻舟求剑》等。具有神奇色彩的传说，是基于当时历史背景形成的叙事内容，表现了广大劳动人民的理想追求，如《牛郎织女》《梁山伯与祝英台》等。具有现实背景的生活故事，用写实手法来刻画人物和叙述故事，生动体现了社会阶级的关系，如《晏子使楚》《烽火戏诸侯》。这些经过岁月千锤百炼仍然具有悠久生命力的叙事内容，反映了天地、人类起源以及人类文明的创造，反映了人和自然的矛盾及征服自然的斗争，反映了人与他人以及与阶级社会的关系，展现出民众追求美好生活的千姿百态，穿透历史岁月散发着中华文化耀眼的光辉。在中国五千年的文明发展史上，还形成了汗牛充栋的经典叙事作品，如记录孔子及其弟子言行，以语录体和叙事体成文的叙事教育作品《论语》，等等。这些优秀的资源都为今天的思想政治教育叙事提供了有益借鉴。

与中华优秀传统文化一脉相承的革命文化和社会主义先进文化，是中国共产党带领人民在长期的革命、建设和改革实践中形成的。在这一过程中，中国共产党不仅善于运用叙事的方式对民众进行政治宣传，而且创设了许多优秀的叙事内容，为今天的思想政治教育叙事提供了有益借鉴。如在嘉兴南湖小船上开天辟地建立中国第一个共产党党组织的红船故事；求新求变，探索中国革命新道路、建立革命根据地的井冈山故事；实行战略转移，沿途播下革命种子的长征故事；独立自主、克服万难研制出大国重器的两弹一星故事；变革创新，努力探索中国特色社会主义道路的特区故事；众志成城、同舟共济战胜新冠疫情的抗疫故事，等等。一个又一个史诗般宏伟的故事串联起中国共产党100年来为人民谋幸福、为民族谋复兴、为世界谋大同的生动实践，是中国人民奋斗、拼搏的真实写照，其中凝结而成的红船精神、井冈山精神、长征精神、特区精神、抗疫精神等等体现了中国人民的精神气质，也充实和丰富了中国精神的内涵。不仅如此，为记录党的历史以及叙事经验，还出版发行了众多叙事体裁的作品，如再现中国共产党诞生过程的《红色的起点：中国共产党诞生纪实》，记录中国西北革命根据地历史的《西行漫记》，记述习近平治国理政百余则故事，展现修身、治国之道的《习近平讲故事》。这些生动的红色文化资源是思想政治教育叙事可以借鉴的有益素材，有利于在正本清源中强化民众的政治信仰，坚定"四个自信"。

中华优秀传统文化以及红色文化是编排叙事内容的重要资源。把这些资源更好地融入思想政治教育叙事内容之中，最重要的是要遵循叙事的结构。"叙事结构不是一种巧妙的发明，而是心理展现的一个自然过程，它影响着我们对生活世界的体验。"①

> 对于叙事的大多数定义都要求在故事中有一个主角，来承担一些行为，无论是身体的还是精神的，现实的还是想象的，这是叙事结构的要求。而且，如果把叙事当作一种有意的追求，其目标是构建意义，那么就必须确立某种清楚的或者模糊的结局以及与这些结局相关的序列事件。②

遵照叙事的有效结构，把相关文化资源编排到叙事内容之中，首

---

① 尤娜、杨广学：《象征与叙事：现象学心理治疗》，山东人民出版社2006年版，第112页。
② 尤娜、杨广学：《象征与叙事：现象学心理治疗》，山东人民出版社2006年版，第113页。

先要明确叙事的背景。叙事的背景是指故事发生的时间和空间。它作为一个整体为叙事内容的理解提供了可能性框架。"至少，它使故事处在了故事讲述者的经验之流中，并为听者确立了它的参照系，尽管这个听者也是一个讲述者。"[1] 置身于确定的背景下，故事中的主人公以及其他主要人物的行为才变得可以理解和接受。其次要刻画人物形象。人物形象的刻画是对故事主人公以及其他主要人物所作所为的深描，其目的在于生动地展现其行为背后的深刻意义。人物的性格、动机、情感可以由叙事者直接描述，也可以间接含蓄地通过某些叙述技巧呈现出来，如对话、独白等。再次是情节的搭建。"个体经验的完整性要求叙事情节的连续性。当经验是不连贯的、分裂的、脱离了赋予个人同一性的主干叙事时，问题就产生了。"[2] 有起承转合情节的故事才能被纳入思想政治教育叙事内容的范围内。对于叙事而言，要求把故事内容拆分成一段段有区别的情节，然后按照一个恰当的意义序列进行叙述，这个意义序列是符合叙事内容发展的，在时间上也是紧凑的，并且前后保持一致连贯。最后是主题。叙事的主题是，"意义贯穿情节的解释性基础"[3]。叙事内容要有一个明确且有意义的主题，所有情节的编排都围绕着这个主题进行。

三　健全叙事内容传播方式

思想政治教育叙事内容传播的目的是通过大众媒介的合理使用提升思想政治教育叙事活动效果。这一方面受制于媒介条件、受众认知状况等，另一方面还要结合叙事内容自身的特点。为此，需要把握"古"与"今"、"官"与"民"这两对关系，在把握它们的统一中，强化制度规约的保障，打造一套立体、动态的思想政治教育叙事传播网络，增强思想政治教育叙事的影响力。

---

[1] 尤娜、杨广学：《象征与叙事：现象学心理治疗》，山东人民出版社2006年版，第113页。
[2] 尤娜、杨广学：《象征与叙事：现象学心理治疗》，山东人民出版社2006年版，第114页。
[3] 尤娜、杨广学：《象征与叙事：现象学心理治疗》，山东人民出版社2006年版，第114页。

第六章 思想政治教育叙事的发展路径

"古"与"今":坚持传统叙事方式与网络叙事方式相结合。从远古时期的结绳记事到互联网时期的网络叙事,随着人类文明的进步和科技的发展,叙事的方式越来越多样化,给人们的社会交往方式带来了新的变化。在"互联网+"时代,"大数据、云计算、人工智能、区块链等新一代信息技术的蓬勃发展,为促成全时空、跨终端、超链接,可触控、可体验、可交流的全媒体传播格局提供了技术支撑"①。全媒体扩展了叙事的空间和渠道,推动叙事从网下走到了网上。借助全媒体及多种技术方式及时、迅速地向民众叙述党和人民生动实践的经验,将教育信息传递到日常生活的每一个角落,人们在随之扩大的交往空间中,全方面地深刻感受所叙的内容,并在其自身不断增强的交往关系中印证这些内容,增强了教育的体验感和获得感。当然,互联网的光辉并不能湮没中国传统叙事生生不息的光芒,连环画叙事、民间大鼓吟唱叙事、民俗仪式叙事、诗歌叙事、小说叙事等等传统方式具有移风易俗、敦化民俗、政治教化的巨大功用,它们在几千年的历史长河中熠熠生辉,在今天仍然得到广泛的运用,发挥出历久弥新的生命力。因而,必须贯通古今,坚持把中国传统叙事和网络叙事方式统一起来,为中国传统叙事方式增添互联网的双翼,使其传播面更为广泛,同时,也为网络叙事注入传统文化的精髓,增强其文化意蕴。

"官"与"民":坚持官方叙事方式与个人叙事方式相结合。开展思想政治教育叙事需要理直气壮地弘扬主旋律,充分发挥官方媒体作为政府代言人、军队代言人、国家代言人等正式、权威的身份在国家形象塑造、主导意识形态书写等方面的重要作用,向民众传递党和国家的声音。同时,也要促进民间个人叙事的发展。个人叙事中的个人代表的是"我"这个个体,而不是任何社会组织和团体。互联网的发展催生出为个人叙事提供极大便利的自媒体。自媒体的出现开创了信息多元化的新时代。以个性化、社群化为特征的自媒体的蓬勃发展,使得原来较为被

---

① 钟悠天:《善于用全媒体讲好中国故事》,《人民日报》2019年6月13日第13版。

动的受叙者,也有了发声的平台和叙事的空间,成为积极主动的叙事参与者。拉斯菲尔德等在《人民的选择:选民如何在总统选战中做决定》一书中指出,信息传播关系网中存在着所谓的"两级传播流",它"意味着信息是从广播和印刷媒介流向意见领袖,再从意见领袖传递给那些不太活跃的人群的"[①]。"意见领袖"在叙事传播的人际关系网中扮演着重要的角色。叙事中的"意见领袖"较大一部分属于自媒体者,他们具有较高的叙事表达能力,乐于向民众传递他们自己的思想见解,既是官方叙事的接受者,也是个人叙事的实施者。总而言之,关注整体性和崇高价值的官方叙事方式与聚焦微观个体日常生活和自我价值的个人叙事方式,处于一种不可分割、相得益彰的关系之中,应当把握二者的同一性,积极建构官方叙事与民间叙事共构互济的叙事格局。

除此之外,一套行之有效的制度是确保叙事内容传播效果的重要保障。叙事的现实实践表明,传统叙事并不因其经由历史证明的巨大效用而不受时代条件的制约,个体化的叙事也不因其主观性和自发性而脱离相关部门的监管,网络叙事更不因其处于虚拟的空间而游离于制度法规之外,不论何种叙事方式都受制于相关制度的保障和规约。为此,我们要警惕媒介在资本裹挟下对主导意识形态的冲击和腐化,加强对各种叙事方式的监管力度,设置预警红线,对于传统叙事方式中封建迷信的部分,以及包含低俗媚俗内容的网络叙事平台依法予以严肃查处。相关部门要真正做好"把关人"的角色,引导和规范叙事内容的传播以及各种叙事方式使用的度和时机,避免"去中心化""泛娱乐化""泛网络化"的倾向,进而实现叙事教育在促进国家认同、民族认同和个体认知中的巨大作用。

四 构建叙事评估反馈系统

思想政治教育叙事评估的开展是达成目的的应然性要求与现实的实

---

① [美]保罗·F. 拉扎斯菲尔德等:《人民的选择:选民如何在总统选战中做决定》,唐茜译,中国人民大学出版社2012年版,第128页。

然性样态之间的矛盾运动过程，二者的博弈推动着思想政治教育叙事走向革新与发展。叙事评估实际上是指其结果是否具有有效性，这在本质上是一种价值属性。作为一种价值属性，叙事教育的有效性需要通过特定的价值关系表现出来。在思想政治教育叙事过程中，社会作为价值主体，与思想政治教育叙事结果构成相应的价值关系。就系统的角度而言，这种价值关系，也正是作为系统的思想政治教育叙事活动与作为环境的社会之间能量交换关系的重要方面。综合思想政治教育叙事系统内、外两个方面，思想政治教育叙事结果与叙事者、与受叙者、与叙事所处于其中的社会、与叙事活动的持续开展，分别构成四种价值关系。思想政治教育叙事结果的有效性就表现为思想政治教育叙事结果对于上述四个方面的价值主体分别具有的价值满足属性。从这四种关系来研究思想政治教育叙事结果的有效性，我们便可对思想政治教育叙事结果的有效性作出评估。

系统的思想政治教育叙事评估体系应该由相互区别、相互联系，并能够反映思想政治教育叙事效果的评估内容构成，评估指标主要包括作为一级指标的管理部门。对思想政治教育叙事管理部门的评估，首先要看各叙事教育组织尤其是高校是否在政治上以党的路线来正确指导教育工作；在思想上是否坚持马克思主义；在组织上是否实行了民主集中制的原则；在工作方式上是否坚持运用形象性、情节化的叙事教育。其次考察各级组织的思想政治教育叙事总体规划和制度建设情况。评估指标还包括叙事者、受叙者、叙事环境、叙事过程四个二级评估指标。一是对思想政治教育叙事队伍的评估。叙事者是思想政治教育叙事活动的组织者、实施者与调控者，他们的素质能力影响着思想政治教育叙事的成效。评估叙事队伍的建设情况，关键在于他们的理论素养和叙事能力，具体而言，评估是否建立一支德才兼备、学养深厚的师资队伍；是否热爱叙事教育事业，具有强烈的责任感和事业感；是否办事公正，为人正派，言行一致，以身作则；是否掌握叙事规律并科学运用叙事规律。二是对思想政治教育受叙者的评估。受叙者的思想道德评估内容主要是考查其对思想理论知识的掌握，即对世界观、人生观、价值观以及社会主义、集体主义、爱国主义等思想观念的认识、领会和掌握；同时要考察受叙者的品德行为表现，即在爱国热情、学习态度、劳动观念、为人原则、文明礼貌、遵纪守法状况等方面的言行。三是对思想政治教育叙事环境的评估。既要考察校园文化建设情况，又要考察优良的校风、教风和学风形成情况；既要考察校内教育阵地的建设情况，又要考察校外教育基地的建设情况；既要考察学校周边的小环境，又要考虑当今中国的大环境，充分认识社会环境在多大程度上制约了思想政治教育叙事的有效性，从而准确评估思想政治教育叙事本身。四是对思想政治教育叙事过程的评估，这主要考察叙事者对叙事内容的组织、叙事情境的调控能否落实到位，包括叙事内容在所指层面是否具有情节性、真实性，在能指层面是否能完整展现故事背后的深刻意义，还有面对不同的时空场域、不同的教育主题、不同的叙事对象选择叙事媒介的恰当与否。

  在整理上述数据资料时，可以利用人工智能在信息搜集和存储方面的巨大优势，准确快速地评定叙事活动中的各项指标。人工智能不仅具有较强的数据采集和储存能力，而且具有较强的信息传输速度和超强的计算能力。人工智能以算法为核心，"算法实质上是一种编码程序，是人们为了解决某个问题，或完成某项任务而输入计算机的一系列清晰指令"[①]。通过算法，大量看似杂乱无章、没有关联的个人数据得以整合，一个人的性格特征、思想状态、道德品质、利益诉求被"算出来"。可以说，处于人工智能的时代，数据流可能比我们自己更加了解自己。这样全景式的"追踪"、全过程的"诊断"、全方位的"画像"，促使叙事者快速、准确地把握受叙者的品德行为和思想状态，在技术上实现对其独特性一定程度的勾画。不仅如此，随着人工智能技术的不断精进，设有传感器和处理器的智能设备被应用于家居、教育等诸多领域，及时追

---

① 薛永龙、汝倩倩：《遮蔽与解蔽：算法推荐场域中的意识形态危局》，《自然辩证法研究》2020年第1期。

踪行为数据，了解个体的思想行为动态，用模式识别技术如情境感知技术在自然状态下捕获个体的肢体动作、情绪表情等方面的信息，感知个体的兴趣和喜好所在，用区块链技术开展分布式记录，认证个体的多样化行为成就，防止因某些人为因素而造成的数据丢失或被恶意篡改的情况，解决思想政治教育叙事评估中的信任问题。

思想政治教育叙事结果的反馈是叙事评估的最后一步，它起着承上启下的作用，既关系到前一个叙事活动结果的有效性评价，也关系到下一次叙事活动所要解决的问题和确定的目标。做好叙事结果的反馈工作，应当建立畅通的信息反馈渠道，除了在思想政治教育叙事体系内建立层级的信息上报方式外，还可以发挥网络渠道的匿名性、即时性、隐私性等优势，建立一些隐性渠道，消除民众的戒备心理，获取民众对叙事活动最真实的反馈。

第三节　提升思想政治教育叙事艺术

渗透理性逻辑和情感思维的思想政治教育叙事需要按照美的规律来展开。通过其内部构成的三方面，即叙事内容编排、叙事话语表达以及叙事交往互动的艺术提升，全方位地增进思想政治教育叙事的美感，使受叙者在接受价值观教化的同时，获得深刻的美的体验，以美的体验引起情感共鸣，从而坚定崇高的信念并将之践行于现实生活。

一　精炼叙事内容编排艺术

思想政治教育叙事内容是一个"故事相关体"，即一系列相关的事件序列及其思想意义、情感经验、社会时空环境等共同绑定成为思想政治教育叙事的内容，是思想政治教育叙事不可或缺的一部分。进入思想政治教育叙事中的故事是被加工过、被梳理过的，换句话说，是叙事者根据人类的理性范式组织而成的。我们现实生活中的故事经过加工、组织与梳理之后，就可使之进入思想政治教育叙事过程中。总体来说，叙

事内容的编排需要坚持以下几个原则:

坚持典型性原则。典型的叙事内容是指那些通过塑造个别的形象来深刻地反映一般社会生活本质规律的故事,具有代表性、示范性意蕴。《典型与形象》一书就文学艺术中的典型性指出:

> 文学艺术中的典型……反映社会生活的本质规律,不同于科学,它不是通过一般的形式来说明个别;而是相反的,它是通过个别的形式来反映一般。一般是共性,是规律性,文学艺术必须反映这种共性和规律性,但它不是通过一般的概念的形式来反映,将之总结为某些定律、公理或公式;它是通过个别的生活的具体形式,通过作者所塑造的单个的人物形象,来把这一共性和规律性反映出来。①

典型的形象是单个而不是多数的形象,它虽然数量单一,但却是共性的体现,能代表生活中的大多数,呈现社会通用的规律,反映社会意识形态的基本要求以及国家精神和民族文化。正是因为这样,作为单个形象的典型叙事内容,具有巨大的思想认识意义,能够为受叙者传递社会主流的思想观念,引导受叙者向典型叙事中的人物学习。

在叙事内容中,人物是基本元素之一。在建构典型叙事内容时,要注重典型人物的选择,搭建好内部的组织关系。典型人物来自人民、出自平凡。在选择典型叙事人物时,还要紧扣广大人民群众这一故事主角,深刻反映广大人民群众在中华民族历史中的重要作用。在传统社会里,为平定叛乱、消灭分裂、驰骋沙场、马革裹尸,也为国家发展、民族进步,呕心沥血、殚精竭虑,以牺牲和奉献造就中国古代辽阔疆域和灿烂文化的人物。在内忧外患的近代,不畏强暴、奋起抗争,积极抵抗外来侵略,努力寻找国家发展新出路,发动一系列救亡图存运动,力图挽救中国于亡国灭种危机之中的人物。在革命、建设和改革时期,为人民解

---

① 蒋孔阳:《形象与典型》,百花文艺出版社1980年版,第159页。

放、民族独立、国家发展，而英勇斗争、默默奉献，为开辟了中国特色社会主义发展新境界的人物……都是叙事内容中要塑造的典型人物。这些包含典型人物的叙事内容广泛地流传在人们的生活之中，不会随着历史长河的流淌而被湮没，而在叙事者的叙述下穿透岁月、闪闪发光，影响着一代又一代的中华儿女。①

坚持个性化原则。千篇一律、陈旧不堪的叙事内容会招致民众的反感，只有紧随时代变化，扎根现实国情和地方民俗的个性化叙事内容才会给民众新鲜的体验，吸引他们的注意力。当然，叙事内容是取自于人们的社会生活，但它不是生活的再版，而是生活的高度凝练和集中。"如果作者完全被真人真事捆住了，不敢多写一点，也不敢少写一点；既不敢设身处地地去体会人物的心情，又不敢发挥创造性的想象，去突出和夸大那些具有本质特征的一些东西，那么，作者就会变成创作的奴隶，埋葬在他所掌握的真人真事里面"②。因此，对叙事内容的编排需要体现作者的风格和特色，展现时代风尚和社会风貌，贴近地方民俗和风情。为赞颂改革开放创作的叙事歌曲《春天的故事》，为传承和延续民族文化而创作的《格萨尔》藏族史诗，就是体现个性化原则的优秀叙事内容。

此外，叙事内容的安排还要体现情节性。情节是故事的核心，其本身就是内容和形式的统一体，故事的思想内容不可能脱离具体生动的情节而空洞地存在。有情节的故事契合了受叙者的认知方式，即从故事的入场、发展、高潮到结束的整体过程形成一个叙事内容的闭环，让受叙者在对前因后果的全面了解中深刻认知叙事内容。叙事内容的安排还要体现真实性，强调对历史的还原。只要能够真实地描写和如实地叙述，哪怕是"老故事"也能够"变成新故事"，不会使受叙者因叙事内容与真实历史的差别而形成认知冲突。叙事内容在突出情节性的同时，还要适当地设置冲突与矛盾，增强吸引力。

---

① 蒋雪莲：《习近平关于英雄人物定位的重要论述探析》，《思想教育研究》2020年第12期。
② 蒋孔阳：《形象与典型》，百花文艺出版社1980年版，第143页。

批评家们常常喜欢谈论故事人物性格的"真实"问题。人们相信，越"真实"的性格越能令人信服，也就越能产生认同的体验。然而如果"真实"是与日常经验的程度相似的话，这种判断便与实际情况恰恰相反：事实是，越偏激、反常的性格越能激发心灵体验；越正常、相似的性格则越容易沉没到人们的注意阈之下而激不起体验的情绪来。①

不仅如此，为了促使受众更好地接受叙事内容，还要为情节性内容做有益的补充和说明，正如亚里士多德所指出的："一篇演说分两部分，因为必须对事情有所说明，然后加以证明。因此不能只是说明而不加以证明，也不能只是证明而不事先说明，因为任何证明都是对某一件事情有所证明，任何事先的说明都是为了要对某一事情有所证明。"② 此外，还要结合受众的兴趣，切合受众的需要，创设喜闻乐见、通俗易懂的叙事内容。

二 优化叙事话语表达艺术

叙事话语是叙述故事内容，促进叙事者和受叙者之间相互沟通，达成共识的语言符号系统。推动思想政治教育叙事话语表达创新，增强其艺术性，是提升思想政治教育叙事有效性的必然要求。亚里士多德在《修辞学》里提出要注重话语表达，他把话语表达美的标准定位于明晰，"至于风格的美可以确定为明晰（证明是，一篇演说要是意思不清楚，就不能起到它应起的作用），既不能流于平凡，也不能拔得太高，而应求其适合"③。对于思想政治教育叙事话语表达而言，既不能流于平凡，庸俗媚俗，也不能矫揉造作，刻意逢迎，而应当明晰顺畅，致力于呈现内

---

① 高小康：《人与故事——文学文化批判》，东方出版社1993年版，第169页。
② [古希腊] 亚里斯多德：《修辞学》，罗念生译，上海人民出版社2006年版，第208页。
③ [古希腊] 亚理斯多德：《修辞学》，罗念生译，上海人民出版社2006年版，第164页。

容知识性和趣味性的同时也为受叙者带来美的享受。

善用修辞手法，使叙事生动形象。修辞手法的运用，为平淡的叙事话语增添了一抹亮彩，它以"小"见"大"，或者突出某些观点加深受叙者的印象，或者建立起与相关事物的联系扩展受叙者的知识视野，或者形象地阐述深刻的、抽象的内容促进受叙者的理解认知，能够有效提高叙事话语表达效果。其中，隐喻是叙事话语常用的修辞手法，它借此喻彼、借远喻近、借古喻今、借小喻大，有言在此而意在彼的韵味，使深邃难懂的道理从能够引起人们共鸣并且浅显易懂的故事隐喻中体现出来。

> 雅各布森因此发现，文学修辞中的"隐喻"与"转喻"是与人的语言能力相关系的最基本的一对修辞方式。这显然不仅仅是个修辞的问题。语言机制的本质是人认知和叙述事物的模式。"隐喻"，或者说相似性联想，是人对不同事物类比的认识；而"转喻"或者说相邻概念的联系，则是人对事物的直接把握和说明。[1]

在运用隐喻时，要注意度，即"隐喻不能太牵强，否则就难以看出其中的关系；不过也不能失之肤浅，否则就不能给听众留下印象。再说，措词要是能使事物呈现在眼前，也能受欢迎，因为我们应当看得更清楚的，是正在发生的事情，而不是将来要发生的事情"[2]。同时，隐喻的使用最好在环形句的模式中。

> "环形句"，指本身有头有尾，有容易掌握的长度的句子。这种句子讨人喜欢，容易理解。讨人喜欢，是因为它和没有限制的句子是相反的，并且因为听者经常认为他有所领悟，达到了终点；而望不见终点，达不到终点，则是不愉快的事情。容易理解，是因为容

---

[1] 高小康：《人与故事——文学文化批评》，东方出版社1993年版，第37页。
[2] ［古希腊］亚理斯多德：《修辞学》，罗念生译，上海人民出版社2006年版，第193页。

易记忆；其原因是由于环形体是有数量的，在一切事物中，数量是最容易记忆的。①

通达自身情感，使叙事以情达理。亚里士多德强调："陈述还要能表现情感，要叙述为大众所熟悉的反映情感的话和表现你自己或对方的特点的话。"② 由于认知的过程离不开情感的加持，情感的注入为思想政治教育叙事话语营造向上、温暖的情境，有助于思想政治教育叙事话语表达克服说理的独断性。把话语的知识传输与情感疏通结合起来，创设情感共振的思想政治教育叙事话语情境，一方面要求叙事者充满热情，用情感话语激励受叙者努力向上。有热情的人才能带给人热情，有情怀的人才能讲透情怀，叙事者要始终对思想政治教育叙事事业保持一份热情和激情，注入一抹深厚的情怀，并在日常的语调、语态中传达出来，用饱含积极情感的话语给受叙者以追求真理、积极向上的精神支撑。另一方面要求叙事者注入温情，用情感话语与受叙者进行心灵沟通。"教育是一门'仁而爱人'的事业，爱是教育的灵魂，没有爱就没有教育。"③ 对于面向人的精神世界，致力于培养和塑造正确人生观的思想政治教育叙事来说同样如此。叙事者要始终葆有一颗仁爱之心，尊重和理解受叙者，通过真情、真心、真诚拉近与受叙者的距离，用体现深厚情感的话语来感化受叙者，以心与心的沟通和情与情的交流滋润受叙者的心田。质言之，情感具有强大的感召力和濡化力，在叙事话语中要融注真挚的情感，将温暖的情感与"硬核"的意识形态相融合，打造情感通融的话语场域，实现主体间的思想共鸣和情感共振。④ 思想政治教育叙事话语不仅要饱含情感，而且话语表达要与情感相适应。

---

① ［古希腊］亚理斯多德：《修辞学》，罗念生译，上海人民出版社2006年版，第186页。
② ［古希腊］亚理斯多德：《修辞学》，罗念生译，上海人民出版社2006年版，第221页。
③ 习近平：《做党和人民满意的好老师——同北京师范大学师生代表座谈时的讲话》，人民出版社2014年版，第9页。
④ 蒋雪莲：《论新时代爱国主义教育的"情"与"理"》，《思想教育研究》2020年第5期。

风格能表现情感,只要在谈到暴行的时候使用愤怒的口吻,在谈到大不敬或丑恶行为的时候使用厌恶和慎重的口吻,在谈到可称赞事情的时候使用欣赏的口吻,在谈到可怜悯事情的时候使用忧郁的口吻,其余以此类推。适合的风格使人认为事情是可信的;听者心里由此得出错误的结论,认为演说者说的是真话,因为他自己处在这样的情况下也会发生同样的情感,所以他认为事情正是像演说者所说的那样,尽管实际并非如此;听者总是对动情感的演说者表示有同样的感受,尽管他的话毫无内容。①

除此之外,叙事话语还要不拘泥于已有的形式,灵活转变话语表达风格。思想政治教育叙事包含不同的形态,如口头叙事、书面叙事等等,不同形式的叙事有各自的特点,也形成了多样的风格。口头叙事的话语表达如演讲、报告、讲课等等,其风格较为简明晓畅,多包含一些口语化的表述,能够为人们所接受和理解。而书面叙事的内容印刻在报纸评论、文献典籍中,其叙事话语有明确的规范性要求,表达方式清晰、严明,以彰显其权威性和严谨性。

三 创新叙事交往互动艺术

思想政治教育叙事是一种人与人之间的交往行为,需要借助一定的交往互动艺术,以实现叙事者与受叙者之间的情感通融。具体而言,包括以下三个方面。

坚持情感对话,营造情感共振的叙事场域。叙事的交往互动是在叙事者与受叙者的对话过程中实现的。对话往往是最富有表现力和最广泛的交往形式。当然,对话不等于独白,"真正决定一种交谈是否是对话的,是一种民主的意识,是一种致力于相互理解、相互合作、相互共生和共存,致力于和睦相处和共同创造的精神的意识,而这就是'对话意

---

① [古希腊]亚理斯多德:《修辞学》,罗念生译,上海人民出版社2006年版,第180页。

识'"①。强加输入的、耳提面命式的对话在一定程度上会导致受叙者逆反情绪的出现,而处于平等、民主状态下的情感对话则有助于打开受叙者的心灵之窗,激发受叙者对真理的追求。情感对话一方面要求叙事者在与受叙者的语言交流中注入情感,让语言鲜活有力量;另一方面要求叙事者完善和更新叙事内容的呈现方式,使情感对话更加生动活泼。"教师对叙事内容的呈现是一种立体式的表演式呈现,叙事内容及其所承载着的价值需要通过教师的一句话、一个眼神、一个微笑来呈现。"② 叙事者在情感对话中加入的一颦一笑、一举一动,表面上看似是无心之举,实际上实现了内容情节与五官肢体动作的有机统一,有利于受叙者在情感共振的叙事场域,获得"通感"③ 的独特教育体验。

达成相互理解,构建平等真诚的交往关系。叙事过程是一个通过对话交往不断加深理解的过程。叙事交往过程中的"理解",作为一种"同理心"的体现和"共感"的达成,是指叙事者和受叙者站在对方的立场上,思量他人感受的能力。事实上,相互理解是有效的叙事交往中不可或缺的重要因素,"通过相互理解,我的体验和体验的获得物与他人的体验和体验的获得物发生联系……在此主体间的有效和谐性产生了"④。由于叙事强调叙事者、受叙者以及故事意义的"共在性",也就是说叙事并不单单是叙事者叙述故事,而是通过叙事者的引导实现受叙者自身的心灵之叙。因而,可以从主动认同、引领倾听两个方面增进叙事者与受叙者之间的相互理解。一方面,叙事者和受叙者主动认同对方,以及叙事内容、媒介等相关要素,这不仅是一种良好态

---

① 腾守尧:《文化的边缘》,作家出版社1997年版,第177页。
② 李西顺:《视域交融 探寻深入心灵的德育叙事》,人民出版社2017年版,第175页。此处的"表演"概念区别于日常意义上所谓的"作秀"概念。在符号互动论的体系内,以戈夫曼为代表的社会表演理论认为,在社会生活的各种场域中,人们的社会行为与剧场中的表演行为相类似。叙事者举手投足之表演都传递着叙事的价值内容。
③ 所谓"通感",常指五官感觉之间相互指涉、相互包含的现象(诸孝泉:《通感考》,《复旦学报》(社会科学版)1997年第4期)。
④ Husserl, *The Crisis of European Science and Transcendental Phenomenlogy*, Evanston: Northweatern University Press, 1970, p. 358.

度的展示，而且体现了主体间的文化认同。另一方面叙事者与受叙者相互倾诉，叙事者耐心聆听受叙者的言语反馈并及时作出引导，受叙者接纳叙事者的叙事风格和情感投入。在相互理解沟通的叙事交往过程中二者在内心深处实现深度交融。

选择恰当时机，获取最佳的叙事教育效用。叙事的交往互动除了注重情感对话和相互理解外，还要关注时机的选择。教育学家范梅南指出："教育学的本质就在一个具体情境的实际时机中自然地表现出来。"① 可见，时机的选择对于教育有十分重要的意义。叙事的互动交往也要选取合适的时机，以有效的发问、正确的情绪表达和恰当的故事推送，获得事半功倍的叙事效果。对于交往中发问的最好时机，亚里士多德指出：

> 是在对方已经承认相反的一点，再问他一句就可以使他陷入荒谬的时候……第二种好时机是在前提之一是真实可靠的，你问对方另一个前提，显然他就会承认的时候。发问者在问出了第二个前提的答案以后，不应当再问起那个真实可靠的前提，而应当直接提出结论……对于含糊的问话，应当详加解释，不要简略地回答。对于似乎会使我们自相矛盾的问话，应当在对方问下一句话或推出结论之前，立刻在问答中加以解释；对方的论证用意何在，是不难预先看出的。②

恰如其分的发问还要与恰当的情绪表达和信息推送相协调。当叙述感人至深的英雄人物故事时，感动的情绪表达要随着叙述的推进而逐步加深，反之，如果一直面无表情，甚至嘻嘻哈哈，则会给人造成不适体验和错误理解。叙事互动中故事信息的推送也要根据受叙者的需要而及

---

① ［加］马克斯·范梅南：《教学机智——教育智慧的意蕴》，李树英译，教育科学出版社2014年版，第45页。
② ［古希腊］亚理斯多德：《修辞学》，罗念生译，上海人民出版社2006年版，第229—230页。

时调整。当讲述到某一个受叙者十分感兴趣的问题时，不要一笔带过，可以联系历史和现实适当地增添这部分的内容，进一步强化受叙者对故事所表达的价值观的认同。

参考文献

一　经典著作类

《马克思恩格斯选集》第 1—4 卷，人民出版社 2012 年版。
《马克思恩格斯全集》第 3 卷，人民出版社 2002 年版。
《马克思恩格斯全集》第 10 卷，人民出版社 1998 年版。
《马克思恩格斯全集》第 38 卷，人民出版社 1972 年版。
《马克思恩格斯全集》第 42 卷，人民出版社 1979 年版。
《马克思恩格斯文集》第 1 卷，人民出版社 2009 年版。
马克思：《1844 年经济学哲学手稿》，人民出版社 2000 年版。
恩格斯：《路德维希·费尔巴哈和德国古典哲学的终结》，人民出版社 2014 年版。
《列宁全集》第 38 卷，人民出版社 2017 年版。
《列宁全集》第 55 卷，人民出版社 2017 年版。
《列宁选集》第 4 卷，人民出版社 2012 年版。
《毛泽东选集》第 1、3、4 卷，人民出版社 1991 年版。
《习近平谈治国理政》第 1 卷，外文出版社 2018 年版。
《习近平谈治国理政》第 2 卷，外文出版社 2017 年版。
《习近平谈治国理政》第 3 卷，外文出版社 2020 年版。
《习近平著作选读》第 1、2 卷，人民出版社 2023 年版。

二　重要文件选编类

习近平：《论党的宣传思想工作》，中央文献出版社 2020 年版。

习近平：《做党和人民满意的好老师——同北京师范大学师生代表座谈时的讲话》，人民出版社 2014 年版。

《建党以来重要文献选编》第 18 册，中央文献出版社 2011 年版。

《新时代公民道德建设实施纲要》，人民出版社 2019 年版。

《中国共产党宣传工作文献选编（1915—1937）》，学习出版社 1996 年版。

《中国共产党宣传工作文献选编（1937—1949）》，学习出版社 1996 年版。

《中国共产党宣传工作文献选编（1949—1956）》，学习出版社 1996 年版。

《中国共产党宣传工作文献选编（1957—1992）》，学习出版社 1996 年版。

三　国内学术著作类

（唐）刘知几撰：《史通》，黄寿成校点，辽宁教育出版社 1997 年版。

安思国：《媒介交流研究》，中国传媒大学出版社 2005 年版。

陈然兴：《叙事与意识形态》，人民出版社 2013 年版。

陈卫星：《传播的观念》，人民出版社 2004 年版。

陈昕：《救赎与消费——当代中国日常生活中的消费主义》，江苏人民出版社 2003 年版。

丁锦红、张钦等编著：《认知心理学》，中国人民大学出版社 2010 年版。

丁来先：《故事人类学》，中国社会科学出版社 2017 年版。

董小英：《叙述学》，社会科学文献出版社 2001 年版。

傅修延主编：《叙事丛刊》（第一辑），中国社会科学出版社 2008 年版。

高小康：《人与故事——文学文化批判》，东方出版社 1993 年版。

管文虎主编：《国家形象论》，电子科技大学出版社 2000 年版。

郭庆光：《传播学教程》，中国人民大学出版社 1999 年版。

郭彦林：《历史虚无主义思潮评析》，中国社会科学出版社 2018 年版。

郝保权：《多元开放条件下中国社会主义意识形态安全研究》，人民出版社 2018 年版。

胡亚敏：《叙事学》，华中师范大学出版社 2004 年版。

姜维朴：《新中国连环画 60 年》（上），人民美术出版社 2009 年版。

蒋孔阳：《形象与典型》，百花文艺出版社 1980 年版。

蒋文昭、王新：《教师德性论》，河南人民出版社 2009 年版。

金盛华、张杰：《当代社会心理学导论》，北京师范大学出版社 1995 年版。

瞿海源等：《社会及行为科学研究法质性研究法》，台北：东华书局 2012 年版。

柯玲、邵荣等编著：《民俗文化的现代德育价值与实践》，上海人民出版社 2016 年版。

李西顺：《视域交融 探寻深入心灵的德育叙事》，人民出版社 2017 年版。

李振宇：《图像叙事》，四川美术出版社 2011 年版。

李正国：《国家形象建构》，中国传媒大学出版社 2006 年版。

林崇德、杨治良、黄希庭：《心理学大辞典》（下卷），上海教育出版社 2003 年版。

林继富：《民间叙事传统与村落文化共同体建构》，中国社会出版社 2012 年版。

刘明君、郑来春、陈少岚：《多元文化冲突与主流意识形态建构》，中国社会科学出版社 2008 年版。

刘铁芳：《回到原点——时代冲突中的教育理念》，华东师范大学出版社 2006 年版。

刘小枫：《沉重的肉身》，华夏出版社 2015 年版。

《鲁迅全集》第 9 卷，人民文学出版社 2005 年版。

马一波、钟华：《叙事心理学》，上海教育出版社 2006 年版。

倪梁康选编：《胡塞尔选集》，上海三联书店 1997 年版。

彭聃玲、张必隐：《认知心理学》，浙江教育出版社 2006 年版。

彭刚：《叙事的转向：当代西方史学理论的考察》，北京大学出版社 2009 年版。

钱穆：《灵魂与心》，广西师范大学出版社 2004 年版。

秦亚青：《权力·制度·文化：国际关系理论与方法研究文集》，北京大学出版社 2005 年版。

荣宋：《形象美学》：春风文艺出版社 1995 年版。

尚恒志主编：《新媒体技术》，华中科技大学出版社 2017 年版。

邵志芳、高旭辰：《社会认知》，上海人民出版社 2009 年版。

石云霞主编：《当代中国价值观论纲》，武汉大学出版社 1996 年版。

孙照海、初小荣选编：《抗战文献类编 文艺卷》（第一册），国家图书馆出版社 2010 年版。

腾守尧：《文化的边缘》，作家出版社 1997 年版。

汪培、左弦改编：《女英雄刘胡兰（越剧）》，劳动出版社 1950 年版。

王爱和：《中国古代宇宙观与政治文化》，［美］金蕾等译，上海古籍出版社 2011 年版。

王治河主编：《全球化与后现代性》，广西师范大学出版社 2003 年版。

《谢觉斋日记》（上卷），人民出版社 1984 年版。

辛安亭：《教材编写琐忆》，陕西人民出版社 1981 年版。

杨耕等：《马克思主义哲学基础理论研究》，北京师范大学出版社 2017 年版。

杨义：《中国叙事学》，人民出版社 2009 年版。

尤娜、杨广学：《象征与叙事：现象学心理治疗》，山东人民出版社 2006 年版。

袁贵仁：《马克思主义人学理论研究》，北京师范大学出版社 2017 年版。

袁晖、宗廷虎主编：《汉语修辞学史》，山西人民出版社 1995 年版。

张开焱：《文化与叙事》，中国三峡出版社 1994 年版。

张澍军：《德育哲学引论》，人民出版社 2002 年版。

张学新、刘宗武编：《晋察冀文学史料》，天津社会科学出版社 1989

年版。

张耀灿、陈万柏：《思想政治教育学原理》，高等教育出版社2007年版。

赵祥麟、王承绪编译：《杜威教育论著选》，华东师范大学出版社1981年版。

赵毅衡编选：《符号学文学论文集》，百花文艺出版社2004年版。

赵毅衡：《符号学》，南京大学出版社2012年版。

周建漳：《历史及其理解和解释》，社会科学文献出版社2005年版。

朱大可主编：《文化批评：文化哲学的理论与实践》，古吴轩出版社2011年版。

朱一玄、刘毓忱编：《三国演义资料汇编》，百花文艺出版社1983年版。

［美］浦安迪：《中国叙事学》，北京大学出版社1996年版。

［英］戴维·米勒、韦农·波格丹诺编：《布莱克维尔政治学百科全书》，中国政法大学出版社1992年版。

四 国外学术著作类

（一）中文译著类

［奥地利］路德维希·维特根斯坦：《哲学研究》，汤潮、范光棣译，生活·读书·新知三联书店1992年版。

［澳］迈克尔·A. 豪格、［英］多米尼克·阿布拉姆斯：《社会认同过程》，高明华译，中国人民大学出版社2011年版。

［德］阿多诺：《美学理论》，王柯平译，四川人民出版社1998年版。

［德］埃德蒙德·胡塞尔：《纯粹现象学通论》，李幼蒸译，商务印书馆1997年版。

［德］埃德蒙德·胡塞尔：《欧洲科学危机和超验现象学》，张庆熊译，上海译文出版社1998年版。

［德］埃德蒙德·胡塞尔：《生活世界现象学》，倪梁康、张廷国译，上海译文出版社2002年版。

［德］埃德蒙德·胡塞尔：《哲学作为严格的科学》，倪梁康译，商务印

书馆 2017 年版。

［德］弗里德里希·尼采：《权力意志：重估一切价值的尝试》，张念东、凌素心译，商务印书馆 1991 年版。

［德］哈贝马斯：《交往与社会进化》，张博树译，重庆出版社 1989 年版。

［德］哈贝马斯：《交往行动理论》第二卷，洪佩郁、蔺青译，重庆出版社 1994 年版。

［德］哈贝马斯：《交往行为理论》第一卷，曹卫东译，上海人民出版社 2019 年版。

［德］黑格尔：《历史哲学》，王造时译，生活·读书·新知三联书店 1957 年版。

［德］黑格尔：《逻辑学》（下卷），杨一之译，商务印书馆 1982 年版。

［德］洛蕾利斯·辛格霍夫：《我们为什么需要仪式》，刘永强译，中国人民大学出版社 2009 年版。

［俄］弗拉基米尔·雅可夫列维奇·普罗普：《神奇故事的历史根源》，贾放译，中华书局 2006 年版。

［法］阿尔弗雷德·格罗塞：《身份认同的困境》，王鲲译，社会科学文献出版社 2010 年版。

［法］保罗·利科尔：《解释学与人文科学》，陶远华等译，河北人民出版社 1987 年版。

［法］茨维坦·托多罗夫编选：《俄苏形式主义文论选》，蔡鸿滨译，中国社会科学出版社 1989 年版。

［法］列维·布留尔：《原始思维》，丁由译，商务印书馆 1981 年版。

［法］罗兰·巴尔特：《符号学原理》，李幼蒸译，中国人民大学出版社 2008 年版。

［法］莫里斯·哈布瓦赫：《论集体记忆》，毕然、郭金华译，上海人民出版社 2002 年版。

［法］莫娜·奥祖夫：《革命节日》，刘北成译，商务印书馆 2012 年版。

[法] 热拉尔·热奈特：《叙事话语 新叙事话语》，王文融译，中国社会科学出版社1990年版。

[古希腊] 柏拉图：《理想国》，张竹明译，译林出版社2015年版。

[古希腊] 亚里士多德：《修辞术·亚历山大修辞学·论诗》，颜一、崔延强译，中国人民大学出版社2003年版。

[古希腊] 亚理斯多德：《修辞学》，罗念生译，上海人民出版社2006年版。

[古希腊] 亚里士多德、[古罗马] 贺拉斯：《诗学·诗艺》，郝久新译，加州出版社2007年版。

[荷] 米克·巴尔：《叙述学：叙事理论导论》，谭君强译，北京师范大学出版社2015年版。

[加] D. 简·克兰迪宁、F. 迈克尔·康纳利：《叙事探究：质的研究中的经验和故事》，张园译，北京大学出版社2008年版。

[加] D. 瑾·克兰迪宁：《进行叙事探究》，徐泉、[加] 李易译，重庆大学出版社2015年版。

[加] 马克斯·范梅南：《教学机智——教育智慧的意蕴》，李树英译，教育科学出版社2014年版。

[美] J. 希利斯·米勒：《解读叙事》，申丹译，北京大学出版社2002年版。

[美] R. 韦勒克著，刘象愚选编：《文学思潮和文学运动的概念》，中国社会科学出版社1989年版。

[美] 保罗·F. 拉扎斯菲尔德等：《人民的选择：选民如何在总统选战中做决定》，唐茜译，中国人民大学出版社2012年版。

[美] 伯格：《通俗文化、媒介和日常生活中的叙事》，姚媛译，南京大学出版社2002年版。

[美] 大卫·科泽：《仪式、政治与权力》，王海洲译，江苏人民出版社2015年版。

[美] 戴卫·赫尔曼主编：《新叙事学》，马海良译，北京大学出版社

2002 年版。

［美］丹尼尔·贝尔：《资本主义文化矛盾》，赵一凡、蒲隆、任晓晋译，生活·读书·新知三联书店 1989 年版。

［美］杜威：《自由与文化》，傅统先译，商务印书馆 1964 年版。

［美］哈罗德·伊罗生：《群氓之族：群体认同与政治变迁》，邓伯宸译，广西师范大学出版社 2015 年版。

［美］海登·怀特：《形式的内容：叙事话语与历史再现》，董立河译，文津出版社 2005 年版。

［美］海登·怀特：《元史学：十九世纪欧洲的历史想像》，陈新译，译林出版社 2004 年版。

［美］加佛：《品格的技艺——亚里士多德的〈修辞术〉》，马勇译，华夏出版社 2014 年版。

［美］杰拉德·普林斯：《叙事学 叙事的形式与功能》，徐强译，中国人民大学出版社 2013 年版。

［美］凯斯·R. 桑斯坦：《信息乌托邦：众人如何生产知识》，毕竞悦译，法律出版社 2008 年版。

［美］克利福德·格尔兹：《文化的解释》，韩莉译，译林出版社 1999 年版。

［美］夸梅·安东尼·阿皮亚：《认同伦理学》，张容南译，译林出版社 2013 年版。

［美］露丝·本尼迪克：《文化模式》，何锡章、黄欢译，华夏出版社 1987 年版。

［美］洛伦 S. 巴里特等：《教育的现象学研究手册》，刘洁译，教育科学出版社 2010 年版。

［美］诺埃尔·卡洛尔：《大众艺术哲学论纲》，严忠志译，商务印书馆 2010 年版。

［美］诺曼·K. 邓金：《解释性交往行动主义：个人经历的叙事、倾听与理解》，周勇译，重庆大学出版社 2004 年版。

［美］塞缪尔·亨廷顿：《文明的冲突与世界秩序的重建》，周琪等译，新华出版社1998年版。

［美］威尔伯·施拉姆、威廉·波特：《传播学概论》，何道宽译，中国人民大学出版社2010年版。

［美］约翰·R. 赛尔：《社会实在的建构》，李步楼译，上海人民出版社2021年版。

［美］詹姆斯·费伦：《作为修辞的叙事：技巧、读者、伦理、意识形态》，陈永国译，北京大学出版社2002年版。

［美］梅尔文·德弗勒、桑德拉·鲍尔－洛基奇：《大众传播学诸论》，杜力平译，新华出版社1990年版。

［日］吉田帧吾：《宗教人类学》，王子今、周苏平译，陕西人民教育出版社1991年版。

［瑞典］芭芭拉·查尔尼娅维斯卡：《社会科学研究中的叙事》，鞠玉翠译，北京师范大学出版社2010年版。

［瑞士］费尔迪南·德·索绪尔：《普通语言学手稿》，于秀英译，南京大学出版社2011年版。

［瑞士］皮亚杰：《发生认识论原理》，王宪钿等译，商务印书馆2017年版。

［瑞士］皮亚杰：《结构主义》，倪连生、王琳译，商务印书馆2009年版。

［苏联］波诺马廖夫、托辛科主编：《共产主义教育词典》，谢洪恩等译，四川社会科学院出版社1986年版。

［苏联］马克西姆·高尔基：《我怎样学习和写作》，戈宝权译，生活·读书·新知三联书店1984年版。

［以］艾米娅·利布里奇等：《叙事研究：阅读、分析和诠释》，王红艳译，重庆大学出版社2019年版。

［英］保罗·科布利：《叙述》，方小莉译，四川大学出版社2017年版。

［英］格雷厄姆·沃拉斯：《政治中的人性》，朱曾汶译，商务印书馆

2009年版。

［英］奈杰尔·拉波特、乔安娜·奥弗林：《社会文化人类学的关键概念》，鲍雯妍、张亚辉译，华夏出版社2005年版。

［英］诺曼·费尔克拉夫：《话语与社会变迁》，殷晓蓉译，华夏出版社2003年版。

（二）外文著作类

Atkinson, R., *The Life Story Interview as a Bridge in Narrative Inquiry*, In D. J. Clandinin, Handbook of Narrative Inquiry: Mapping a Methodology, Thousand Oaks, CA: Sage Publications, 2007.

Barthes, R., *Introduction to the Stmctural Analysis of Narratives*, In S. Heath (ed.), *Image, Music, Text*, New York: Hill and Wand, 1977.

Clandinin, D. J., *Narrative Inquiry: A Methodology for Studying Lived Experience*, Research Studies in Music Education, 2006.

Daniel C. Dennett, *Kinds of Minds: Toward an Understanding of Consciousness*, New York: Basic Books, 1996.

Husserl, *The Crisis of European Science and Transcendental Phenomenology*, Evanston: Northwest University Press, 1970.

Husserl, *The Crisis of European Science and Transcendental Phenomenlogy*, Evanston: Northweatern University Press, 1970.

Martha Finnemore, *National Interests in International Society*, Ithaca: Cornel University Press, 1996.

五 期刊及网络资料类

习近平：《加快推动媒体融合发展 构建全媒体传播格局》，《求是》2019年第6期。

柏舟：《言语理解过程中的记忆》，《现代外语》1989年第3期。

布及：《解放后连环画工作的成就》，《美术研究》1959年第2期。

邓新民：《自媒体：新媒体发展的最新阶段及其特点》，《探索》2006年第 2 期。

丁锦宏：《道德叙事：当代学校道德教育方式的一种走向》，《中国教育学刊》2003 年第 11 期。

丁匡一：《历史唯物主义的叙事方式——基于宏大叙事与微观描述》，《现代哲学》2017 年第 4 期。

范映渊：《直面历史虚无主义的"中国近现代史纲要"课课堂叙事》，《思想教育叙事》2016 年第 7 期。

方喻：《德育叙事探究》，《学习月刊》2006 年第 9 期。

李西顺：《德育叙事之内涵实质及分类研究》，《教育研究》2017 年第 8 期。

李新叶：《教育叙事研究综述》，《中国电力教育》2008 年第 4 期。

林峰：《历史虚无主义的叙事逻辑及克服路径》，《思想教育研究》2017 年第 9 期。

刘新玲、朴素艳：《道德叙事及其借鉴》，《思想理论教育导刊》2006 年第 3 期。

刘阳科：《从存在主义与解释学的视角理解教育叙事研究》，《首都师范大学学报》（社会科学版）2007 年第 1 期。

刘子曦：《故事与讲故事：叙事社会学何以可能——兼谈如何讲述中国故事》，《社会学研究》2018 年第 3 期。

毛玲：《提升道德叙事教学有效性的路径研究——以"基础"课为例》，《教育与教学研究》2014 年第 1 期。

聂广壮、王立仁：《〈思想道德与法治（2021 年版）〉教材图像叙事变化的意蕴》，《长春师范大学学报》2023 年第 1 期。

秦天堂：《浅谈高校德育领域中道德叙事的缺失、回归与误区》，《中国林业教育》2008 年第 5 期。

邱瑜：《教育科研方法的新取向——教育叙事研究》，《中小学管理》2003 年第 9 期。

邵燕君：《"宏大叙事"解体后如何进行"宏大的叙事"？——近年长篇

创作的"史诗化"追求及其困境》,《南方文坛》2006 年第 6 期。

隋岩:《受众观的历史演变与跨学科研究》,《新闻与传播研究》2015 年第 8 期。

王强:《"马克思主义基本原理概论"课叙事式教学方法探索》,《思想理论教育》2015 年第 7 期。

王维审:《"叙事德育"的可行性实践及探索》,《教学与管理》2015 年第 9 期。

王亚青、孙峰:《德育叙事在少年儿童思想意识教育中的价值及其实现》,《现代中小学教育》2019 年第 1 期。

王哲:《近年来历史虚无主义叙事方式转变及其现实启示》,《当代世界与社会主义》2019 年第 3 期。

薛永龙、汝倩倩:《遮蔽与解蔽:算法推荐场域中的意识形态危局》,《自然辩证法研究》2020 年第 1 期。

闫方洁、宋德孝:《历史虚无主义的解构主义叙事及其方法论悖论》,《思想教育研究》2017 年第 4 期。

余保刚:《运用叙事教学提升大学生对思想政治理论课获得感——以"毛泽东思想和中国特色社会主义理论体系概论"课为例》,《思想教育研究》2018 年第 11 期。

岳慧芳:《道德叙事:学校德育的有效形式》,《中国电力教育》2008 年第 5 期。

詹小美:《集体记忆到政治认同的演进机制》,《哲学研究》2015 年第 1 期。

张克永、李宇佳、杨雪:《网络碎片化学习中的认知障碍问题研究》,《现代教育技术》2015 年第 2 期。

张立芹:《"叙事"在"中国近现代史纲要"教学中的运用》,《淮北师范大学学报》(哲学社会科学版) 2018 年第 10 期。

张澍军、王立仁:《论德育过程的内化机制》,《社会科学战线》2003 年第 2 期。

赵伟、黄嘉婕：《构建一种基于境遇关怀的道德教育方式——道德叙事》，《现代教育管理》2010年第11期。

赵毅衡：《"叙述转向"之后：广义叙述学的可能性与必要性》，《江西社会科学》2008年第9期。

周晓虹：《自媒体时代：从传播到互播的转变》，《新闻界》2011年第4期。

常宇峰：《中国抗疫纪录片：讲述抗疫故事 传递中国声音》，人民网（http://media.people.com.cn/big5/n1/2020/0430/c40606-31693676.html），2021年3月1日。

中国互联网络信息中心（CNNIC）：第53次《中国互联网络发展状况统计报告》（https://www.cnnic.cn/n4/2024/0322/c88-10964.html），2024年3月26日。

六 报纸类

《习近平在党的新闻舆论工作座谈会上强调：坚持正确方向创新方法手段 提高新闻舆论传播力引导力》，《人民日报》2016年2月20日第1版。

《习近平在中共中央政治局第三十次集体学习时强调：加强和改进国际传播工作 展示真实立体全面的中国》，《人民日报》2021年6月2日第1版。

《习近平在中共中央政治局第十二次集体学习时强调：推动媒体融合向纵深发展 巩固全党全国人民共同思想基础》，《人民日报》2019年1月26日第1版。

《习近平在中央政治局第十五次集体学习时强调：全党必须始终不忘初心 牢记使命 在新时代把党的自我革命推向深入》，《人民日报》2019年6月26日第1版。

习近平：《在会见第一届全国文明家庭代表时的讲话》，《人民日报》2016年12月16日第2版。

《倍加珍惜北京奥运会留下的宝贵精神财富》,《人民日报》2008年11月12日第7版。

罗先勇:《成人仪式有了统一标志和主题歌》,《人民日报》1996年4月18日第3版。

曾卓:《为18岁人而歌》,《人民日报》1995年7月28日第12版。

钟悠天:《善于用全媒体讲好中国故事》,《人民日报》2019年6月13日第13版。

七 学位论文类

刘宏宇:《网络思想政治教育叙事方式问题研究》,硕士学位论文,电子科技大学,2015年。

宋寒:《道德叙事——基于境遇关怀的道德教育方式》,硕士学位论文,南京师范大学,2007年。

杨巧:《中国共产党思想政治教育仪式载体研究》,博士学位论文,中国人民大学,2004年。

后　　记

　　叙事作为古老的人类文化现象，是人类历史发展的"储存器"。它广泛存在于人类社会之中，借助喜闻乐见的形式和具有象征意义的故事，发挥着价值观的教化作用，通过对社会构成所依赖的社会文化的传承和延续来凝聚人心，施展教育功能，是政治社会传播政治思想的方式方法。随着叙事教育实践的发展，思想政治教育叙事逐渐走入研究者的视野中，取得了些许研究成果。但是仅仅聚焦于个别叙事教育实践以及尚未成体系的叙事教育理论研究与叙事本身庞大的、丰富的理论与实践体系相比相形见绌。面对思想政治教育叙事研究存在的诸多不足，尚处于起步阶段的思想政治教育叙事研究亟待进一步深入下去。在一般情况下，在"正统"的思想政治教育视野中，"叙事研究"更多地被视为带有娱乐意味的"方法研究"。因而，在这种思维导向下，很容易得出叙事研究是徒劳无益的结论。进一步深化思想政治教育叙事研究，首先必须为思想政治教育叙事正名。思想政治教育叙事作为思想政治教育实践活动的一种具体类型，是叙事者运用叙事媒介向受叙者讲述关涉人自身的故事，并通过其所展现的精神、态度、事迹等引导受叙者形成一定的情感、价值观念和行为模式的交往活动。在正确定位思想政治教育叙事的基础上，还要从以下三个方面着力，进一步深化思想政治教育叙事研究。

　　一是追溯传统，探寻叙事实践的历史足迹。叙事是人类社会的普遍现象，它随着人类社会的发展而发展，跨越地域、历史、文化而普遍存在。在文字出现以前，原始先民用结绳而治刻木为契的图绘方式进行叙事，以此来保存共同记忆、形塑共同情感。在文字形成以后，人类文明获得迅速发展，在中国古代社会出现了诗、词、歌、赋等叙事表达样式，以诗明志、以歌咏怀成为当时主要的叙事教育方法。在现代社会，党和国家也十分注重对叙事的运用，开展了包括从日常个体的叙事，到由上而下、由内而外的国家、集体叙事在内的广泛的叙事教育实践。我们要整理、归纳这些叙事资源，根据叙事的不同形态类型建构各个叙事的专题史，依据叙事形成的不同地域建构具有地方特色的叙事地域史，按照叙事媒介的变迁建构叙事发展的整体历程，等等。二是立足当前，解决叙事面临的诸多问题。当前，思想政治教育叙事在对内和对外传播中存在诸多问题。对这些困难和挑战，一方面要从内部要素着手，致力于提高思想政治教育叙事者的能力素质；另一方面应从外部环境入手，为思想政治教育叙事的展开提供良好的支撑。这包括建造积极向上的校园环境，筑牢思想政治教育叙事主阵地；塑造融洽和睦的家庭环境，上好思想政治教育叙事第一课；打造健康稳定的社会环境，培育思想政治教育叙事新风尚；营造和谐相处的国际环境，构建思想政治教育叙事大格局。三是着眼未来，完善叙事研究的理论体系。进一步加强理论研究，形成完善的理论体系，是未来思想政治教育叙事研究的要旨。思想政治教育叙事理论研究属于研究的基础部分，寻求的是叙事教育本质、规律层面的揭示。它包括思想政治教育叙事概念内涵和外延的界定、类型的划分、作用的机理等等基础性理论。随着思想政治教育叙事实践的发展，其理论研究体系也将随之不断丰富和完善。

　　叙事既是一种思想政治教育方式，也是一个丰富的文化系统。它反映了人类社会的多样性，又在社会共同体中传播社群的共同价值，为各种社会所共享。在叙事实践焕发生机的现代社会，我们不应该带着"娱乐"的心态"玩弄"它，而应当以科学研究的精神，追上和超越实践的步伐，逐步脱去叙事的感性外衣，推动叙事走向理性的光辉道路。

后 记

本书得到全国重点马克思主义学院、中共上海市委宣传部与华东师范大学共建马克思主义学院、上海高校示范马克思主义学院、上海高校马克思主义理论高峰学科计划等的支持。

蒋雪莲

2024 年 6 月